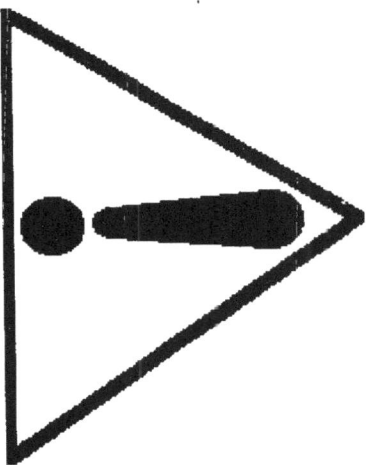

ÉTUDE

SUR

LA CONQUÊTE DE L'AFRIQUE

PAR LES ARABES.

A PARIS,

CHEZ BENJAMIN DUPRAT. RUE DU CLOÎTRE SAINT-BENOÎT, 7,

ET

CHEZ DELION, QUAI DES AUGUSTINS, 47.

ÉTUDE

SUR

LA CONQUÈTE DE L'AFRIQUE

PAR LES ARABES,

ET RECHERCHES SUR LES TRIBUS BERBÈRES

QUI ONT OCCUPÉ LE MAGHREB CENTRAL,

PAR HENRI FOURNEL.

PARIS,

IMPRIMÉ PAR AUTORISATION DE L'EMPEREUR

A L'IMPRIMERIE IMPÉRIALE.

M DCCC LVII.

ÉTUDE

SUR

LA CONQUÊTE DE L'AFRIQUE

PAR LES ARABES,

ET RECHERCHES SUR LES TRIBUS BERBÈRES

QUI ONT OCCUPÉ LE MAGHREB CENTRAL.

———❖———

PREMIÈRE PARTIE.

Si l'on doit en croire Jean Léon, l'occupation du *Maghreb central* (*Maghreb-el-Aousat'*) par les *Beni-'Abd-el-Ouâh'ed* se perd dans la nuit des temps : « Le « royaume de Telensin, dit-il, fut iadis souz l'empire des Romains; mais de- « puis qu'ils furent expulsés de l'Afrique, il retourna es mains de ceux qui en « furent premierement possesseurs, lesquels furent *Beni-Habdulguad* (*Beni- « 'Abd-el-Ouâh'ed*), famille du peuple de *Magraua*[1] (*Maghrâoua*), et iouyrent « de cette seigneurie par l'espace de troys cens ans[2]. » Voici donc clairement

---

[1] Les *Beni-'Abd-el-Ouâh'ed*, qui plus tard ont pris le nom de *Beni-Zeïân* parce que Îr'me-râsen, fondateur de la dynastie des *BENI-ZEÏÂN*, était fils de Zeïân, appartenaient en effet à la famille des *Maghrâoua*. En réalité, les *Beni-'Abd-el-Ouâh'ed* et les *Maghrâoua* formaient deux branches des *Islîten*, qui étaient eux-mêmes une branche des *Zenâta* issus de *MÂDR'ES* et compris dans le groupe des *D'arîsa*, à moins qu'on ne considère les *Zenâta* comme consti-

tuant une race distincte. (Ebn-Khaldoun, *Histoire des Berbères*, t. I, p. xiv, xvi et xvii de l'Introduction; in-8°, Alger, de l'imprimerie du Gouvernement, 1852.)

[2] *Descrittions dell' Africa*, per Giovan Lioni Africano, seconda edizione[a] delle *Navigationi et Viaggi*, auctore Gio. Bat. Ramusio. Libro IV. vol. I, fol. 62 v°; in-4°, in Venetia, 1554. — P. 238 de la trad. franç. de Jean Temporal; in-fol. Lyon, 1556.

---

[a] La première édition du tome Ier in-fol. est de Venise, 1550. On sait que Jean Léon acheva, en 1526, la traduction italienne de son ouvrage, écrit d'abord en arabe, mais que le manuscrit resta inconnu jusqu'à la publication de Ramusio, en 1550.

nommée la tribu qui occupait le *Maghreb central* à l'époque de la conquête romaine, qui se prolongea jusqu'à l'invasion des Vandales, survenue, comme on sait, en 427 ou 428 de J. C. Mais l'éclat jeté sur cette nation barbare par le règne de Genseric ne tarda pas à s'affaiblir; la vigueur des Vandales s'énerva au sein des douceurs de *Carthage,* et cet affaiblissement n'échappa pas à l'œil vigilant de la race autochthone. Marmol prétend que les *Zenâta,* dont les *Maghrâoua* étaient une branche, avaient repris l'empire, à la faveur des Goths [1] (des Vandales), en leur payant un certain tribut [2]. Sans nier absolument que certaines fractions des populations berbères aient acheté, par ce mode, la jouissance de leur territoire, j'observe que le langage de Procope est assez explicite pour qu'il ne soit pas nécessaire d'avoir recours à cette supposition. Suivant lui, au moment de l'arrivée de Bélisaire en Afrique (22 septembre 533 de J. C.), les Maures, vainqueurs des Vandales dans de nombreux combats, avaient reconquis toute la région du *Maghreb* qui s'étend du *détroit de Gadès* à *Césarée,* et, en outre, la plus grande partie du reste de

[1] Pour Jean Léon, les mots *Goths* et *Vandales* sont synonymes, ou plutôt cet auteur ne connaît pas même le nom de Vandales, et ce sont ceux-ci qu'il dénomme Goths [a]. On est en droit de s'étonner que Marmol ait copié Jean Léon au point de ne pas établir la différence qui aurait dû être faite entre les conquérants de l'Espagne et ceux de l'Afrique, et que même, parfois, il ait enchéri sur Jean Léon, comme dans le passage suivant, où il dit en parlant de *Sargel* (*Scherschél*) : « estando esta ciudad en su « prosperidad se apoderaron della *los Godos reyes* « *de España* y la señorearon muchos años, en el « qual tiempo fue la ciudad muy trauajada [b]. » Ce passage s'applique nécessairement aux Vandales, et la confusion qu'y fait Marmol, à propos de *Scherschél,* est reproduite par lui en parlant des *Zenâta.* (Voyez la note 2 ci-dessous.)

[2] *Descripcion general de Affrica,* por el veedor

Lvys del Marmol Caravaial, libro V, capit. xi, vol. II, fol. 178 v°, col. 1 et 2 ; in-fol. Granada, 573. — L'*Afrique* de Marmol, t. II, p. 333 et 334; in-4°, Paris, 1667. — Le texte va même jusqu'à dire, « con cierto reconoscimiento de « tributo que pagauan *a los Godos reyes de Es-* « *paña* » (avec certaine reconnaissance de tribut qu'ils payaient *aux rois goths d'Espagne*) ; mais les Goths avaient alors de bien trop grandes préoccupations du côté des Gaules pour songer aux Maures du *Maghreb,* et ceux-ci étaient, à la même époque, trop insoucieux de l'Espagne pour aller y chercher un appui, et surtout pour en accepter un vasselage quelconque. Ce ne fut qu'en 614 de J. C. environ trente ans avant la conquête de l'Afrique par les Arabes, que Sisebuth [c], pour mettre un terme aux actes de piraterie exercés par les Berbères, passa le détroit et s'empara de *Tanger,* place importante

[a] Il suffit, pour s'en convaincre, de lire la page 8 de sa *Descrittione dell'Africa; in-4°,* à Venetia, 1554. — P. 30 de la traduction française de Jean Temporal; in-fol. Lyon, 1556.

[b] *Descripcion general de Affrica,* por el veedor Lvys del Marmol Caravaial, libro V, capit. xlii, fol. 211 v°, col. 2 ; in-fol. Granada, 1573. — L'*Afrique* de Marmol, t. II, p. 392; in-4° Paris, 1667.

[c] Qui régna sur les Goths d'Espagne, de 612 à 621, huit ans six mois seize jours. (Isidori Hispalensis *Historia Gotthorum,* § 35, *Operum omnium* t. I, p. 213 et 220; in-fol. Matriti, 1778.)

l'Afrique [1], particulièrement l'*Aourés*, dont ils avaient repris possession dès le règne de Huneric [2]. Du reste, les derniers faits relatifs à la guerre de Bélisaire en Afrique viennent jeter un nouveau jour sur la question que je touche ici.

qu'on pouvait regarder comme la clef de la *Mauritanie Tingitane*[a]; cette conquête fut bientôt suivie de celle des places de *Medilla*, *Tetouân*, *Ceuta*, *Arzilla*, ainsi que des petits territoires qui en dépendaient [b], mais sans que l'on puisse même dire si toutes ces prises de possession doivent être attribuées à Sisebuth, et surtout sans que l'on doive assurer, comme l'a fait Jean de Ferreras, que la *Mauritanie Tingitane* appartenait aux Goths lorsque les Sarrasins envahirent l'Espagne [c]. Mariana avait dit avec plus de vérité, qu'à l'époque de la conquête de l'Afrique par les Arabes, « les Goths possé-« daient depuis longtemps *une partie* de la Mau-« *ritanie Tingitane*, mais en particulier la ville de « *Ceuta* et ses dépendances [d] ». Ainsi, non-seulement il y a là toute une demi-page très-infidèlement interprétée par le traducteur de Marmol;

mais Marmol lui-même est inexact dans le passage que j'ai cité textuellement ci-dessus.

[1] «Denique Mauri, Vandalis sæpe victis, « quam appellant nunc Mauritaniam a *Gadibus* « ad *Cæsareæ* limites pertinentem, et reliquæ « *Africæ* partem maximam occuparunt. » (Procopii *De bello Vandalico* lib. II, cap. x, t. I, p.451, *Corp. scrip. histor. Byzant.* in-8°, Bonnæ, 1833. — *Historia Gotthorum, Vandalorum, et Langobardorum* ab Hvgone Grotio, p. 89; in-8°, Amstelodami, 1655.)

[2] «Annos demum octo Vandalis dominatus « (Hunericus), morbo oppotiit, cum jam Mauri, « qui montem *Aurasium* incolebant, Vandalis « defecissent, suumque ad arbitrium viverent. » (Procopii *De bell. Vandal.* lib. I, cap. vIII, t. I, p. 345, *Corp. scrip. histor. Byzant.* in-8°, Bonnæ, 1833. — *Historia Gott. Vandal. et Langob.* ab

[a] Lebeau, *Histoire du Bas-Empire*, liv. LVI, chap. vII, t. XI, p. 9; édit. Saint-Martin; in-8°, Paris, 1830.

[b] *Recherches historiques sur les Maures*, par M. de Chénier, t. I, p. 253; in-8°, Paris, 1787. — Je ne saurais dire où Lebeau et Chénier ont puisé ces détails, car j'ai vainement interrogé toutes les sources, sans y trouver cette désignation des villes prises. Le seul Rodrigo Sanchez, après avoir mentionné les avantages remportés par Sisebuth sur les Romains, ajoute, « Deinde in Africa trans fretum navigans *plurimas gentes* « sibi et dominio Gotthorum subegit [*];» et comme cet écrivain appartient au xv° siècle [**], Masdeu récuse ici son témoignage, en se fondant sur le silence d'un chroniqueur contemporain, Isidore de Séville [***]. On sait, en effet, que Sisebuth régna de 612 à 621, et qu'Isidore de Séville, né vers 570, mourut le 4 avril 636. Mais, il y a plus, l'ensemble du passage de Rodrigo Sanchez paraît être une mauvaise interprétation de quelques lignes d'Isidore de Séville, ainsi conçues : «De Romanis quoque præsens « bis feliciter triumphavit, et quasdam eorum urbes inter fretum omnes exinanivit, quas gens Gotthorum post « in ditionem suam facile redegit [****]. »

[c] D. Iuan de Ferreras, *Historia de España*, t. III, p. 305; in-4°, Madrid, 1716.

[d] Joannis Marianæ, *Historiæ de rebus Hispaniæ*, lib. VI, cap. xI, t. I, p. 220, col. 1; in-fol. Hagæ-Comitum. 1733. — La première édition de cet ouvrage a été donnée à Tolède en 1592.

[*] Roderici Santii (vel Sancii) episcopi Palentini *Historia Hispaniæ partes quatuor*, pars II, cap. xxIV. (*Hispaniæ illustratæ* t. I, p. 148; in-fol. Francofurti, 1608.)

[**] Don Rodrigo Sanchez de Arevalo était né à *Santa-Maria de Nieva*, dans le diocèse de *Ségovie*, en 1404. Envoyé à Rome, en 1458, vers le pape Pie II, il y fut retenu, puis ensuite fixé par Paul II, qui, après l'avoir nommé gouverneur du *château Saint-Ange*, le fit successivement évêque de *Zamora*, de *Calahorra*, et enfin de *Palencia*; il mourut à Rome, le 4 octobre 1470. Rodrigo Sanchez a laissé de nombreux ouvrages, dont une Histoire d'Espagne jusqu'à son temps; on trouve la liste complète de ses ouvrages dans la notice à laquelle j'emprunte ces détails. (D. Nicolao Antonio, *Bibliotheca Hispana vetus*, lib. X, cap. xI, § 587 et seqq. — t. II, p. 194, col. 2 et seqq. in-fol. Romæ, 1696. — Don Iuan de Ferreras, *Historia de España*, t. XI, p. 418 et 419; petit in-4°, Madrid, 1722.)

[***] «Pues esto entiendo que dixo San Isidoro de Sevilla, y no que las conquistase en Africa, como lo interpretó Don Rodrigo Sanchez. » (Don Iuan Francisco de Masdeu, *Historia critica de España*, lib. II, capit. cI, t. X, p. 174; pet. in-4°, Madrid, 1791.)

[****] Isidori Hispalensis *Gotthorum Historia*, § 35; *Operum omnium* t. I, p. 213, col. 2, in-fol. Matriti, 1778.

Tout le monde connaît les détails que Procope nous a transmis sur la triste fin des descendants de Genseric; on sait qu'après la bataille de *Tricameron* (Τριϰάμαρος), Gelimer, bloqué pendant tout un hiver[1] dans le mont *Pappua*, fut réduit, par la misère et par la faim, à la dure nécessité de se livrer, lui et le petit nombre de Vandales restés attachés à sa fortune. La position du mont *Pappua* sur la frontière de la Numidie, ses crêtes escarpées et inaccessibles, et surtout son voisinage d'*Hippone*[2], ne laissent aucune incertitude sur la synonymie de cette montagne; c'était l'*Edough*; et, d'une autre part, il résulte du récit de Procope que Bélisaire n'avait placé qu'un corps de troupes peu nombreux sous les ordres de l'officier qu'il avait chargé de s'emparer du roi vandale. Or, pour celui qui a parcouru en tous sens le massif de l'Edough, qui connaît son étendue, les jolies vallées par lesquelles il est accidenté, les nombreuses anses qui forment comme autant de petits ports au pied de son versant septentrional, la vaste plaine qui l'enveloppe au Sud-Ouest, et, par suite, toutes les facilités qu'il offre à une évasion et à un commode approvisionnement, il y a nécessité de se demander quelle put être la cause de l'immobilité de Gelimer et de la vie misérable qu'il mena dans ces montagnes pendant trois mois[3], vie si misérable, qu'il prit le parti désespéré de se livrer à ses ennemis plutôt que d'en supporter davantage les angoisses. Ce récit de Procope, combiné avec la connaissance des localités, est un trait de lumière sur l'étendue de l'empire vandale à l'époque de sa chute; c'est ici la géographie politique qui reçoit un rayon lumineux réfléchi par l'histoire. Évidemment

Hvgone Grotio, p. 24; in-8°, Amstelodami, 1655.) — Huneric avait régné du 25 janvier 477 au 13 décembre 484, il y avait donc, en 534, au moins cinquante ans que les Vandales étaient dépossédés de l'*Aourés*, comme l'a remarqué Lebeau. (*Hist. du Bas-Empire*, l. XLIII, ch. xxiii; t. VIII, p. 313 et 202 de l'éd. Saint-Martin; in-8°, Paris, 1827.)

[1] L'hiver de 533 à 534 de J. C. — Voyez la note 3 ci-dessous.

[2] «Belisarius, cum *Hipponem Regiam*, urbem Numidiæ maritimam..... pervenisset, cognovit non posse a Romanis capi Gelimerem, occupato jam monte *Pappua*: qui in finibus Numidiæ situs, verticem admodum præruptum et inaccessum habet, arduis eminentibus undique scopulis.» (Procopii *De*

bell. Vand. l. II, c. iv, t. I, p. 427. — *Hist. Gott. Vand. et Lang.* ab Hvgone Grotio, p. 74.)

[3] «In hac obsidione mensibus elapsis tribus, et hieme jam exeunte, Gelimerem timor invasit..... Complures pueri, propinqui ejus, putrescentibus pædore corporibus verminabant. Et quanquam omnibus indolebat animo Gelimer, præ se tamen ferebat constantiam... donec sub ipsius oculis res ista contigit.» Et ici vient le récit de la rixe à outrance entre deux enfants affamés (ambo rabida instincti fame) s'arrachant mutuellement les débris d'un aliment grossier. L'un de ces enfants était neveu de Gelimer; le cœur du roi vandale ne résista pas à ce douloureux spectacle: Gelimer se rendit aux Romains. (Procopii *De bell. Vand.* lib. II, cap. vii, t. I, p. 438 et 439. — *Hist.*

Gelimer se trouvait, dans l'*Edough*, à l'extrême limite des possessions réelles des Vandales; évidemment il ne pouvait faire un pas vers l'Ouest sans se trouver au milieu de tribus hostiles [1], et il n'avait que le choix des ennemis auxquels il se livrerait. Il eut plus de confiance dans la générosité romaine que dans celle des Berbères : telle est, à mes yeux, l'explication des données que nous a fournies Procope, et qui me paraissaient incompréhensibles il y a quelques années, lorsque j'ai touché, en décrivant l'*Edough* [2], quelques-uns des faits rapportés par l'historien byzantin.

On sait qu'après avoir reconquis l'*Afrique propre*, la *Byzacène* et une partie de la *Numidie*, Bélisaire, qui avait pris Gelimer et déporté les Vandales à Constantinople [3], regarda sa tâche comme accomplie, se contentant, pour tout le reste du *Maghreb,* de faire occuper, par les troupes de Justinien, seulement deux villes maritimes : *Césarée de Mauritanie* (*Scherschêl*) et *Septem* [4] (*Ceuta*). Rien n'indique que la puissance des Romains de Byzance, en Afrique, se soit étendue au delà de ces limites, jusqu'à l'instant où, vers le milieu du VIIe siècle, les Arabes vinrent déborder sur le *Maghreb* comme un torrent dont le génie de Mahomet était la source; ou plutôt un seul fait, que je vais citer bientôt, semble indiquer la possession d'une ville du *Maghreb central;* mais ce fait, par son isolement même, a besoin d'une explication que je donnerai.

Les déserts de *Barka*, *Tripoli*, et bientôt l'*Afrique propre*, furent le théâtre des premiers combats qui suivirent l'invasion arabe, et il faut arriver au

---

Gott. Vandal. et Langob. ab Hvgone Grotio, p. 81 ; in-8°, Amstelodami, 1655.)

[1] Il faut se rappeler aussi qu'après la prise de *Carthage* par Bélisaire, la plupart des chefs qui commandaient dans la Mauritanie, dans la Numidie, et dans la Byzacène, lui avaient envoyé des ambassadeurs pour l'assurer de leur soumission [a]; mais cette raison, à elle seule, serait insuffisante pour expliquer l'espèce de prison sans issue que Gelimer trouva dans l'*Edough* chez une tribu amie [b], circonstance qui indique que les actes de soumission n'étaient

pas aussi unanimes que Procope semble vouloir le faire entendre.

[2] *Rich. minér. de l'Alg.* t. I, p. 31 ; in-4°, de l'I. N. 1849.

[3] Procopii *De bello Vandal.* lib. II, capit. v, xiv et xv, t. I, p. 429, 471 et 475, *Corp. script. histor. Byzant.* in-8°, Bonnæ, 1833. — *Hist. Gott. Vand. et Lang.* ab Hvg. Grotio, p. 76, 100, 101, 103; in-8°, Amstelodami, 1655.

[4] Procopii *De bello Vandal.* lib. II, cap. v. t. I, p. 430. — *Hist. Gott. Vandal. et Langob.* pag. 76.

---

[a] «Nam quotquot in Mauritania, Numidia, Byzacio Mauris imperabant, Belisarium per legatos de suo in «Augustum obsequio fecerant certiorem, sociaque arma promiserant.» (Procop. *De bello Vandalico*, lib. I, cap. xxv, t. I, p. 406. — *Hist. Gott. Vandal. et Langob.* p. 62; in-8°, Amstelodami, 1655.)

[b] Procope dit en parlant du mont *Pappua:* «Eum Mauri Barbari incolunt, quibuscum Gelimer amicitia «ac societate conjunctus erat.» (Procopii *De bell. Vandal.* lib. II, cap. iv, t. I, p. 427. — *Hist. Gott. Vandal. et Langob.* ab Hvgone Grotio, p. 74 ; in-8°, Amstelodami, 1655.)

commandement de Dinâr-Abou-el-Mohâdjer [1] pour voir entamer le *Maghreb
africain*, puisque, suivant Ebn-Khaldoun, ce général s'avança jusqu'à *Tlemsén*,
et puisque, suivant Raïni-el-K'aïrouâni, il s'empara de cette ville. Mais avant
d'entrer dans le détail des événements, je dois dire sur quelles bases je me
suis appuyé pour adopter quelques dates dont la fixation fait disparaître et
explique les contradictions que présentent les récits des auteurs arabes
les plus accrédités. — On sait les nombreuses difficultés chronologiques qui
obscurcissent les premiers temps de la conquête de l'Afrique [2], et je ne parle
même pas ici des expéditions qui ont précédé la fondation de *K'aïrouân*.
Un examen attentif m'a montré que presque toutes ces difficultés nais-
sent de l'incertitude qui règne sur la date de la prise de *Carthage* par les
Arabes, incertitude qui entraîne les variations qu'on trouve dans leurs historiens sur les dates auxquelles sont arrivés en Afrique deux ou trois des
émîrs dont le rôle a eu le plus d'importance au milieu des péripéties de
la conquête. L'auteur de l'Histoire du Bas-Empire, Lebeau, est venu augmenter encore cette obscurité par une hypothèse fausse, que Saint-Martin,
son annotateur, a fautivement attribuée à Otter; et les historiens byzantins
qui ont parlé de la prise de *Carthage*, Théophane [3], Nicéphore [4], Cedrenus [5], Zonare [6], mentionnent bien que cette ville fut prise et reprise par les
Arabes, mais tous confondent en un seul événement les deux dernières expéditions que les Empereurs de Constantinople ont envoyées en Afrique contre
les Arabes. Cependant Nicéphore, bien qu'il ne mentionne qu'une expédition,
donne deux dates (IƆCXCI et IƆCXCVII) qui, rapprochées des événements racon-
tés par Nouâïri, permettent de rétablir la chronologie des faits. Pagi, dans
les notes dont il a enrichi les Annales ecclésiastiques de Baronius, avait très-
bien remarqué la confusion que Théophane avait faite de deux expéditions

[1] Lieutenant en Afrique de Muslimat-ben-Moukhlid, gouverneur d'Égypte pour le kha-life Iezîd-ben-Mo'aouïa. El-Mohâdjer, en 55 de l'hégire (674 de J. C.), avait remplacé Sidi-'Ok'ba, qui reprit son commandement au bout de sept ans.

[2] *Histoire des Berbères*, t. I, p. 338, note 1, et p. 339, note 1; in-8°, Alger, 1852. — M. de Slane, l'auteur de ces deux notes, dit très-explicitement et avec quelque détail ce que je ne fais qu'énoncer ici, parce qu'il est inutile de répéter la citation textuelle que j'ai faite dans ma préface.

[3] Écrivain de la *Byzantine;* il vécut de 751 à 818.

[4] Il vécut de 750 à 828.

[5] Il écrivait dans le XIᵉ siècle, et n'a guère fait que copier Théophane. (Saint-Martin, note 3 de la p. 42 du tome XII de l'Histoire du Bas-Empire de Lebeau; in-8°, Paris, 1831.)

[6] C'est aussi un des historiens de la *Byzantine;* il écrivait dans le XIIᵉ siècle.

en une seule : « Hæc omnia, inquit, in uno tenore refert Theophanes[1] ; » mais
on va voir les applications qu'on peut faire de cette simple remarque, et
comment, par elle, on arrive à fixer les dates d'événements importants, non
pas seulement avec la probabilité qui résulte d'une interpolation entre des
termes connus, mais avec une précision telle que chacune d'elles sera sanc-
tionnée par l'autorité d'un texte arabe. Je puis maintenant m'occuper de
l'exposé des faits ; il me suffit de les prendre au point qui intéresse le sujet
que je traite dans cette étude, je passerai donc rapidement sur les commencements de la conquête.

Dès la première expédition des Arabes en Afrique[2], sous le khalifat de
'Ot'mân, les Romains de Byzance avaient essuyé un assez rude échec pour
qu'il leur fût facile d'entrevoir que la conquête de Bélisaire était sérieusement
menacée ; cependant, après leurs brillants exploits, 'Abd-Allah-Ebn-Sa'd, qui
avait vaincu le patrice Grégoire, et Mo'aouïa-Ebn-H'odeïdj, qui avait commandé
la seconde expédition[3], s'étaient retirés vers l'Orient, soit pour rentrer en
Égypte, soit pour cantonner les troupes à *Barka* et à *Zouïla*. Ce qui distingua
la troisième expédition, celle qui eut 'Ok'ba-ben-Nâfi-el-Fahri pour chef, et
ce qui, pour la première fois, imprima à la conquête un caractère de sta-
bilité, fut la fondation de *K'aïrouân*. Désormais tout le pays qui s'étend au
Sud de l'*Afrique propre* était perdu pour les Grecs. En-Nouâïri place en 5o
de l'hégire le départ de Sidi-'Ok'ba de l'Égypte[4], et l'auteur du *Baïân-el-*

*27 de l'hég.
(647 de J. C.)*

*45 de l'hég.
(665 de J. C.)*

*5o de l'hég.
(670 de J. C.)*
SIDI-'OK'BA.

---

[1] Pagi ad Baronium, *Annales ecclesiastici*,
t. XII, p. 117, col. 2, et p. 155, col. 1 ; in-fol.
Lucæ, 1742.

[2] En-Nouâïri, § 1, *Appendice à l'Hist. des
Berb.* t. I, p. 314 et 316. — Ebn-Khaldoun,
Hist. des Berb. t. I, p. 209. — Id. *Hist. de
l'Afr. sous la dyn. des Aghlab.* p. 4 ; in-8°, Paris,
Firmin Didot, 1841.

[3] En-Nouâïri, § II, *Append. à l'Hist. des Berb.*
t. I, p. 324. — Ebn-Khaldoun, *Hist. des Berb.*
t. I, p. 211. — Dans son *Histoire de l'Afrique sous
la dynastie des Aghlabites* (p. 10), Ebn-Khaldoun se contredit lui-même, en fixant à l'an 45
l'entrée de Sidi-'Ok'ba en Afrique, puisqu'il
avait dit, dans son Histoire des Berbères (t. I,
p. 211), qu'en 45 partit l'expédition commandée par Mo'aouïa-Ebn-H'odeïdj. Cette dernière
version, qui s'accorde avec le récit de Nouâïri,

est évidemment la bonne. — Le long intervalle
(dix-huit ans) qui sépare les deux premières
expéditions des Arabes en Afrique s'explique
facilement par les luttes qui s'engagèrent au
sujet de la succession au khalifat. Dans cet intervalle, en 41 de l'hégire (661 de J. C.), la
dynastie des OMMIADES avait été fondée par
Mo'aouïa-ben-Abi-Sofiân, qui, comme le Prophète, descendait d'Abd-Menâf. Sa descendance s'établissait de la manière suivante :
Mo'aouïa-ben-Abi-Sofiân-ben-H'arb-ben-Omeïa-
ben-'Abd-Schems-ben-'Abd-Menâf. 'Abd-Schems
était frère de Hâschem, qui compta Mahomet
dans sa descendance ; il était oncle du grand-
père de Mahomet.

[4] En-Nouâïri, § III, *Appendice à l'Hist. des
Berb.* t. I, p. 327 ; in-8°, Alger, 1852. — Deguignes, *Hist. générale des Huns*, t. I, p. 346 ;

Maghreb [1] s'accorde avec Aboul-Feda pour fixer à la même date la fondation de *K'aïrouân* [2]; ce rapprochement montre que si une erreur est commise ici par un des deux historiens, cette erreur doit être bien faible, puisque, d'une part, la mission de Sidi-'Ok'ba fut de courte durée, et que, d'une autre part, personne n'élève de doute sur la fondation de *K'aïrouân* pendant ce premier séjour de Sidi-'Ok'ba en Afrique. On sait d'ailleurs qu'au moment où Mulismat-ben-Moukhlid fut appelé par le khalife Mo'aouïa-ben-Abi-Sofiân au gouvernement de l'Égypte, il retira le commandement de l'Afrique à 'Ok'ba

55 de l'hég.
(675 de J. C.)
EL-MOHÂDJER.

pour le confier à Dinâr-Abou-el-Mohâdjer. C'était en 55 de l'hégire que s'accomplissait ce changement, et, sur cette date, En-Nouâïri [3] s'accorde parfaitement avec Ebn-Khaldoun [4].

A l'époque de la conquête musulmane, la tribu berbère la plus puissante, celle qui par sa force numérique et par sa bravoure avait le droit de commander au peuple berbère, selon l'expression d'Ebn-Khaldoun, était la tribu des *Aureba* [5]. Dans les temps qui précédèrent immédiatement cette conquête, les *Aureba* avaient eu pour émir Sekerdid-Ebn-Zoufi, qui les gouverna pendant soixante et treize ans, mourut en 71 de l'hégire (690 de J. C.), et eut pour successeur Koseïla-Ebn-Lemezm-el-Aurebi [6]. Les faits qui vont suivre immédiatement montrent qu'il faut lire 51 au lieu de 71, à moins qu'on ne prenne cette dernière date pour celle de la mort de Sekerdid et qu'on n'admette que ce chef avait de son vivant, vu son grand âge et vu la gravité des circonstances, cédé le commandement à Koseïla. Ce qui tendrait à rendre cette explication plausible, c'est qu'Ebn-Khaldoun dit ailleurs : « Koseïla avait

---

in-4°, Paris, 1756. — El-Bekri place en 46 le départ de Sidi-'Ok'ba. (*Descript. de l'Afr.* p. 25.)

[1] Cité par M. de Slane, note 1, p. 328 du tome I de sa traduction d'Ebn-Khaldoun.

[2] Aboul-Feda dit que *K'aïrouân* fut commencé en 50 et achevé en 55 : « Anno L condi « cœpta fuit *Cairovan*, perfecta vero quinto post [a]. » En-Nouâïri prétend aussi que *K'aïrouân* fut terminé en 55 [b].

[3] En-Nouâïri, § v, *Appendice à l'Histoire des Berbères*, t. I, p. 330.

[4] Ebn-Khaldoun, *Hist. de l'Afr. sous la dyn. des Aghlab.* p. 14; in-3°, Paris, 1841.

[5] Id. *Hist. des Berb.* t. I, p. 211 et 286. — أوربة, *Aourba*.

[6] Ce nom est souvent écrit Koceila, Kecila, K'oucila; mais, comme je lis كسيلة dans les textes arabes, j'ai dû le transcrire par Koseïla. — Scha'ab-ed-Dîn l'appelle Kussilé-ben-Awam el-Awriâsi, Koseïla-ben-'Aouâm-el-Aouressi. (*Le Livre des Perles*, trad. de l'ar. par Silvestre de Sacy, *Notices et extraits*, t. II, p. 158; in-4°, de l'I. E. 1789.)

[a] Abulfedæ *Annales muslemici*, t. I, p. 369, Reiske; in-4°. Hafn æ, 1789.

[b] En-Nouâïri, § IV, *Appendice à l'Hist. des Berb.* t. I, p. 330; in-8°, Alger, 1852.

« *pour lieutenant* Sekerdid-Ebn-Zoufi, *l'Aurebi*[1]. » Quoi qu'il en soit, en 55 (675 de J. C.), Dînâr-Abou-el-Mohâdjer, qui venait d'être envoyé en Afrique, s'était avancé jusqu'à *Tlemsên*[2], et, comme je l'ai dit plus haut[3], il s'était emparé de cette ville[4], lorsque Koseïla, qui occupait le *Maghreb-el-Ak's'a* avec ses *Aureba*, leva l'étendard de la révolte. Bientôt vaincu et fait prisonnier par le général arabe[5], il embrassa l'islamisme pour éviter la mort, et, soit que l'enthousiasme des apôtres de Mahomet ait réellement exercé sur lui une action d'irrésistible entraînement, soit qu'à leur prédication armée il ait cru devoir opposer une habile dissimulation, il sut mériter, par l'apparente sincérité de sa conversion, sans doute aussi par les services que lui permit de rendre l'influence qu'il exerçait sur les Berbères, la bienveillance d'El-Mohâdjer, dont il devint l'ami et le compagnon[6]. Cette amitié touchante entre deux hommes naguère ennemis, et maintenant unis par le lien si puissant d'une même foi, eut des conséquences funestes pour les Arabes, puisqu'elle fut, je le dis à regret, la cause directe des humiliations dont nous allons bientôt voir Sidi-'Ok'ba abreuver le chef berbère.

Depuis le jour où Sidi-'Ok'ba avait été rappelé d'Afrique, il n'avait cessé de protester contre un acte qui lui apparaissait comme la dépossession d'un bien que ses grands services avaient rendu propre à sa personne. Pour lui, l'Afrique était sa chair et son sang. Mo'aouïa-ben-Abi-Sofïân avait répondu à ses plaintes par des promesses restées sans effet, et lorsque au milieu de l'an 60 (7 avril 680) le second Ommiade, Iezîd-ben-Mo'aouïa, parvint au khalifat, Sidi-'Ok'ba profita des prédispositions bienveillantes qui sont comme les prémices d'un nouveau règne, pour réitérer ses instantes réclamations, qu'il vit enfin couronnées de succès. En 62 de l'hégire, au dire unanime des historiens arabes[7], l'heureux 'Ok'ba prenait en main, pour la seconde fois, le gou-

60 de l'hég.
(680 de J. C.)

62 de l'hég.
(681-82 de J. C.)

---

[1] Ebn-Khaldoun, *Histoire des Berbères*, t. I, p. 211; in-8°, Alger, 1852.

[2] Id. *ibid.* t. I, p. 211 et 286. — Id. *Hist. de l'Afr. sous la dynast. des Aghlab.* p. 14 et 15; in-8°, Paris, 1841.

[3] Voyez page 6 de ce volume.

[4] Raïni-El-K'aïrouâni, *Histoire de l'Afrique*, liv. III, p. 48; in-8°, de l'I. R. 1845.

[5] La manière dont Ebn-Khaldoun s'exprime rend difficile à déterminer le lieu qui fut le théâtre de la défaite de Koseïla : « Abou-El-Mohâdjer, dit-il, marcha contre les révoltés.

« et, arrivé aux *sources* ('Oioun) *de Tlemsên*, il « les battit complétement et fit Koseïla prison- « nier. » (*Hist. des Berb.* t. I, p. 211.) — Voir aussi t. I, p. 286.

[6] Ebn-Khaldoun, *Hist. des Berb.* t. I, p. 211 et 286. — En-Nouâïri, § VII, *Append. à l'Hist. des Berb.* t. I, p. 335.

[7] Idem, § VI, *Appendice à l'Hist. des Berb.* t. I, p. 331. — Ebn-Khaldoun, *Hist. des Berb.* t. I, p. 286. — Id. *Hist. de l'Afr. sous la dynastie des Aghlab.* p. 16. — Raïni-el-K'aïrouâni, *Hist. de l'Afrique*, liv. III, p. 44. — Moula-

2

vernement de l'Afrique. Tout plein de la colère qui avait bouillonné dans son cœur durant plusieurs années de souffrance, son premier acte fut de jeter El-Mohâdjer dans les fers; il vengeait ainsi l'espèce d'insulte qu'il en avait reçue par le fait de la destruction de son cher *K'aïroudn;* il ordonna ensuite que la ville rivale fondée par l'ancien émîr, qu'il traitait en ennemi, fût rasée, et, aussitôt après, En-Nouâïri nous représente 'Ok'ba s'avançant rapidement vers l'Ouest, emportant successivement *Bâr'aï, Lambesa,* traver-

sant le *Zâb,* et allant camper auprès de *Tahart,* dont il s'empara[1]. Suivant le même historien, cette dernière ville fut défendue par les Roum (Romains de Byzance) aidés par les Berbères des environs[2], et c'est là le fait isolé dont j'ai parlé[3] comme exigeant une explication. Il est si improbable que les Grecs occupassent d'une manière permanente ce point unique de l'intérieur de l'ancienne *Mauritanie Césarienne,* que je n'hésite pas à admettre que, dans le rapprochement forcé qui s'était opéré entre les Roum et les Berbères au moment de l'invasion arabe, on avait pu jeter à *Tahart* une garnison romaine chargée d'aider à la défense de cette place. En effet, je lis dans Cardonne, qu'il faut, je le sais, citer avec réserve[4] : « Le gouverneur du *Zâb* avait envoyé « un corps de troupes pour disputer le passage au général arabe; les Grecs « furent défaits et mis en fuite; ces derniers, trop faibles pour résister seuls « à leurs ennemis, implorèrent le secours des Berbères leurs voisins; ces deux « peuples réunis furent battus une seconde fois. 'Ok'ba, après cette victoire, « marcha vers *Tanger*[5]. » Il eût été très-intéressant de savoir quels étaient ces *Berbères du voisinage de Tahart;* malheureusement je ne les trouve nom-

---

Ah'med, *Voyage,* p. 221; in-8°, de l'I. R. 1846. — Cardonne, *Hist. de l'Afr. et de l'Esp. sous la domin. des Arabes,* liv. I, t. I, p. 32; in-12, Paris, 1765.

[1] En-Nouâïri, § VI, *Appendice à l'Hist. des Berb.* t. I, p. 331 et 332. — Ebn-Khaldoun, *Hist. des Berb.* t. I, p. 211 et 212, 286 et 287; in-8°, Alger, 1852.

[2] En-Nouâïri, § VI, *Appendice à l'Hist. des Berb.* t. I, p. 332.

[3] Page 5 de ce volume.

[4] « C'est un fort mauvais ouvrage, » disait

M. de Saint-Martin en 1830[a]. M. de Slane parle de la même histoire comme d'une mauvaise compilation, dont l'auteur n'avait pas assez de connaissances dans l'arabe pour s'apercevoir des lacunes qui pouvaient exister dans les manuscrits. (*Hist. des Berbères,* t. I, p. 370. note 1: in-8°, Alger, 1852.)

[5] Cardonne, *Hist. de l'Afr. et de l'Esp. sous la domin. des Arabes,* liv. I, t. I, p. 34 et 35; in-12, Paris, 1765. — Quoique *Tahart* ne soit pas nommé, on ne peut douter qu'il s'agit ici de la défense de cette ville.

[a] Lebeau, *Histoire du Bas-Empire,* liv. LX, ch. XXXVII, t. XI, p. 397, note 1 de l'édit. Saint-Martin, in-8°, Paris, 1830.

més nulle part. On peut supposer avec beaucoup de vraisemblance que les *Maghráoua* (fraction des *Zenáta*), chassés du *Maghreb central* par la conquête romaine, avaient repris sous les Vandales, et conservé sous la demi-occupation des Grecs, la possession des territoires qu'ils avaient été obligés d'abandonner, et que ce furent eux qui, dans cette circonstance, furent vaincus par Sidi-'Ok'ba, c'est-à-dire convertis à l'islamisme[1].

De *Tahart*, l'intrépide Sidi-'Ok'ba continue sa course vers l'Occident; pour la première fois les armées arabes pénètrent dans le *Maghreb-el-Ak's'a*; rien ne résiste à leur impétuosité, c'est la foudre qui semble frapper sur tous les points à la fois; de gré ou de force, les Berbères consternés ou vaincus s'inclinent devant l'étendard du Prophète. Il faut cependant être en garde contre la poétique exagération des Arabes, lorsque leurs historiens nous représentent 'Ok'ba ayant à peine quitté *Tahart* et déjà dressant ses tentes sous les murs de *Tanger*. En-Nouâïri[2], Ebn-Khaldoun[3], Scha'ab-ed-Dîn[4], s'accordent à montrer le comte Iulien ('Aliân, Yuliân), gouverneur des possessions gothiques en Mauritanie, apportant de riches présents au général arabe, faisant sa soumission et celle des *Ghomara* (*R'omára*) qui reconnaissaient son autorité[5],

Le comte
Iulien.

---

[1] Je sais que beaucoup de faits positifs nous montrent les *Zenáta*, à l'époque de la conquête arabe. répandus sur le territoire de Tripoli* et dans le massif de l'Aourès; mais nous allons, plus loin, acquérir la preuve que, tout au moins, certaines fractions des *Zenáta* occupaient dès lors les parties voisines du *Maghreb-el-Ak's'a*.

[2] En-Nouâïri, § vi, *Appendice à l'Hist. des Berb.* t. I, 332; in-8°, Alger, 1852.

[3] Ebn-Khaldoun, *Histoire des Berbères*, t. I, p. 212 et 287. — Id. *Hist. de l'Afr. sous la dyn. des Aghlab.* p. 18 et 19; in-8°, Paris, 1841.

[4] *Le Livre des Perles*, trad. de l'arabe par Silvestre de Sacy. (*Notices et extraits*, etc. t. II, p. 157; in-4°, de l'I. R. 1789.)

[5] Ebn-Khaldoun, *Hist. des Berb.* t. I, p. 212. — Voy. la note 2 de la page 2 de ce volume. — El-Bekri dit du gouverneur de *Sebta* ce qui

est dit ici du gouverneur de *Tanger*. (*Descr. de l'Afr.* p. 121 [b]; in-4°, de l'I. R. 1831.) — La Description de l'Afrique, écrite par Abou-'Obeïd-Bekri en 460 de l'hégire (1067-1068 de J. C.), comme il nous l'apprend lui-même (p. 199), mérite, en général, toute confiance. Cet habile géographe, que l'étude dédommageait de la principauté de *Huelva* qu'avait perdue 'Abd-el-'Azîz son père, n'avait cependant jamais quitté l'Espagne; mais il avait compulsé, avec un rare discernement, de nombreux ouvrages qui ne sont pas venus jusqu'à nous. Il mourut en schaouâl 487 (du 12 octobre au 10 novembre 1094), dans un âge très-avancé. (R. P. A. Dozy, *Recherches sur l'histoire politique et littéraire de l'Espagne pendant le moyen âge*, t. I, p. 295-298; in-8°, Leyde, 1849.)

---

[a] Ebn-Khaldoun, *Histoire des Berbères*, t. I, p. 275; in-8°, Alger, 1852.

[b] Je cite les pages de cet ouvrage d'après un exemplaire du tirage à part qui en a été fait par les soins de M. Quatremère. Si, aux chiffres que je donne, on ajoute le nombre 431, on obtient les chiffres des pages du tome XII des *Notices et extraits des Manuscr. de la Biblioth.* auxquelles correspondent mes citations.

2.

et lui fournissant les renseignements les plus propres à lui inspirer le désir de marcher vers l'Atlas[1]. Évidemment le comte Iulien avait habilement cédé à l'orage; car, en réalité, ce ne fut que 24 ou 25 ans plus tard (en 88 de l'hég. — 707 de J. C.) que *Tanger* fut pris par Mousa-ben-Nos'eïr[2]; Raïni-el-K'aïrouâni affirme cependant que Sidi-'Ok'ba « se rendit maître de *Sebta* « (*Ceuta*) et de *Tanger*[3]; » mais ce n'est peut-être que la manière arabe de peindre l'accueil adroitement flatteur, l'espèce de soumission, que fit le comte Iulien.

Sidi-'Ok'ba
attaque
les Mas'mouda.

Impatient de rencontrer de nouveaux ennemis, 'Ok'ba tourna bride vers l'Atlas et se trouva bientôt en face des *Mas'mouda*[4], tribus guerrières disposées à se défendre vigoureusement. « Après plusieurs engagements, dit Ebn-« Khaldoun, ces tribus parvinrent à cerner leur adversaire au milieu de « leurs montagnes; mais les *Zenâta*, peuple dévoué aux musulmans depuis la « conversion des *Maghrâoua* à l'islamisme, marchèrent au secours du géné-« ral arabe, et le dégagèrent de sa position dangereuse[5]. » Ces trois lignes sont fécondes en conséquences. Les *Mas'mouda*, ai-je dit[6], occupaient la presque totalité du *Maghreb-el-Ak's'a*; il est permis d'en conclure que les *Zenâta*, qui devaient être bien voisins, puisqu'ils pouvaient si à propos porter un pareil secours, occupaient l'occident du *Maghreb central; ensuite les *Maghrâoua* n'avaient pas été entraînés à l'islamisme, comme on pourrait le croire, par l'exemple de Koseïla[7], car le siége de *Tahart* par Sidi-'Ok'ba resterait sans explication[8]; c'était donc après leur défaite devant *Tahart* qu'ils

---

[1] Ebn-Khaldoun va même jusqu'à dire ailleurs que le comte Iulien « lui servit de guide « pour le conduire vers quelques contrées ber-« bères situées au delà de ses possessions dans « le pays de *Maghreb*. » (*Hist. de l'Afr. sous la dynast. des Aghlab.* p. 19; in-8°, Paris, 1841.)

[2] Voyez p. 47 et 48 de ce volume.

[3] Raïni-el-K'aïrouâni, *Histoire de l'Afrique*, liv. III, p. 46; — El-Bekri dit aussi que la ville de *Tanger* (*Tandjah*) fut prise par 'Ok'ba-ben-Nâfi. (*Description de l'Afrique*, p. 130.)

[⁴] Les *Mas'moud'a* appartenaient, comme les

R'omâra[ᵃ], à la branche des *Azdâdja*[ᵇ] ou *Ouzdâdja*, une des sept grandes tribus issues de Brânès[ᶜ]; ils formaient la majeure partie de la population du *Maghreb-el-Ak's'a*[ᵈ].

[5] Ebn-Khaldoun, *Histoire des Berbères*, t. 1, p. 212. — Voyez, sur les *Maghrâoua*, la note 1 de la page 1 de ce volume.

[6] Voyez la note *L* ci-dessus.

[7] Qui se convertit en 55 de l'hégire, comme je l'ai dit page 9 de ce volume.

[8] Évidemment les *Zenâta*, ou tout au moins les *Maghrâoua*, seraient venus lui prêter, à

[ᵃ] J'ai dit, quelques lignes plus haut, que les *R'omâra* reconnaissaient l'autorité des Goths d'Espagne.

[ᵇ] Ebn-Khaldoun, *Hist. des Berb.* t. I, p. 170; in-8°, Alger, 1852.

[ᶜ] Voyez la note 1 de la page suivante.

[ᵈ] Ebn-Khaldoun, *Hist. des Berb.* t. I, p. 194.

avaient été convertis. D'une autre part, pour que les *Zenâta* aient adopté les croyances des *Maghrâoua* et soient devenus assez fervents pour unir leurs armes à celles des Arabes contre leurs frères[1], il fallait qu'un certain temps se fût écoulé entre la prise de *Tahart* par Sidi-'Ok'ba et l'instant où celui-ci livrait bataille aux *Mas'mouda* ; la marche du général arabe à travers le *Maghreb-el-Ak's'a* n'avait donc pas été aussi rapide que les historiens arabes semblent vouloir le faire entendre. Enfin, le secours prêté par les *Zenâta* à Sidi-'Ok'ba contre les *Mas'mouda* est peut-être une manifestation de la rivalité qui existait entre les descendants des deux souches berbères, celle de *Brânis* et celle de *Mâdr'es*, et est certainement la première révélation que l'histoire nous apporte de cette rivalité, que nous verrons plus tard se traduire en une guerre acharnée entre les *Zenâta* et les *S'enh'âdja*, quand ces derniers, après avoir donné aux Arabes de nombreux gages de dévouement, en recevront, des mains de Mo'ezz-lidîn-Allah, l'éclatante récompense. — Sorti du pas difficile où il s'était engagé, 'Ok'ba tailla en pièces les *Mas'mouda*, se porta sur le *Sous-el-Adna*, qu'il traversa en vainqueur, et ce fut alors que, arrivé au bord de la grande mer, il poussa son coursier au milieu des flots de l'Océan, exprimant, dans une ardente invocation[2], le regret de

bien plus forte raison contre les Roum, le secours que, peu après, ils lui ont prêté contre les *Mas'mouda*.

[1] Ils étaient frères en tant que *Berbères*; mais il convient d'observer ici qu'ils n'appartenaient pas à la même souche. Sept grandes tribus descendaient de Brânis : 1° les *Azdâdja*, 2° les *Mas'mouda*, 3° les *Aureba*, 4° les *Adjîsa*[.] 5° les *Ketâma*, 6° les *S'enh'âdja*, 7° les *Aurîr'a*[.] Quatre grandes tribus descendaient de Mâdr'es[b] : 1° les *Adddâsa* (comprenant les *Haoudra*[c]), 2° les *Nefousa*, 3° les *D'arîsa* (comprenant les

Mat'mat'a, toutes les tribus *Zenâta*[d], les *Zouâr'a* et les *Zaoudoua*, les *Meknâsa*, les *Mar'îla*, les *Lmaïa*, etc.), et 4° les enfants de *Loua* (comprenant les *Leouâta*, les *Nifzâoua*, les *Oulhâsa*, les *Zatîma*, les *Ouarfadjouma*, etc.).

[2] « Seigneur, s'écria-t-il, si cette mer ne m'en « empêchait, j'irais dans les contrées éloignées « et dans le royaume de Dou-el-K'arnein[e], en « combattant pour ta religion et en tuant ceux « qui ne croient pas en ton existence ou qui « adorent d'autres dieux que toi. » (En-Nouâïri, § VI, *Append. à l'Hist. des Berb.* t. I, p. 333.)

[a] Ebn-Khaldoun, *Hist. des Berb.* t. I, p. 169, 282, et xv de l'*Introduction*.
[b] Id. *ibid.* t. I, p. 170 et suiv. et page XIV de l'*Introduction*.
[c] « Les *Adddâsa*, dit Ebn-Khaldoun, forment plusieurs branches et se confondent avec les *Haouâra*. » (*Hist. des Berb.* t. I, p. 170.)
[d] Parmi les nombreuses tribus des *Zenâta* se trouvaient les *Maghrâoua* et les *Îfren*, descendant directement des *Islîten*, les *'Abd-el-Ouâh'ed* et les *Toudjîn*, sortant directement des *Bâdin*, qui, par les *Ouâçin*, descendaient aussi des *Islîten*. (Ebn-Khaldoun, *Hist. des Berb.* t. I, tableau de la page XVII de l'*Introduction*.)
[e] Ce mot, qui signifie *possesseur de deux cornes*, est le nom donné, dans le Koran, à Alexandre le Grand. (*Le Koran*, traduit par Savary, sourate ou chapitre XVIII, t. II, p. 45; in-8°, Paris, 1841.) — Voyez d'Herbelot. *Bibliothèque orientale*, p. 296, col. 2, au mot *Escander*; in-fol. Maestricht, 1776.

n'avoir plus de peuples à courber sous le croissant de Mahomet. « Mainte-
Retour
de Sidi-'Ok'ba
vers l'Est.« nant, dit-il à ses compagnons, retournons sur nos pas avec la bénédiction
« de Dieu[1]. » Mais avant de raconter les graves événements qui signalèrent ce
retour, je dois remettre en scène deux personnages que Sidi-'Ok'ba traînait à sa suite[2], comme pour les désoler en les obligeant à être témoins de
ses exploits ; je veux parler d'El-Mohâdjer et de Koseïla.

Mauvais trai-
tements
que subissent
Koseïla et
El-Mohâdjer.Nous avons vu (page 10) que le premier acte de Sidi-'Ok'ba, en rentrant en
Afrique, avait été de jeter El-Mohâdjer dans les fers ; « il traita Koseïla avec la
« dernière indignité, dit Ebn-Khaldoun, pour avoir montré de l'attachement
« à ce gouverneur[3]. » La qualité de néophyte qui aurait dû paraître respec-
table au fervent 'Ok'ba, la grande influence que Koseïla exerçait sur les Berbères, rien ne put arrêter l'irascible guerrier, qui repoussa avec dédain tous
les avertissements que lui donnèrent, à ce sujet, les Arabes expérimentés.
El-Mohâdjer lui-même, chez lequel l'enthousiasme de la religion ne cessa
pas un instant de dominer le ressentiment que devaient lui faire éprouver
les injustes rigueurs dont il était l'objet. Cependant le chef berbère méditait
et préparait sa vengeance ; il lui fallait du sang arabe pour laver les outrages
que l'imprudent 'Ok'ba lui avait prodigués[4]. Entouré des gardes qui le
tenaient aux arrêts[5], il correspondait secrètement avec sa tribu, avec les
Roum eux-mêmes[6], dont la cause était momentanément liée à celle de son
peuple. Déjà l'armée arabe était en marche vers l'Orient pour ramener à K'aïrouân les trophées de ses victoires ; Sidi-'Ok'ba, qui n'avait laissé derrière lui
que des vaincus, et qui se sentait aussi fort de son invincible courage que de
la terreur dont il avait frappé les populations d'un bout à l'autre du *Maghreb*,
s'avançait avec une telle confiance, qu'arrivé à *T'obna*[7] il divisa son armée
par détachements, qui devaient se rendre isolément à la même destination,
ne gardant avec lui qu'un petit corps de cavalerie[8] pour pousser une recon-

---

[1] En-Nouâïri, § VI, *Appendice à l'Hist. des Berb.* t. I, p. 333.

[2] Id. § VII, *Appendice à l'Hist des Berb.* t. I, p. 335. — Ebn-Khaldoun, *Histoire des Berb.* t. I, p. 212 et 288.

[3] Id. *ibid.* p. 211 et 286 ; in-8°, Alger, 1852.

[4] Il l'obligeait à écorcher, de ses propres mains, les moutons destinés à sa table. (Ebn-Khaldoun. *Hist. de l'Afr. sous la dynast. des Aghlab.* p. 21. — *Hist. des Berb.* t. I, p. 287. — En-Nouâïri, § VII. *Appendice*, t. I, p. 335.

[5] Ebn-Khaldoun, *Histoire des Berbères*, t. I. p. 212.

[6] Id. *ibid.* t. I, p. 212. — En-Nouâïri, § VI. *Appendice à l'Hist. des Berb.* t. I, p. 333.

[7] Idem, § VI, *Appendice à l'Hist. des Berb.* t. I, p. 334. — Ebn-Khaldoun, *Hist. des Berb.* t. I, p. 287.

[8] Ebn-Khaldoun porte ce corps de cavalerie à trois cents hommes environ. (*Hist. de l'Afr. sous la dynast. des Aghlab.* p. 22. — *Hist. des Berb.* t. I, p. 288.)

naissance vers *Tahouda* et *Bâdis* [1]. Koseïla, qui épiait tous les mouvements du général arabe, saisit un instant favorable pour s'échapper; aussitôt les Berbères, soulevés à la voix de leur chef, sont rangés sous ses drapeaux, et quand 'Ok'ba se présente devant *Tahouda*, les portes en étaient fermées; il se trouvait, avec une poignée d'hommes, en face d'une armée composée de Berbères et de Grecs, commandés par celui-là même que, peu de jours auparavant, il exaspérait à force d'humiliations. Incapable de refuser le combat le plus inégal, 'Ok'ba met pied à terre, et, après avoir fait sa prière, il brise le fourreau de son sabre; ses compagnons suivent son exemple, et tous ensemble s'élancent avec la joie du fanatisme à une mort qui est pour eux la couronne du martyre. Tous succombèrent [3]. Telle fut la fin de 'Ok'ba-ben-Nâfi, de l'illustre guerrier qui, en moins de deux années, avait soumis l'Afrique depuis la petite Syrte jusqu'à l'Océan, et qui venait de jeter sur l'Espagne un de ces regards qui présagent la conquête [4].

64 de l'hég. [2].
(683-84 de J.C.)

Mort
de Sidi-'Ok'ba.

Le récit le plus succinct ne peut passer sous silence le rôle d'El-Mohâdjer dans la célèbre et néfaste journée de *Tahouda*. Cet ancien émir, je l'ai déjà dit, avait été traîné, les mains chargées de chaînes, à la suite des exploits de Sidi-'Ok'ba, et, dans sa douleur d'entendre le bruit incessant des armes sans recueillir sa part de dangers et de gloire, un profond soupir s'était échappé de sa poitrine, en même temps qu'il récitait des vers qu'une situation analogue avait inspirés à un compagnon du Prophète. Soit que ces poétiques regrets d'un guerrier qui gémit de ne pouvoir combattre aient fait vibrer la corde la plus sensible du cœur de Sidi-'Ok'ba, soit que, sûr de mourir dans la mêlée où il allait se jeter, il voulût, avant de quitter la vie, effacer les torts de sa violence envers un musulman, il fit briser les fers de l'ancien émir, et lui donna l'ordre d'aller prendre le commandement des

Noble conduite
d'El-Mohâdjer.

---

[1] En-Nouâïri, § vi, *Appendice à l'Hist. des Berb.* t. I, p. 334. — Ebn-Khaldoun, *Hist. des Berb.* t. I, p. 287.

[2] Je justifierai plus loin (p. 16) la date que je donne ici au combat de *Tahouda*.

[3] Ebn-Khaldoun, *Hist. des Berb.* t. I, p. 288. — Quelques lignes plus bas, il dit que plusieurs de ces héros furent faits prisonniers, et, suivant Raïni-el-K'aïrouâni, « fort peu d'entre

« eux parvinrent à se soustraire à la mort par la « vitesse de leurs chevaux [a]. » En-Nouâïri dit formellement, « Pas un n'échappa [b]; » sans doute pour peindre d'un trait la grandeur du désastre.

[4] « 'Ok'ba, dit Moula-Ah'med, s'informa du « pays des Andalous, et on lui répondit : Il est « au delà de cette mer qu'on ne peut traverser. » (*Voyage* de Moula-Ah'med, p. 224; in-8°, de l'I. R. 1846.)

[a] Raïni-el-K'aïrouâni, *Hist. de l'Afrique*, liv. III, p. 49; in-8°, de l'I. R. 1845.

[b] En-Nouâïri, § vii, *Appendice à l'Hist. des Berb.* t. I, p. 336.

troupes à *K'aïrouán*. Quand on se reporte à la longue souffrance qu'El-
Mohádjer avait endurée, à l'affreuse torture morale que lui avait imposée
l'implacable vengeance de son ennemi triomphant, on ne peut se défendre
d'un sentiment de surprise mêlé d'admiration en présence de l'usage si
noble qu'il fit de la liberté qui lui était rendue, « Je n'irai point à *K'aïr-
« ouán*, répondit-il à Sidi-'Ok'ba, ton sort sera le mien; » et peu d'heures
après il était au nombre des morts du combat de *Tahouda*[1]. — Le 7 mars

Tombeau
de
Sidi-'Ok'ba.

1844, lorsque je visitais, dans l'*oasis de Sidi-'Ok'ba*, la tombe qu'après douze
siècles les Arabes montrent encore avec le saint recueillement que commande
une mémoire si grande pour eux, j'éprouvais le regret de ne pas voir, associés dans une même inscription[2], les noms de deux guerriers que l'ambition
avait désunis, et qui semblaient ne s'être réconciliés, en présence de la
mort, que pour ne plus se séparer. Le sentiment d'un ordre si élevé qui avait
inspiré la résolution d'El-Mohádjer aurait dû lui faire partager dans la tombe
la gloire de Sidi-'Ok'ba.

Fixation
de la date
du
combat
de Tahouda.

Il est remarquable que les principaux historiens arabes se taisent sur la
date de ce fameux combat de *Tahouda*. Ebn-'Abd-el-H'akem[3], qui écrivait
dans la première moitié du III° siècle de l'hégire (vers le milieu du IX° siècle
de notre ère), et Scha'ab-ed-Dîn[4] (milieu du XV° siècle) fixent cette date à
l'an 63. Moula-Ah'med[5] la leur a vraisemblablement empruntée, et elle est
généralement adoptée[6], quoiqu'il soit facile de voir qu'elle se concilie mal
avec les faits. Quand on observe qu'arrivé en Afrique en 62, Sidi-'Ok'ba
s'occupa d'abord de reconstruire *K'aïrouán*, et d'y faire rentrer les habitants
dont El-Mohádjer, pendant son administration avait disposé pour peupler
sa ville; qu'évidemment aussi, 'Ok'ba fit une réforme générale des actes
accomplis par son prédécesseur pendant sept ans, précisément parce que
celui-ci « avait affecté, selon l'expression d'El-K'aïrouâni, de prendre en tout

---

[1] En-Nouâïri, § VII, *Appendice à l'Hist. des
Berb.* t. I, p. 336. — Ebn-Khaldoun, *Hist.
des Berb.* t. I, p. 288. — *Voyage* d'El-'Aïachi,
p. 136; in-8°, de l'I. R. 1846.

[2] Sur un morceau d'étoffe de soie qui recou-
vre le catafalque posé sur la tombe, on lit,
tracés en caractères coufiques, ces simples mots:
« CECI EST LE TOMBEAU DE 'OK'BA, FILS DE NÁFI. »
(*Rich. min. de l'Alg.* t. I, p. 322 et 323.)

[3] Cité par M. de Slane, dans sa traduction

d'Ebn-Khaldoun, *Histoire des Berbères*, tom. I.
p. 336, note 2.

[4] *Le Livre des Perles*, trad. de l'arabe par
Silvestre de Sacy. (*Notices et extraits*, etc. t. II.
p. 158, in-4°, de l'I. R. 1789.)

[5] *Voyage* de Moula-Ah'med, p. 225; in-8°.
de l'I. R. 1846.

[6] *Rech. sur l'origine et les migrat. des princip.
tribus de l'Afr. septent.* par E. Carette, liv. I.
chap. III, p. 33; in-8°, de l'I. I. 1853.

« le contre-pied de ce qu'avait fait 'Ok'ba[1], » on doit admettre que son séjour à *K'aïrouán* fut assez prolongé. Il paraît aussi avoir entrepris quelques expéditions qui n'auraient pas réussi, et dont les historiens arabes ne parlent qu'indirectement; ainsi En-Nouâïri, dans le paragraphe qu'il consacre à El-H'asen, laisse échapper l'aveu d'une tentative sur *Carthage* dans laquelle 'Ok'ba aurait échoué[2]. Enfin j'ai montré (page 13) que la grande expédition poussée jusqu'à l'extrémité la plus reculée du *Maghreb-el-Ak's'a* n'avait pu être aussi rapide que semblent vouloir le faire entendre les récits qui nous ont été transmis. Par ces raisons, qui me paraissent concluantes, je crois être réservé en ne comptant que deux années pour l'accomplissement de tant de choses difficiles, et j'ai fixé à l'an 64 (page 15) la date du combat de *Tahouda;* on va voir d'ailleurs, et cela seul suffirait pour l'adopter, que cette date s'accorde très-bien avec celles des événements qui suivirent.

Lorsque Sidi-'Ok'ba s'était mis en marche pour le *Maghreb-el-Ak's'a,* « il « avait laissé à *K'aïrouán* une partie des milices sous les ordres de Zoheïr-Ebn-« K'aïs[3] (-el-Belâoui), » et, m'appuyant sur l'autorité de ce passage textuel d'En-Nouâïri, je n'hésite pas à admettre qu'Ebn-Khaldoun se trompe, quand il avance, dans ses deux ouvrages, que Zoheïr commandait l'avant-garde de l'armée que Sidi-'Ok'ba conduisit à la conquête du *Maghreb*[4]. Il est plus naturel d'admettre qu'ayant échoué devant *Carthage,* comme je viens de le dire, et que laissant derrière lui une armée romaine plus ou moins animée par le succès qu'elle venait d'obtenir, 'Ok'ba avait dû confier la garde de *K'aïrouán* et des possessions arabes en Afrique à un général expérimenté, au moment où il s'éloignait avec ses meilleures troupes pour une expédition aventureuse dont il ne pouvait assigner la durée. Ce qui est certain, c'est que Zoheïr était à *K'aïrouán* quand on y reçut la nouvelle du désastre de *Tahouda*[5]. Son premier mouvement fut de faire ses dispositions pour entrer en campagne et repousser l'ennemi; mais presque aussitôt des dissentiments

[marginal note: Zoheïr quitte K'aïrouán.]

---

[1] Raïni-el-K'aïrouâni, *Histoire de l'Afrique,* liv. III, p. 43; in-8°, de l'I. R. 1845.
[2] En-Nouâïri, § x, *Appendice à l'Hist. des Berb.* t. I, p. 339. — On ne trouve nulle part d'indication qui puisse faire supposer que cette tentative d'Ok'ba sur *Carthage* se rapporterait à son premier séjour en Afrique.

[3] En-Nouâïri, § vi, *Appendice à l'Hist. des Berb.* t. I, p. 331; in-8°, Alger, 1852.
[4] Ebn-Khaldoun, *Hist. de l'Afr. sous la dyn. des Aghlab.* p. 16. — *Hist. des Berb.* t. I, p. 286.
[5] Je ne me dissimule pas qu'on pourrait dire, avec Ebn-Khaldoun, que Zoheïr venait de rentrer à *K'aïrouán*[a]; mais les raisons de

---

[a] Ebn-Khaldoun, *Hist. de l'Afr. sous la dynast. des Aghlab.* p. 22; in-8°, Paris, 1841.

s'élevèrent entre lui et H'ensch-ben-'Abd-Allah-es-S'efâni; celui-ci se mit en marche pour l'Égypte, et « une grande partie du peuple l'ayant suivi, » dit Ebn-Khaldoun[1], Zoheïr fut entraîné dans ce mouvement de retraite et ne s'arrêta qu'à *Barka*. D'après En-Nouâïri, les troupes, sans doute découragées par la mort de Sidi-'Ok'ba, refusèrent de prendre les armes, et ce fut alors que Zoheïr résolut de se rendre à *Barka*, « où la plupart des habitants de « *K'aïrouán* allèrent le rejoindre[2]. » Quoi qu'il en soit, Koseïla, sans perdre un instant, avait marché sur la ville, qui n'était pas complétement évacuée quand il y fit son entrée. Voici donc, après tant de sang arabe versé depuis trente-sept ans, les Berbères maîtres de l'Afrique et de *K'aïrouán* même.

Cette retraite des armées arabes de l'Afrique se trouva fatalement coïncider avec de graves événements survenus en Orient. Les pressentiments de Mo'aouïa-ben-Abi-Sofiân, le fondateur de la dynastie des *OMMIADES*[3], ne

(marginalia:) Koseïla reste maître de l'Afrique.

(marginalia:) ORIENT.

---

vraisemblance que j'ai alléguées me font tenir pour la version d'En-Nouâïri. L'ordre que Sidi-'Ok'ba, avant de mourir, avait donné à El-Mohâdjer de rejoindre les musulmans à *K'aïrouán* et d'en prendre le commandement, comme je l'ai dit pages 15 et 16, d'après En-Nouâïri, me paraît aussi venir à l'appui de la version qui laisse Zoheïr, pendant l'expédition, gouverneur de *K'aïrouán*; car, s'il avait directement commandé les troupes qui rentraient en Afrîk'îa, Sidi-'Ok'ba se serait trouvé, par la nomination d'un second général, léguer bien gratuitement à son successeur, et surtout à l'intérim qui allait suivre immédiatement sa mort, un élément de rivalité et, par suite, de désordre, dont sa fougueuse ambition devait prévoir la portée.

[1] *Hist. de l'Afr. sous la dyn. des Aghlab.* p. 22.
[2] En-Nouâïri, § VII, *Appendice à l'Hist. des Berb.* t. I, p. 336. — « À l'approche de Koseïla, « dit Ebn-Khaldoun, les Arabes évacuèrent la « ville pour se rendre auprès de Zoheïr; mais

« ceux qui avaient des enfants ou des bagages « furent dans la nécessité d'y rester. » (*Hist. des Berb.* t. I, p. 289.) — Voyez la note 3 de la page 26 de ce volume.
[3] Pour faire cesser l'effusion du sang, H'asen-ben-'Ali, après avoir régné 6 mois et 5 jours, avait abandonné ses droits au khalifat à Mo'aouïa-ben-Abi-Sofiân, qui resta seul maître jusqu'en l'an 60 de l'hégire. Elmacin, abréviateur de Tabari, dit que Mo'aouïa mourut *au commencement de redjeb*, et qu'il régna 19 ans 3 mois 5 jours[a]. Deguignes a admis cette durée[b], que je pense devoir s'étendre du 26 rebi-el-oouel 41 au 2 redjeb 60 (du jeudi 29 juillet 661 au samedi 7 avril 680). Aboul-Faradj[c] et Aboul-Feda[d] s'accordent avec Tabari pour placer en redjeb 60 la mort de Mo'aouïa; seulement Aboul-Feda donne 19 ans 3 mois 27 jours pour la durée de son règne, ce qui placerait la mort de ce khalife au 24 redjeb. Bien que Simon Ockley ait adopté ce dernier chiffre[e], je crois celui de Tabari préférable.

[a] Elmacini *Historia saracenica*, lib. I, cap. VII, p. 48; in-fol. Lugduni Batavorum, 1625.
[b] Deguignes, *Histoire générale des Huns*, t. I, p. 325; in-4°, Paris, 1756.
[c] Gregorii Abul-Pharajii *Historia compendiosa dynastiarum*, p. 124; in-4°, Oxoniæ, 1663.
[d] Abulfedæ *Annales muslemici*, t. I, p. 377; in-4°, Hafniæ, 1789.
[e] *The History of the Saracens*, by Simon Ockley, p. 379, the fifth edition; in-2, London, 1848; — de la trad. franç. t. II, p. 175; in-12, Paris, 1748.

s'étaient que trop réalisés ; sans doute son fils Iezîd lui avait succédé en 60 de l'hégire, mais tous les instants du règne de ce prince avaient été empoisonnés par la poignante inquiétude que lui causait, à juste titre, 'Abd-Allah-ben-ez-Zobeïr, dont les prétentions, appuyées sur une haute origine et sur les liens nombreux qui, de toutes parts, l'attachaient à la famille du Prophète, la persistante retraite à *la Mekke*, et les intrigues incessantes, faisaient le plus redoutable des rivaux. Jamais la comparaison qu'on puise souvent dans l'épée de Damoclès n'aurait été plus justement employée, si je voulais m'en servir ici. Une armée envoyée dans le *H'edjâz* en 62 avait été battue[1], et, dès le commencement de 63, une révolution violente avait éclaté à *Médine*[2]; celui qui y gouvernait au nom des OMMIADES avait été insulté et honteusement chassé avec tous les membres de la famille ommiade qui résidaient dans la ville[3], et le combat de *H'arrah*[4] avait à peine rétabli l'autorité du khalife dans une partie du *H'edjâz*, lorsque en rebî-el-oouel 64 Iezîd mourut[5]. Tout alors   Mort de Iezîd.

[1] « Abdalla vero fratrem, *fusis Iazidi copiis*, « captivum nactus, in carcere sivit perire. » (Abulfedæ *Annales muslemici*, t. I, p. 383.) — Aboul-Feda place cette défaite des troupes de Iezîd en l'an 60 de l'hégire; M. Quatremère la place en 62. Pour tous les détails relatifs à cette expédition dans lesquels je ne puis entrer ici, je renvoie à la très-intéressante notice publiée par ce savant dès 1832 : *Mémoire historique sur la vie d'Abd-Allah-ben-Zobeïr* (Journal asiatique, t. IX, p. 385 ; 2ᵉ série ; in-8°. de l'I. R. numéro de mai 1832).

[2] Elmacini *Historia saracenica*, lib. I, c. VIII, p. 53, in-fol. Lugdun. Batav. 1625. — Abulfedæ *Annales muslemici*, t. I, p. 395, Reiske.

in-4°, Hafniæ, 1789. — *Journal asiat.* t. IX, p. 387; 2ᵉ série; in-8°, de l'I. R. numéro de mai 1832.

[3] *Ibid.* t. IX, p. 388-391; n° de mai 1832.

[4] Selon Aboul-Feda, ce combat fut livré le 27 zil-h'adja 63 ᵃ, qui correspond au mercredi 26 août 683. Je pense que c'est par suite d'une faute d'impression que M. Quatremère dit le mercredi 28 zil-h'adja 63 ᵇ.

[5] Le 15 rebî-el-oouel 64, selon Aboul-Feda ᶜ, suivi par M. Quatremère ᵈ, le 4 ou le 14 du même mois (30 octobre ou 9 novembre 683), selon Elmacin ᵉ; Deguignes a opté pour la première de ces deux dates ᶠ données par Elmacin. Je pense que le 14 rebî-el-oouel 64 (lundi

ᵃ « Accidit hæc clades die tertio ante ingressum anni quarti sexagesimi, *seu* vigesimo septimo mensis duodecimi anni tertii post sexagesimum. » (Abulfedæ *Annales muslemici*, t. I, p. 383, Reiske; in-4°, Hafniæ, 1789.) — Ces deux manières d'exprimer la même date conduisent l'une et l'autre au 27 zil-h'adja 63.

ᵇ *Journal asiatique*, t. IX, p. 398; 2ᵉ série; in-8°, de l'I. R. numéro de mai 1832.

ᶜ « Obiit autem Iazid die quinto decimo mensis tertii hujus anni sexagesimi quarti. » (Abulfedæ *Annales muslemici*, t. I, p. 399, Reiske; in-4°, Hafniæ, 1789. — Cette phrase exprime le 15 rebî-el-oouel 64, qui correspond au mardi 10 novembre 683 de J. C.

ᵈ *Journal asiatique*, t. IX, p. 404; 2ᵉ série; numéro de mai 1832. — Voyez la note 2 de la page 21.

ᵉ Elmacini *Historia saracenica*, lib. I, cap. VIII, p. 54; in-fol. Lugduni Batavorum, 1625.

ᶠ Ce qui ne t'a pas empêché d'adopter aussi, d'après la même source, le chiffre de 3 ans et 249 jours pour la durée du règne de Iezîd, quoique ce chiffre suppose que Iezîd mourut le 14 rebî-el-oouel 64. (Deguignes, *Histoire générale des Huns*, t. I, p. 325; in-4°, Paris, 1756.)

se trouvait remis en question; on comprend que la confusion, suite nécessaire d'un pareil événement dans de telles circonstances, ne permit pas à l'Orient de s'occuper de l'Afrique. En effet, l'état des choses ne tarda pas à s'aggraver : le fils de Zobeïr, se voyant désormais sans rival dont il eût à redouter les droits et le courage, leva complétement le masque dont il se couvrait à peine depuis la mort de Mo'aouïa-ben-Abi-Sofiân; il prit ouvertement le titre de khalife[1], reçut le serment de fidélité des habitants de *la Mekke*, du *H'edjâz*, de l'*Iémen* et des provinces voisines, pendant qu'il envoyait 'Abd-er-Rah'man-ben-Djahdam prendre possession du gouvernement de l'Égypte,

9 novembre 683) est la date vraie; elle s'accorde, d'ailleurs, parfaitement avec la durée de 3 ans 249 jours qu'Elmacin assigne au règne de Iezîd[a], puisque cette durée est l'intervalle qui s'étend du 2 redjeb 60 au 14 rebî-el-ooouel 64 ; aussi Elmacin fait-il commencer ce règne un samedi et finir un lundi. Quand il dit que le règne de Iezîd finit après 63 ans et 73 jours de l'hégire accomplis, on retombe encore, en faisant le calcul, sur le 14 rebî-el-ooouel 64. Suivant Aboul-Faradj, Iezîd régna 3 ans 8 mois[b]; les dates que j'ai adoptées donnent 3 ans 249 jours (3 ans 8 mois 12 jours); je ne sais pourquoi Simon Ockley dit 3 ans et 6 mois[c]; d'Herbelot avait approché davantage en empruntant la durée donnée par Elmacin, 3 ans 9 mois moins quelques jours[d].

[1] Elmacin fixe au 9 redjeb 64[e] (mercredi 1er mars 684) l'acte de révolte ouverte d'Abd-Allah; mais cette date ne doit pas être exacte. Si, comme le prétend Elmacin lui-même, 'Abd-Allah eut le titre de khalife pendant 9 ans 22 jours[f], ce prince ayant été tué le 14 djoumâd-el-ooouel 73, il faut qu'il ait été proclamé le 21 rebî-el-akher 64, c'est-à-dire 76 jours plus tôt que ne l'indique Elmacin; et, d'ailleurs, il est naturel de supposer qu'en effet cet acte important dut suivre de près la mort de Iezîd. —Deguignes[g], avec une inattention qui étonne de sa part, a ici copié toutes les dates données par Elmacin, sans se préoccuper des contradictions qu'elles pouvaient présenter, comme je le montrerai plus loin (voyez la note 2 de la page 33 de ce volume)

[a] «Chalifatum tenuit annos tres et dies ducentos quadraginta novem, quorum initium fuit dies sabbati, et finis lunæ, elapsis annis hegiræ sexaginta tribus, et diebus septuaginta tribus.» (Elmacini *Hist. sarac.* lib. I, cap. viii, p. 54; in-fol. Lugduni Batavorum, 1625.)

[b] «Regnasseique annos tres et octo menses.» (Gregorii Abul-Pharagii *Historia dynastiarum*, p. 126; in-4°, Oxoniæ, 1663.)

[c] *The History of the Saracens*, by Simon Ockley, p. 428, the fifth edition; in-12, London, 1848; — de la trad. franç. t. II, p. 294; in-12, Paris, 1748.

[d] D'Herbelot, *Biblioth. orient.* p. 450, col. 1, au mot *IEZID BEN MOAVIAH*; in-fol. Maestricht, 1776.—«Regnaverat annos tres et novem menses, demptis aliquot diebus.» (Elmacini *Hist. sarac.* lib. I, cap. viii, p. 54.)

[e] «Die nono mensis redjebi.» (Elmacini *Hist. sarac.* lib. I, cap. x, p. 55; in-fol. Lugd. Batav. 1625.)

[f] «Obtinuit autem filius Zubeiri *Hidjazæ* et *Iracæ* imperium, ab obitu nempe Moaviæ filii Iezidi ad cædem usque suam, annos novem et dies viginti duo». (Id. *ibid.* lib. I, cap. xii, p. 61.)

[g] *Histoire générale des Huns*, t. I, p. 325; in-4°, Paris, 1756.

[*] Le calcul d'Elmacin serait encore inexact, puisque, pour faire un règne de 9 ans 22 jours à partir du 9 redjeb 64, il faudrait qu'Abd-Allah eût été tué le 1er scha'bân 73, et nous verrons plus loin qu'Elmacin lui-même place cette mort au 28 djoumâd-el-ooouel; mais ce passage semble indiquer que la confusion vient de ce que le jeune Mo'aouïa dépossédé serait mort dans sa retraite le 9 redjeb 64. Il est fort connu, en effet, qu'il survécut peu à son abdication, que nous avons fixée au 29 rebî-el-akher 64. (Voyez la note 2 de la page 21.)

qu'il remettait à son frère 'Obeïd-Allah le commandement de *Médine*, et que l'*Írâk'* même était soulevé en son nom[1]. En même temps qu'Abd-Allah s'emparait, avec cette audace, de la souveraine puissance, le désordre allait croissant en Syrie; Mo'aouïa, fils de Iezîd, avait à peine saisi, de ses incapables mains, les rênes du khalifat, qu'il les abandonnait au bout de quarante-cinq jours[2], pour aller se plonger dans l'obscurité d'un réduit qui devait bientôt lui servir de tombeau[3], et les Syriens, après un interrègne de près de sept mois[4],

Mo'aouïa-ben-Iezîd abandonne le khalifat.

Interrègne de sept mois

[1] *Journal asiatique*, t. IX, p. 415; 2ᵉ série; in-8°, de l'I. R. n° de mai 1832.

[2] Aboul-Feda dit que son règne ne dépassa pas trois mois, et que, selon quelques auteurs, Mo'aouïa ne régna que quarante jours : « At « ultra tres menses non præfuit rebus hic ju- « venis....... Quin etiam sunt, qui eum non « imperasse, nisi per quadraginta dies, affir- « mant[a]. » M. Quatremère a opté pour quarante jours[b]; d'Herbelot avait dit six semaines[c], c'est-à-dire 42 jours; Deguignes, d'après Elmacîn, donne, avec incertitude, vingt ou quarante-cinq jours[d]; mais, à la fin du chapitre qu'Elmacîn consacre à Mo'aouïa-ben-Iezîd, il tranche la question en ces termes : « Imperavit « dies *quadraginta quinque*, quorum primus fuit « *Martis* et ultimus *Iovis*, elapsis annis hegiræ « sexaginta tribus, et diebus centum et octode- « cim[e]. » Or, 73 ans et 118 jours de l'hégire conduisent au 29 rebî-el-akher 64; et en remontant de 45 jours à partir de cette date, on arrive au 15 rebî-el-oouel 64, jour du décès de Iezîd et de la proclamation de Mo'aouïa, « succedebat.... eodem ipso die, quo pater de-

« cesserat[f]. » Le règne de Ma'ouïa-ben-Iezîd se trouve donc avoir duré du 15 rebî-el-oouel au 29 rebî-el-akher 64 (du *mardi* 10 novembre au *jeudi* 24 décembre 683). J'en conclus que la durée de 45 jours est celle qui concilie le mieux les diverses versions données, en même temps qu'elle s'adapte bien avec les faits.

[3] D'Herbelot, *Bibliothèque orientale*, p. 592, col. 2, au mot MOAVIAH; in-fol. Maestricht, 1776. — *The History of the Saracens*, by Simon Ockley, p. 431. — De la trad. franc. t. II, p. 298 et 299; in-12, Paris, 1748.

[4] Quand Elmacîn compte un interrègne de soixante et dix-neuf jours[g], c'est, pour lui, l'intervalle qui s'écoula entre l'abdication de Mo'aouïa et la proclamation d'Abd-Allah-ben-Zobeir, proclamation qu'il fixe, comme je l'ai dit note 1 de la page précédente, au 9 redjeb 64; il semble donc admettre implicitement que le règne de Mo'aouïa-ben-Iezîd aurait cessé le 19 rebî-el-akher précédent; or nous avons vu (note 2 ci-dessus) que l'abdication de Mo'aouïa devait être placée, suivant Elmacîn lui-même, au 29 rebî-el-akher; par consé-

[a] Abulfedæ *Annales muslemici*, t. I, p. 403, Reiskæ; in-4°, Hafniæ, 1789.

[b] *Journal asiatique*, t. IX, p. 415; 2ᵉ série; in-8°, de l'I. R. numéro de mai 1832.

[c] *Bibliothèque orientale*, p. 592, col. 2, au mot MOAVIAH; in-fol. Maestricht, 1776.

[d] *Histoire générale des Huns*, t. I, p. 325; in-4°, Paris, 1776. — Indépendamment de l'espèce d'hésitation d'Elmacîn, Aboul-Faradj dit aussi vingt jours : « cum imperasset dies viginti. » (Abul-Pharajii *Historia compendiosa dynastiarum*, p. 126; in-4°, Oxoniæ, 1663.)

[e] Elmacini *Historia saracenica*, lib. I, cap. IX, p. 55; in-fol. Lugduni Batavorum, 1625.

[f] Abulfedæ *Annales muslemici*, t. I, p. 403, Reiskæ; in-4°, Hafniæ, 1789.

[g] « Atque hinc inter regnum fuit ad imperium usque Abdallæ, filii Zubeiri, septuaginta novem dierum. » (Elmacini *Historia saracenica*, lib. I, cap. IX, p. 55; in-fol. Lugduni Batavorum, 1625.) — Je ne sais pourquoi Deguignes, qui a suivi Elmacîn, donne à l'interrègne une durée de deux mois. (*Hist. gén. des Huns*, t. I, p. 325; in-4°, Paris, 1756.)

remplaçaient enfin ce jeune et débile *père de la nuit*[1] par Merouân-ben-H'a-kem, ancien gouverneur de *Médine*[2], qui, en djoumâd-el-aouel de la même année, dans le mois qui suivit la proclamation du fils de Zobeïr et l'abdication de Mo'aouïa, avait été ignominieusement chassé du *H'edjâz*[3]. Aujourd'hui ce vieillard, oubliant son récent affront, songeait moins à tenir debout le siége de *Damas* qu'à faire sa soumission à celui qui l'avait outragé. Cependant, à force d'encouragements et d'excitations, il trouva l'énergie nécessaire

pour marcher contre D'ah'âk[4], et même pour reconquérir l'Égypte, dont il confia le gouvernement à son fils 'Abd-el-'Azîz, après avoir révoqué 'Abd-er-Rah'man[5]. Dix mois s'étaient écoulés[6] depuis la fin de l'interrègne qui avait

---

quent Elmacin n'aurait dû compter qu'un interrègne de 69 jours. Si, comme je l'ai dit à la note 1 ci-dessus rappelée, 'Abd-Allah a été proclamé le 21 rebî-el-akher, non-seulement il n'y aurait pas eu d'interrègne, mais cette proclamation aurait précédé de huit jours l'abdication de Mo'aouïa, et en aurait été, très-vraisemblablement, la cause déterminante. De quelque manière qu'on envisage 'Abd-Allah-ben-Zobeïr, usurpateur ou légitime, l'interrègne de la famille ommiade a duré du 29 rebî-el-akher au 26 zil-k'a'da 64, c'est-à-dire sept mois moins trois jours.

[1] أبو الليلة *Abou-el-leïla*, comme l'appellent les écrivains orientaux.

[2] Il avait été nommé gouverneur de *Médine* dès le commencement du règne de Mo'aouïa-ben-Abi-Sofiân, c'est-à-dire en 41 de l'hégire. Il remplissait encore cette fonction en 56, quand Mo'aouïa déclara le khalifat héréditaire et fit prêter serment de fidélité à son fils Iezid. (Greg. Abul-Pharajii *Historia compendiosa dynastiarum*, p. 123, in-4°, Oxoniæ, 1663. — Abulfedæ *Annales muslemici*, t. 1, p. 373, Reiske; in-4°, Hafniæ, 1789.)

[3] « . . . . . . præcipiens eï, ut filios Ommiæ, « qui ibidem (*Medinæ*) erant, ejiceret: id quod « fecit. Erat autem inter eos Merwan filius Ha- « kemi cum filio suo Abdulmeleco. » (Elmacini *Historia saracenica*, lib. I, cap. x, p. 56; in-fol. Lugduni Batavorum, 1625.— *Journal asiatique*, t. IX, p. 406; 2° série; in-8°, de l'I. R. numéro de mai 1832.)

[4] Elmacini *Historia saracenica*, lib. I, cap. x, p. 56. — D'ah'âk-ben-K'aïs-Fahri travaillait à faire proclamer le fils de Zobeïr à *Damas* quand Merouân arriva dans cette ville[a]; il paraît qu'en outre, ce D'ah'âk avait des prétentions personnelles au khalifat[b], et Aboul-Feda rapporte même que le faible Mo'aouïa-ben-Iezid, au commencement de son règne, fit faire la prière au nom de D'ah'âk[c]. Il fut tué à *Merdj-Rahet*[d].

[5] Elmacini *Historia saracenica*, lib. I, cap. ix, p. 56 et 57, in-fol. Lugduni Batavorum, 1625. — Abulfedæ *Annales muslemici*, t. I, p. 407, Reiske; in-4° Hafniæ, 1789. — *Journal asiatique*, t. IX, p. 420; 2° série; in-8°, de l'I. R. numéro de mai 1832.

[6] Strictement dix mois et deux jours. Elmacin exprime ainsi la durée de ce règne : « Im-

---

[a] « At erat *Damasci*, cum eo veniret Merwan, Dahacus, filius Caisi Amrœus, qui populum invitabat ad inau-
« gurationem filii Zubeiri. » (Elmacini *Hist. sarac.* lib. I, cap. x, p. 56.)

[b] *Journal asiatique*, tome IX, page 418 et 419; 2° série, in-8°, de l'I. R. numéro de mai 1832.

[c] « Dicunt eum, donec novus chalifa creatus esset, ad Dahacum, filium Caisi, populo preces præire
« jussisse.» (Abulfedæ *Annales muslemici*, t. I, p 403, Reiske; in-4°, Hafniæ, 1789.)

[d] Gregorii Abul-Pharajii *Historia compendiosa dynastiarum*, p. 126; in-4°, Oxoniæ, 1663.

suivi l'abdication de Mo'aouïa-ben-Iezid, et l'espoir de jours meilleurs com- 65 de l'hég.
mençait à peine à renaître, que Merouân mourut subitement[1]; son fils 'Abd- (685 de J. C.)
el-Malek lui succéda le 28 ramad'ân 65[2] (dimanche 7 mai 685 de J. C). 'Abd-el-Malek-
ben-Merouân.

« peravit dies ducentos nonaginta octo, quorum « primus fuit Martis, ut et ultimus, elapsis an- « nis hegiræ sexaginta quatuor, et diebus du- « centis sexaginta quatuor[a]. » Or, 64 ans de l'hégire et 264 jours conduisent au 28 ramad'ân 65; en reculant de 298 jours à partir de cette date, on arrive au 26 zil-k'a'da 64 pour le jour où commença le règne de Mer- ouân-ben-H'akem, et il résulte du calcul même que nous venons de faire, en partant d'une base posée par Elmacin, que cet intervalle du 26 zil-k'a'da 64 au 28 ramad'ân 65 comprend exactement les 298 jours qu'il assigne au règne de Merouân. Mais le même Elmacin a admis qu'Abd-Allah-ben-Zobeïr proclamé, suivant lui, le 9 redjeb 64, avait régné 128 jours, et il ad- met d'ailleurs que ce règne a cessé lorsque Mer- ouân fut élevé au khalifat; il aurait donc dû compter 136 jours, et non 128, du 9 redjeb au 26 zil-k'a'da 64. En outre, le 26 zil-k'a'da 64 correspond au jeudi 14 juillet 684, et le 28 ramad'ân 65 au dimanche 7 mai 685; El- macin commet donc une double erreur en di- sant que le règne de Merouân commença et finit un mardi. Aboul-Faradj donne à ce règne une durée de 7 mois et quelques jours[b]; mais Aboul-Feda se rapproche beaucoup plus des chiffres que j'ai adoptés d'après Elmacin, puisqu'il admet que Merouân mourut le 3 ra-

mad'ân 65, après un règne de 9 mois et 18 jours[c], ce qui suppose qu'il aurait régné du 16 zil-k'a'da 64 (lundi 4 juillet 684) au 3 ra- mad'ân 65 (mercredi 12 avril 685). D'Herbelot, d'après Khondemir et Ben-Schohnah, assigne au règne de Merouân une durée de dix mois[d].

[1] Elmacin, après avoir dit qu'il mourut de la peste, rapporte deux autres versions d'après lesquelles il aurait été ou empoisonné, ou étouffé par sa femme[e]. Aboul-Feda a admis ce dernier genre de mort[f]. On pense très-géné- ralement qu'en effet sa femme le fit mourir, et on en donne la raison suivante : Merouân-ben- H'akem avait été élu sous la condition qu'après lui le khalifat retournerait à Khâled-ben-Iezîd, trop jeune alors pour gouverner. Afin de mieux assurer sa succession à Khâled[g], il épousa la veuve de Iezîd, mère du jeune prince; mais bientôt, changeant d'avis, il fit proclamer Abd- el-Malek son fils aîné comme son successeur légitime. La branche de H'arb se trouvait spoliée par la branche d'Abou-el-'Aâs'i, toutes deux is- sues d'Omeïa; ce serait pour venger ce manque de foi que la veuve de Iezîd aurait fait mourir son nouvel époux. (D'Herbelot, Bibliothèque orientale, p. 566, col. 2, au mot MARVAN I; in- fol. Maestricht, 1776.)

[2] Voyez les explications que j'ai données dans la note 1 ci-dessus.

[a] Elmacini Historia saracenica, lib. I, cap. xi, p. 58; in-fol. Lugduni Batavorum, 1625.

[b] «Obiitque Merwan Damasci, cum imperium septem menses et dies aliquot tenuisset.» (Gregorii Abul- Pharajii Historia compendiosa dynastiarum, p. 126; in-4°, Oxoniæ, 1663.)

[c] «Anno LXV die tertio noni mensis periit Marvan.... in chalifatu menses novem cum decem et octo diebus « exegerat.» (Abulfedæ Annales muslemici, t. I, p. 409, Reiske; in-4°, Hafniæ, 1789.)

[d] Bibliothèque orientale, p. 566, col. 2, au mot MARVAN I; in-fol. Maestricht, 1776.

[e] «Eodem hoc anno (65) obiit Merwan filius Hakemi, mense ramadano, ex peste... veneno eum sustulisse, «aut, ut alii volunt, pulvinari plumeo faciei ejus imposito insedisse.» (Elmacini Hist. sarac. l. I, c xi, p. 57.)

[f] «Ab uxore sua, eademque matre Khaledi, filii Iazedi, suffocatus, quæ quo cœlaret facinus, alta voce, « subito eum periisse, lamentabatur.» (Abulfedæ Annales muslemici, t. I, p. 409; in-4°, Hafniæ, 1789.)

[g] Aboul-Feda donne une autre cause à ce mariage, et une cause toute personnelle : «Ne quid a Chaledo, «quem verebatur, periculi sibi reliquum faceret.» (Id. ibid. t. I, p. 407.)

A l'avénement de ce prince au khalifat, bien que l'Égypte fût reconquise, la position était encore des plus critiques; non-seulement 'Abd-Allah-ben-ez-Zobeïr était reconnu dans le *H'edjâz*, mais les troupes syriennes venaient d'y éprouver un assez grave échec [1]; en outre, il commandait à *Bas'ra* (بصرة) par un de ses généraux ('Obeïd-Allah-Taïmi) [2], en même temps que le fameux Mokhtâr-Abou-'Obeïd, l'implacable vengeur de la mort de H'osseïn, était, à *Koufa* (كوفة), à la tête des partisans d'Ali [3]; et enfin, au sein même de la Syrie, dans sa propre famille, le fils de Merouân pouvait soupçonner un ambitieux compétiteur, 'Amrou-ben-Sa'ïd. En ramadân 67 (mars-avril 687) Mokhtâr succomba [4] dans une bataille qui lui fut livrée par Mos''ab-ben-ez-Zobeïr [5] (مصعب بن الزبير) sous les murs de *Koufa*, et le khalife dut se réjouir de la mort de ce redoutable fanatique, dont le savant d'Herbelot a dit : « Il « défit tous les généraux de Iezîd, de Merouân et d'Abd-el-Malek, tous « trois khalifes de la race d'Ommïa, et se rendit maître de *Koufa* et de tout « l'*Irâk'* babylonien, dont cette ville était la capitale [6]. » Ce ne fut qu'en 69 qu'Abd-el-Malek se débarrassa d'Amrou-ben-Sa'ïd en l'assassinant lâchement de sa propre main, sans que les liens de parenté qui les unissaient pussent l'arrêter [7]; mais 'Amrou avait commis un de ces crimes qui ne peuvent

67 de l'hég.
(687 de J. C.)

69 de l'hég.
(688-89 de J. C.)
'Abd-el-Malek
assassine
de sa
propre main
Amrou-
ben-Sa'ïd.

---

[1] *Journal asiatique*, t. IX, p. 421 et 422; 2ᵉ série; in-8°, de l'I. R. numéro de mai 1832.

[2] *Ibid.* t. IX, p. 421 ; 2ᵉ série; in-8°, de l'I. R. numéro de mai 1832.

[3] Elmacini *Hist. saracen.* lib. I, cap. XII, p. 58, 59 et 60.—Abulfedæ *Annales muslemici*, t. I, p. 409 et 411. — « Il y en eut même plu-« sieurs, dit Simon Ockley, qui le proclamèrent « khalife. » (*The History of the Saracens*, p. 454; — de la trad. franç. t. II, p. 359.)—En 66 de l'hégire, Mokhtâr, feignant d'être disposé à se soumettre à 'Abd-Allah-ben-Zobeïr, lui écrivait : « J'ai choisi *Koufa* pour mon séjour; si tu me « laisses en possession de cette ville, et si tu « m'accordes une gratification de 100,000 pièces « d'argent, je m'engage à marcher en Syrie, et « à te délivrer du fils de Merouân. » (*Journal asiatique*, t. X, p. 39; 2ᵉ série; in-8°, de l'I. R. numéro de juillet 1832.)

[4] Elmacini *Hist. sarac.* lib. I, cap. XII, p. 60. — Abulfedæ *Ann. muslem.* t. I, p. 413. — *The History of the Saracens*, p. 462; — de la trad.

franç. t. II, p. 377. — *Journal asiatique*, t. X, p. 56; 2ᵉ série.

[5] « Mosab enim, Zobairi filius, quem frater « Abdalla, Meccanus Califa, præfectum *Basræ* « miserat. » (Abulfedæ *Annales muslemici*, t. I, p. 413; in-4°, Hafniæ, 1789. —Gregorii Abul-Pharajii *Historia compend. dynastiarum*, p. 127; in-4°, Oxoniæ, 1663.) — Mos''ab-ben-ez-Zobeïr, à qui son frère 'Abd-Allah avait retiré le gouvernement de l'*Irâk'* pour le donner à un de ses fils, H'amza, venait d'en être remis en possession à cause de l'incapacité du jeune prince qui l'avait remplacé. (*Journ. asiat.* t. X, p. 53; 2ᵉ série; in-8°, de l'I. R. numéro de juillet 1832. —*The History of the Saracens*, p. 460; — de la trad. franç. t. II, p. 373; in-12, Paris, 1748.)

[6] D'Herbelot, *Bibliothèque orientale*, p. 620, col. 2, au mot MOKHTÂR-BEN-ABOU-OBEÏDAH; in-fol. Maestricht, 1776.

[7] Elmacini *Hist. sarac.* lib. I, cap. XII, p. 60. — Theophanis *Chronographia*, p. 303; *Corpus*

trouver grâce devant un souverain mal affermi, il s'était fait proclamer à *Damas.*

Le coup d'œil rapide que nous venons de jeter sur les événements qui agitèrent l'Orient pendant que Sidi-'Ok'ba se signalait en Afrique (années 62 à 64) et pendant les cinq années (64 à 69) qui suivirent le combat où il trouva la mort, rend parfaitement compte de l'inaction des khalifes, par rapport à l'Afrique, durant cette dernière période. Délivré de deux ennemis redoutables, 'Abd-el-Malek se hâta, peut-être même un peu trop, comme nous allons bientôt en acquérir la preuve, de porter son attention sur cette conquête abandonnée. « L'avénement d'Abd-el-Malek, fils de Merouân, mit « un terme aux insurrections dont l'Orient avait été le théâtre, dit Ebn-Khal- « doun, et Zoheïr-ben-K'aïs, qui était toujours à *Barka,* reçut enfin l'ordre « d'attaquer les Berbères et de venger la mort de Sidi-'Ok'ba[1]. » On vient de voir, par ce qui précède, quelle interprétation il faut donner à ce passage, puisque en 69 'Abd-el-Malek régnait déjà depuis quatre ans; aussi En-Nouâïri s'exprime-t-il avec plus de justesse lorsqu'il représente Koseïla restant maître de *K'aïrouán* « jusqu'au temps où l'autorité d'Abd-el-Malek-ben-Merouân fut « raffermie[2]. » Du reste, Ebn-Khaldoun, comme entraîné par l'évidence des faits, va se redresser lui-même.

« *Pendant cinq années,* dit-il, Koseïla gouverna l'Afrique et exerça une « grande autorité sur les Berbères[3]. » De cela seul, et ma conclusion vient d'ailleurs d'être justifiée, je suis autorisé à conclure, Koseïla ayant pris possession de *K'aïrouán* en 64, que seulement en 69[4] l'ordre fut envoyé à Zoheïr

AFRIQUE.

ZOHEÏR-
BEN-K'AÏS.

Byzantinæ historiæ; in-fol. Parisiis, 1655. — Simon's Ockley's *The History of the Saracens,* p. 465; — de la trad. franc. t. II, p. 384. — Elmacîn a confondu cet 'Amrou-ben-Sa'îd avec 'Omar-ben-Sa'd-ben-Abou-Ouak'âs' que Mokh-târ fit mettre à mort, en zil-h'adja 66, parce qu'il avait été général de l'armée qui défit H'ossein à *Kerbela* en 61. (Abulfedæ *Annales muslemici,* t. I, p. 411 et *Adnotationes historicæ,* p. 93 et 94; in-4°, Hafniæ, 1789.)

[1] Ebn-Khaldoun, *Histoire des Berbères,* t. I, p. 289; in-8°, Alger, 1852.

[2] En-Nouâïri, § VII, *Appendice à l'Hist. des Berb.* t. I, p. 336.

[3] Ebn-Khaldoun, *Histoire des Berbères,* t. I, p. 212 et 289.

[4] Ebn-Khaldoun donne l'an 67e pour la date de cette rentrée de Zoheïr en Afrique, et comme il vient de dire que Koseïla a gouverné *pendant cinq ans,* il en résulte que toute la seconde phase des actes de Sidi-'Ok'ba en Afrique, depuis la reconstruction de *K'aïrouán* jusqu'au combat de *Tahouda,* se serait accomplie dans quelques mois de l'année 62, ce qui doit paraître absurde quand on se reporte aux raisons que j'ai données (pages 16 et 17) pour rejeter la date de 63 fixée par Ebn-'Abd-el-H'akem, et pour adopter celle de 64.

Ebn-Khaldoun, *Hist. des Berb.* t. I, p. 212 et 289. — Id. *Hist. de l'Afr. sous la dynast. des Aghlab.* p. 23.

de venger la défaite de *Tahouda*. En effet, Nouâîri fixe à l'an 69[1] la date à laquelle Zoheïr reçut les renforts expédiés par 'Abd-el-Malek, et s'avança de *Barka* vers l'Afrique à la tête d'une armée nombreuse[2]. A son approche, Koseïla se retira un peu vers l'Ouest, abandonnant ainsi *K'aïrouân* au général arabe[3], et la bataille de *Memsch*[4], dans laquelle le chef berbère fut défait et

(marge) Bataille de Memsch.

[1] M. de Slane fait dire à En-Nouâîri que ce fut en 67 [a]; mais Otter, qui parle, comme on sait, d'après En-Nouâîri, donne la date de 69 [b], et Noël Desvergers, qui a traduit un grand nombre de passages du même texte, dit : « Le récit d'En-« Nouâîri, plus développé que celui d'Ebn-Khal-« doun, n'en diffère pas dans les circonstances « principales. La dissemblance qu'il importe le « plus de constater, c'est celle de la date. En-« Nouâîri reporte à l'année 69 de l'hégire l'en-« trée de Zoheïr en Afrique[c]. » Enfin M. de Slane lui-même, dans la traduction du même auteur qu'il a publiée en 1841, dit : « En l'an 69 (688-« 689 de J. C.), Zoheïr arriva avec une nom-« breuse armée dans la province d'Afrique[d]. » Tous ces témoignages me prouvent qu'il y a une faute d'impression dans la traduction d'En-Nouâîri, publiée par M. de Slane en 1852, et comme, d'ailleurs, je viens de montrer (note 4, page 25) que la date de 67 est, en quelque sorte, redressée par Ebn-Khaldoun lui-même, j'ai toutes les raisons pour adopter celle de 69.

[2] Raïni-el-K'aïrouâni, qui avait sans doute sous les yeux les textes d'En-Nouâîri et d'Ebn-Khaldoun, hésite, pour cet événement, entre

les deux dates de 67 [e] et de 69 de l'hégire [f]; je crois avoir démontré qu'il n'y a pas d'hésitation possible.

[3] Raïni-el-K'aïrouâni, *Histoire de l'Afrique*, liv. III, p. 50; in-8°, de l'I. R. 1845. — Il est permis de se demander pourquoi Koseïla commit la faute évidente de découvrir ainsi *K'aïrouân* en se portant à l'Ouest de cette ville pour attendre son ennemi, au lieu d'aller à sa rencontre vers le Sud-Est [g]; peut-être craignait-il de se placer entre les Arabes restés à *K'aïrouân* et l'armée de Zoheïr. Si telle fut la raison d'agir du chef berbère, on doit en conclure que la population arabe, qui n'avait pu suivre Zoheïr à *Barka*, était assez considérable, et savoir reconnaître que bien des généraux arabes n'auraient pas hésité à échapper à la crainte que conçut Koseïla, par un égorgement de la population devenue inquiétante.

[4] Dans la province de *K'aïrouân*[h]. — M. de Slane nomme cette localité *Mems*, et les traducteurs d'El-K'aïrouâni la nomment *Meins*; évidemment les manuscrits présentent des variantes; mais comme M. de Slane, dans une première traduction publiée en 1841, cite ce

[a] En-Nouâîri, § VIII, *Appendice à l'Hist. des Berb.* t. I, p. 337; in-8°, Alger, 1852.

[b] Otter, *Relation sommaire de la conquête de l'Afrique par les Arabes.* (*Mém. de l'Acad. des inscr. et bell. lettr.* t. XXI, p. 121; in-4°, Paris, 1754.)

[c] *Hist. de l'Afr. sous la dynast. des Aghlab.* p. 23, note 20 rédigée par le traducteur, M. Noël Desvergers.

[d] *Journal asiatique*, t. XI, p. 132; 3ᵉ série; in-8°, de l'I. R. numéro de février 1841.

[e] Il faut attribuer à une faute d'impression la date de 57 qu'on lit dans la traduction de MM. E. Pellissier et Rémusat que je cite ici.

[f] Raïni-el-K'aïrouâni, *Hist. de l'Afrique*, liv. III, p. 50; in-8°, de l'I. R. 1845.

[g] Ebn-Khaldoun, qui, dans son Histoire des Berbères (voyez la note 1 de la page suivante), place à *Memsch* le théâtre de la grande bataille livrée par Zoheïr, dit ailleurs que Koseïla vint à la rencontre du général arabe à *'As*, عس, que M. Noël Desvergers transcrit *Oss*. (*Hist. de l'Afr. sous la dynast. des Aghlab.* p. 4 du texte, p. 23 de la traduction; in-8°, Paris, 1841.)

[h] Ebn-Khaldoun, *Histoire des Berbères*, t. I, p. 289 et 337; in-8°, Alger, de l'impr. du Gouv. 1852.

tué, remit les *OMMIADES* en possession de l'Afrique[1]. Les Arabes, au dire Mort de Koseïla.
d'Ebn-Khaldoun, poursuivirent les Berbères jusqu'à la *Mlouïa*[2], « domptant
« partout l'audace des indigènes, et les forçant à s'enfermer dans leurs châ-
« teaux et leurs forteresses. Les *Aureba,* ajoute-t-il, dont cette campagne
« avait brisé la puissance, allèrent tous se fixer dans le *Maghreb-el-Ak's'a.....*
« Arrivés dans ce pays, ils occupèrent *Oulíli,* ville située sur le flanc du mont Les Aureba
s'établissent
à Oulíli.
« Zerhoun, et ils continuèrent à y faire leur séjour[3]. » L'historien arabe ou-
blie ici qu'il nous a montré les *Aureba* occupant dès l'an 55, et probablement
depuis bien longtemps, une partie du *Maghreb-el-Ak's'a*[4]; il n'est donc pas
exact de les représenter comme allant se fixer en 69 dans cette région. Peut-
être veut-il parler seulement de leur installation à *Oulíli* où, plus d'un siècle
après, le fils d'Edrîs trouva, chez ces mêmes *Aureba,* un accueil empressé et
une aide puissante; mais, si telle est l'explication de ce passage d'Ebn-Khaldoun, l'auteur a certainement mal exprimé sa pensée.

Les historiens arabes passent très-rapidement sur la période du comman-
dement de Zoheïr en Afrique. Ce même général qui, pendant cinq années, Conduite
de Zoheïr
après sa victoire.
avait attendu si patiemment les renforts que l'agitation de l'Orient ne per-
mettait pas de lui envoyer, est représenté par eux comme faisant tout à coup
un retour sur lui-même après la victoire de *Memsch,* et comme tremblant de
toutes les terreurs d'une conscience timorée devant la responsabilité d'un gouvernement. « *Quelque temps après,* dit Ebn-Khaldoun, il se jeta dans la dévotion [5]; » « il était rempli de mortification, » ajoute En-Nouâïri [6]; « il ne tarda

mot du texte et l'écrit مشّ[*], j'ai dû le rendre par
Memsch ; il est vraisemblable que, dans d'autres
manuscrits, les points manquent : alors, le *chine*
devenant un *sino,* on a *Mems.* — Voyez la note [5]
de la page précédente.

[1] En-Nouâïri, § VIII, *Appendice à l'Hist. des
Berb.* t. I, p. 337. — Ebn-Khaldoun, *Hist. des
Berb.* t. I, p. 213 et 289. — Id. *Hist. de l'Afr.
sous la dynast. des Aghlab.* p. 23.

[2] Μολοχάθ de Strabon et de Ptolomée; *Ma-
lucha* de Salluste, de Pomponius Mela et de
Pline; *Malvana* de Pline et Μαλοῦα de Ptolémée qui, tous deux, font un double emploi;
Malva ou *Malua* de l'itinéraire d'Antonin,
ملوية (*Mlouïa*) des géographes arabes. Cette

rivière, qui appartient au Maroc et coule un
peu à l'Ouest de la limite de notre Algérie, est
un cours d'eau d'une certaine importance qui,
dans l'antiquité, servait de limite aux États
libyens (Maurusie et Numidie massæsylienne).
Quelques auteurs écrivent *Malouïa* ou *Melouïa,*
d'autres *Moulouïa;* il m'a semblé plus naturel
de l'écrire comme les Arabes, et de dire *Mlouïa.*

[3] Ebn-Khaldoun, *Histoire des Berbères,* t. I,
p. 290; in-8°, Alger, 1852.

[4] Id. *ibid.* t. I, p. 286. — Voyez la page 9
de ce volume.

[5] Ebn-Khaldoun, *Hist. des Berb.* t. I, p. 213.

[6] En-Nouâïri, § VIII, *Appendice à l'Hist. des
Berb.* t. I, p. 337.

[*] *Journal asiatique,* t. XI, p. 132; 3e série; in-8°. de l'I. R. numéro de février 1841.

« pas, selon El-K'aïrouâni, à reconnaître combien était lourd le fardeau dont
« il était chargé, et craignit que son cœur ne se corrompît au sein de la puis-
« sance [1]. » J'accorderai à Zoheïr tous les sentiments de piété qu'on lui attribue, je n'ai nul besoin de lui contester la crainte, même exagérée, d'être séduit
par les plaisirs du monde[2]; mais je ne saurais admettre, malgré les autorités
que je viens de citer, la conduite que lui prêtent les prôneurs de son austé-
rité; et quand En-Nouâïri nous montre Zoheïr, après avoir reconquis un pays
perdu pour les khalifes depuis cinq ans, « *laissant quelques troupes à K'aïrouân,*
« *et partant avec un corps nombreux pour l'Orient[3],* » je refuse de croire à
une pareille retraite, qui eût équivalu à un nouvel abandon, si surtout elle
avait été aussi prompte que semblent le laisser entendre les historiens arabes.
Examinons de près l'ensemble des faits. D'abord la défaite de Koseïla ne fut
pas immédiatement suivie d'une soumission complète : « D'autres expéditions,
« dit Ebn-Khaldoun, partirent successivement de *K'aïrouân* et réussirent *enfin*
« à soumettre tout le pays[4]. » Ensuite, l'Afrique soumise, il restait encore à
Zoheïr une immense tâche à remplir; les Berbères ayant été maîtres du pays
pendant cinq ans, on peut être assuré que, sur les divers points, l'administration arabe avait été entièrement effacée, et que tout se trouvait à réorga-
niser. Enfin Zoheïr, après avoir vaincu les Berbères, paraît tout au moins
avoir conçu et mis à exécution, s'il n'a réalisé, la pensée d'étendre la domination arabe aux dépens de ce qui restait aux Grecs; ainsi plusieurs historiens, et entre autres El-Belabri[5], lui attribuent la conquête de *Tunis,* que
plus généralement on pense avoir été faite, comme je suis du reste disposé à
l'admettre, par H'asen-ben-No'mân[6]; mais on peut inférer de ces bruits de
conquête de *Tunis* qu'il en fit du moins la tentative, et que ce fut là, peut-
être, une des principales causes de l'expédition que l'Empereur envoya dans
la seconde moitié de l'an 71 de l'hég. (691 de J. C.) vers *Barka*[7], expédition
que les historiens byzantins ont confondue en une seule avec celle de *Car-*

71 de l'hég.
(691 de J. C.)
Descente
des Grecs
à Barka.

[1] Raïni-el-K'aïrouâni, *Histoire de l'Afrique,*
liv. III, p. 51.

[2] Ebn-Khaldoun, *Hist. de l'Afr. sous la dynast. des Aghlab.* p. 23; in-8°, Paris, 1841.

[3] En-Nouâïri, § VIII, *Appendice à l'Hist. des
Berb.* t. I, p. 337 et 338.

[4] Ebn-Khaldoun, *Histoire des Berbères,* trad.
par M. de Slane, tom. I, p. 290.

[5] Cité par Raïni-el-K'aïrouâni, *Histoire de*

l'Afrique, liv. I, p. 12, et liv. III, p. 50 et 51;
in-8°, de l'I. R. 1845.

[6] Abou-'Obeïd-Bekri, *Description de l'Afrique,*
p. 55 et 56; in-4°, de l'I. R. 1831. — Raïni-
el-K'aïrouâni, *Histoire de l'Afrique,* trad. par
MM. Pellissier et Rémusat, liv. I, p. 12-14.

[7] S. Nicephori patriarchæ *Breviarium historicum,* p. 26; *Corpus Byzantinæ historiæ;* in-fol.
Parisiis, 1648.

thage, comme je l'ai fait observer plus haut (pages 6 et 7). Soit que Zoheïr se fût porté à la rencontre de l'armée que Justinien II avait fait partir de Constantinople et de Sicile[1], et qui venait de débarquer; soit que réellement il eût quitté l'Afrique après y avoir rétabli l'ordre arabe, et se trouvât à la hauteur de *Barka* au moment où il retournait en Égypte, ce qui est certain, c'est qu'il en vint aux mains avec l'armée impériale, qu'il essuya une affreuse défaite, et périt dans la mêlée. « La bataille fut terrible, dit En-Nouâïri, mais, « accablé par le nombre des Grecs, Zoheïr succomba avec tous les siens. Pas « un seul n'échappa, et les Grecs emportèrent leur butin à Constantinople[2]. » C'est évidemment ce désastre qui a rendu les historiens arabes si brefs, en général, sur les faits relatifs à Zoheïr[3]; désastre d'autant plus déplorable qu'il ne pouvait pas être immédiatement réparé : « 'Abd-el-Malek, ajoute En-« Nouâïri, fut très-affligé de la mort de Zoheïr..... mais la révolte-d'Abd-« Allah-ben-ez-Zobeïr l'empêcha de s'occuper des affaires de *K'aïrouán*[4]. »

J'ai dit plus haut (page 25) qu'Abd-el-Malek s'était peut-être trop hâté d'envoyer une armée en Afrique; les difficultés qui lui restaient à vaincre pour asseoir son autorité se montrèrent en effet, bientôt, infiniment plus grandes qu'il ne l'avait prévu. La position d'Abd-Allah-ben-ez-Zobeïr dans le *H'edjâz*, les succès que son frère Mos"ab-ben-ez-Zobeïr avait obtenus dans l'*Irâk'-'Arab* et dans le *Djezïrah*, joints à la défection d'Ibrahim[5], avaient jeté

(marginal note, right:) Zoheïr défait et tué.

(marginal note, right:) ORIENT. Difficultés qui entravent 'Abd-el-Malek.

---

[1] Suivant En-Nouâïri, la flotte grecque était partie de Sicile[a]; si, comme je le pense, cette expédition est celle que Nicéphore confond avec l'expédition commandée par le patrice Jean, mais qu'il fait partir en 691, elle partit de Constantinople[b]. Ce qu'on lit dans Cardonne concilie, du reste, très-bien les deux opinions : « L'Empereur, dit-il, donna ses ordres pour « l'armement d'une flotte. Le gouverneur de Sicile fut chargé d'y joindre les vaisseaux qui se « trouvaient dans les ports de cette île; les deux « flottes réunies abordèrent en Afrique[c]. » Lebeau a emprunté à Cardonne ce qu'il dit du départ de la flotte[d].

[2] En-Nouâïri, § VIII, *Appendice à l'Hist. des Berb.* t. I, p. 338.

[3] Ils ont rapetissé cet événement autant qu'ils l'ont pu; il suffit, pour en avoir la preuve, de lire les quelques lignes que Raïni-el-K'aïrouâni consacre à son récit. (*Histoire de l'Afrique*, liv. III, p. 51.)

[4] En-Nouâïri, § VIII, *Appendice à l'Hist. des Berb.* t. I, p. 338.

[5] Je ne me représente pas bien ce que M. Quatremère, à qui j'emprunte ce passage, appelle ici la défection d'Ibrahim. Cet Ibrahim-ben-Malek-Aschtar[a] apparaît pour la première fois dans son récit, au moment (66 de l'hég.

[a] En-Nouâïri, § VIII, *Appendice à l'Hist. des Berb.* t. I, p. 338; in-8°, Alger, 1852.
[b] Voyez note 7 de la page précédente.
[c] *Hist. de l'Afr. et de l'Esp. sous la domin. des Arab.* liv. I, t. I, p. 43 et 44; in-12, Paris, 1765.
[d] Lebeau, *Hist. du Bas-Empire*, liv. LXII, § VI, t. XII, p. 15; édit. Saint-Martin; in-8°, Paris, 1831.
[e] Elmacin le nomme Ibrahim-ben-el-Asir (الاسير), Aboulfeda le nomme Ibrahim-ben-el-Aschtar (الاشتر);

l'effroi dans l'âme du khalife, qui crut devoir délibérer en famille sur le parti qu'il convenait de prendre dans des circonstances si critiques [1]. Dès l'an 70 [2] (690 de J. C.), voulant concentrer toute sa pensée et toutes ses forces sur

— 685 à 686 de J. C.) où Mokhtâr forma, à *Koufa*, en faveur des *'ALIDES*, un complot contre 'Abd-Allah-ben-ez-Zobeïr ou, si l'on veut, contre 'Abd-Allah-ben-Mot'i, qui venait d'être nommé, par lui, gouverneur de cette ville. Sollicité de prendre part au complot, Ibrahîm y consentit à la condition d'en être le chef; mais, sur la présentation d'une lettre, ou d'une prétendue lettre du fils d'Ali (Moh'ammed-ben-H'anefîah), qui enjoignait à ses partisans de se ranger sous l'autorité de Mokhtâr, il renonça à ses prétentions [a]. Ibrahîm était donc schiite. Ce fut Mokhtâr qui lui confia le commandement d'une armée cantonnée à *Maus'el* (*Mosoul* موصل), et à la tête de laquelle il battit les troupes d'Abd-el-Malek [b]; l'année suivante, en 67, Mokhtâr ayant été défait et tué par Mos''ab-ben-ez-Zobeïr, celui-ci invita Ibra-

hîm à se soumettre, et Ibrahîm reconnut l'autorité d'Abd-Allah [c]. Mos''ab cependant lui retira, mais lui rendit bientôt, le commandement de *Maus'el* [d]. Ibrahîm ne cessa pas de donner au frère d'Abd-Allah les plus grandes preuves d'attachement et de fidélité, notamment en résistant aux tentatives de séduction d'Abd-el-Malek [e], et, dans la terrible bataille où le khalife resta vainqueur de Mos''ab-ben-ez-Zobeïr, il fut tué un des premiers [f]. A quel instant fit-il donc défection à 'Abd-el-Malek?

[1] *Journal asiatique*, t. X, p. 72 et 73; 2° série; in-8°, de l'I. R. numéro de juillet 1832.

[2] Lebeau recule de trois à quatre ans la date de ce traité; il le suppose, d'après Théophane [g], conclu en 686, puisque ce chronographe, suivant l'ère qu'il a adoptée, le place en 678 [h]. Théophane fait correspondre à la même

l'absence des points, chez Elmacin, fait du *chine* un *sine*, et le déplacement des deux points de la lettre suivante fait du *ta* un *ia*. Quant au nom qui suit, et qui paraît être celui de la tribu, ils l'écrivent tous deux النخعي (*El-Nakh'i*). (Elmacini *Historia saracenica*, lib. I, cap. XII, p. 59; in-fol. Lugd. Batav. 1625. — Abulfedæ *Annales muslemici*, t. I, p. 410; in-4°, Hafniæ, 1789.)

[a] *Journal asiatique*, t. IX, p. 432 et 433; 2° série; in-8°, de l'I. R. numéro de mai 1832.

[b] « Adversus hunc (Obeidallam filium Zeiadi) ducebat Mokhtari copias Ibrahim, filius Aschtari, Nachaita : « qui Zeïadidam ipsa in acie sua manu peremit. . . . . . » (Abulfedæ *Annal. muslem.* t. I, p. 411.) — *Journal asiatique*, t. X, p. 45 et 46; 2° série, in-8°, de l'I. R. numéro de juillet 1832.

[c] « Cum autem Masabas Iracæ imperium adeptus esset, scripsit ad Ibrahimum, invitans eum ad obe-« dientiam, et ille auscultavit ei, venitque ad eum. » (Elmacini *Hist. sarac.* lib. I, cap. XII, p. 60.) — *Journal asiatique*, t. X, p. 59; 2° série; in-8°, de l'I. R. numéro de juillet 1832.

[d] *Ibid.* t. X, p. 70.

[e] *The History of the Saracens*, by Simon Ockley, p. 467; — de la trad. franç. t. II, p. 389; in-12, Paris, 1748.

[f] *The History of the Saracens*, p. 468; — de la trad. franç. t. II, p. 392.

[g] Theophanis *Chronographia*, p. 302; *Corpus Byzantinæ historiæ*; in-fol. Parisiis, 1655. — L'auteur incertain de l'*Historia miscella* a emprunté à Théophane la date de 678 pour celle de ce traité. (*Historia miscella*, lib. XIX, *Rerum italicarum scriptores*, Lud. Ant. Muratori, t. I, p. 139, col. 2; in-fol. Mediolani, 1723.)

[h] On sait que Jules Africain faisait correspondre l'an 5500 du monde à l'an 1 de J. C. et, par conséquent, l'an 5787 à l'an 287 de J. C. qu'à cette époque, les Alexandrins retranchèrent dix années de l'âge du monde pour faire coïncider l'ère de Jules Africain avec celle d'Antioche, et qu'alors l'ère de Jules Africain se trouva donner, à cette date, 5777 correspondant à 277 de J. C. et à l'an 1 du règne de Dioclétien. Tel est le point de départ de Théophane dans sa Chronographie; mais l'an 5777 de l'ère d'Antioche correspondait, non pas à l'an 277, mais à l'an 285 de J. C. Il y a donc huit années à ajouter aux dates que donne Théophane pour qu'elles se rapportent à celles de notre ère.

ce point menaçant, 'Abd-el-Malek était descendu jusqu'à l'offre, difficilement acceptée, d'un tribut envers Constantinople[1]; et, une fois assuré de ce
côté, il s'était mis en personne à la tête des troupes que le sage Beschr-
ben-Merouân avait été d'avis de diriger sur l'*Irâk*. Ce ne fut que le 13 djoumâd-el-aouel 72 (11 octobre 691) que la bataille de *Deïr-Djatelik*[2] (ou
peut-être *Deïr-Djatslik*) fit perdre à Mos"ab sa province et la vie[3]; 'Abd-el-

72 de l'hég.
(691 à 692
de J. C.)
Bataille
de
Deïr-Djatelik.

année du traité la troisième année du règne
d'Abd-el-Malek, ainsi que cela doit être après
avoir supposé que ce prince parvint au khalifat en 676, c'est-à-dire en 684; mais comme,
dans la réalité, 'Abd-el-Malek succéda à son
père (voyez p. 23) le 7 mai 685 (28 ramad'ân
65), il en résulte que la troisième année de
son règne commence le 16 avril 687 (28 ramad'ân 67) et finit le 5 avril 688 (28 rama-
d'ân 68), ce serait donc en 687 ou 688 que,
selon une des données de Théophane, il faudrait placer la conclusion de ce traité. Du reste,
au dire des historiens byzantins, le traité
d'Abd-el-Malek avec Justinien II n'aurait été
que le renouvellement ou plutôt la modifica-
tion du traité de trente ans conclu entre Constantin Pogonat et Mo'aouïa I, dans la dernière
année du règne de celui-ci [a] (60 de l'hég. —
679 à 680 de J. C.).

« Il semble, dit Lebeau [b] avec beaucoup de
« justesse, que l'Afrique, dans ce temps-là, fut
« regardée par les empereurs et par les khalifes
« comme un pays détaché des deux empires,
« où les deux nations pouvaient se faire la

« guerre, sans rompre la paix qui subsistait ail-
« leurs entre elles. » Ainsi s'expliquerait l'attaque de *Tunis* par Zoheïr, ou, si Zoheïr ne
tenta rien contre *Tunis*, la descente d'une armée romaine à *Barka* par le seul fait de la
guerre que les Arabes avaient portée en Afrique.

[1] Abul-Pharajii *Historia compendiosa dynastiarum*, arabice edita et latine versa ab Edw.
Pocockio, p. 128; in-4°, Oxoniæ, 1663. — *The
History of the Saracens*, by Simon Ockley,
p. 466; — de la trad. franç. t. II, p. 387; in-
12, Paris, 1748.

[2] El-Kotaïba, cité par Reiske [c], dit que les
deux armées se rencontrèrent à *Maskan* (مسكن),
et Simon Ockley, j'ignore d'après quelle source,
dit aussi que la bataille fut livrée en un lieu
nommé *Masken* [d]. Cette localité se trouve nommée dans Elmacin, qui la place près de *Koufa* :
«مسكن من الكوفة, *Meskini* propè *Cufam* [e]. »
Aboul-Faradj dit *Baskan* (بسكن), que Pockocke
a transcrit *Sacan* [f].

[3] Elmacin [g], Aboul-Feda [h], et, à leur suite,
Simon Ockley [i], ont placé cet événement en
71 de l'hégire (690-691 de J. C.); j'ai em-

---

[a] Theophanis *Chronographia*, p. 296. — Constantini Porphyrogenitis *De administrando imperio*, cap. XXII,
Imperii Orientalis, t. I, p. 74; in-fol. Parisiis, 1711. — Georgii Cedreni *Compendium historiarum*, t. I, p. 437;
in-fol. Parisiis, 1647. — Iohannis Zonaræ *Annalium* t. III, p. 74, lin. 6; in-fol. Basileæ, 1557.

[b] *Histoire du Bas-Empire*, liv. LXII, § v, t. XII, p. 14; éd. Saint-Martin; in-8°, Paris, 1831.

[c] Abulfedæ *Annales muslemici*, t. I, *Adnotationes historicæ*, p. 97; in-4°, Hafniæ, 1789.

[d] *The History of the Saracens*, p. 468; — de la trad. franç. t. II, p. 391; in-12, Paris, 1748.

[e] Elmacini *Historia saracenica*, lib. I, cap. VI, p. 44; in-fol. Lugduni Batavorum, 1625.

[f] Abul-Pharajii *Historia dynastiarum*, in-4°, Oxoniæ, 1663; p. 199 du texte, p. 127 de la trad. lat.

[g] « Anno 71 occisus est Mosabus, filius Zobeiri. » (Elmacini *Hist. sarac.* lib. I, cap. XII, p. 61.)

[h] « At anno LXXI occisus fuit Mosab, filius Zobairi..... et concursum fuit in loco *Dair-al-Gatalik*. » (Abulfedæ *Annales muslemici*, t. I, p. 419; in-4°, Hafniæ, 1789.) Quelques lignes plus bas il place la mort de Mos"ab
en djoumâd-el-akher.

[i] *The History of the Saracens*, p. 468 et 469; — de la trad. franç. t. II, p. 393; in-12, Paris, 1748.

Malek victorieux rentra en Syrie, et chargea aussitôt un de ses généraux,
H'adjdjâdj, d'aller dans le *H'edjâz* attaquer 'Abd-Allah [1].

Expédition
de H'adjdjâdj
dans
le H'edjâz.

Après de nombreux combats dans lesquels l'avantage resta constamment
aux troupes syriennes, H'adjdjâdj marcha résolument sur *la Mekke* [2], où il arriva en ramad'ân 72 [3] (février 692 de J. C.), et l'investit de toutes parts [4]. Je
n'ai pas à raconter les douleurs qui assaillirent 'Abd-Allah durant ce long
siége : le massacre de ses plus vaillants soldats, la ville sacrée menacée de
l'incendie [5] et désolée par la famine, les désertions sans nombre, l'abandon

Énergie
de
Asma, mère
d'Abd-Allah-
ben-ez-Zobeïr.

même de deux de ses fils; mais on regrette de passer sous silence les détails
de la fin héroïque du *réfugié de la Mekke*, et les exhortations, empreintes d'un
héroïsme plus grand encore, que lui fit Asma sa mère [6], pour l'encourager

prunté à l'intéressante notice de M. Quatremère [a] la date précise que je donne ici.

[1] Aboul-Feda dit que H'adjdjâdj quitta la
Syrie pour se rendre dans le *H'edjâz*, dans le
cinquième mois de l'an 72, c'est-à-dire en
djoumâd-el-aouel 72, qui se trouve répondre
à octobre 691. (Abulfedæ *Annales muslemici*,
t. I, p. 419; in-4°, Hafniæ, 1789.) — S'il en
fut ainsi (et, comme la suite le montre, cette
date est tout au moins très-voisine de la vérité,
si elle n'est complétement exacte), on voit combien 'Abd-el-Malek eut hâte de mettre à profit
le découragement dans lequel la mort de Mos'-
'ab avait dû jeter 'Abd-Allah.

[2] Plusieurs généraux avaient refusé le commandement de cette expédition, pour ne pas
se trouver dans la douloureuse nécessité d'as-
siéger la ville sacrée.

[3] M. Quatremère ajoute, « ou, suivant d'au-
« tres, au mois de zil-k'a'da; » mais les paroles
qu'il prête plus loin au général T'ârek', immé-

diatement après la prise de *la Mekke* (djou-
mâd-el-ouel 73) : « *Depuis huit mois nous te-
« nons assiégé 'Abd-Allah* [b]..... » montrent que
c'était bien en ramad'ân que la ville avait été
investie.

[4] *Journal asiat.* t. X, p. 142-144; 2e série;
in-8°, de l'I. R. numéro d'août 1832.

[5] « Obsidebat enim Hagjagjus arctissime
« *Meccam*, et *Caabam* catapultis impetebat, ita
« ut dirueret eam : quin et pilas ex pice et igne
« in eam jaciebat, ut comburerentur tecta ejus,
« et in cinerem redigerentur. » (Elmacini *Historia saracenica*, lib. I, cap. XII, p. 61; in-fol.
Lugduni Batavorum, 1625.)

[6] Asma (اسما), sa mère, était fille d'Abou-
Bekr [c], et, par conséquent, sœur de la fameuse
'Aïscha. D'Herbelot, qui l'appelle *Assimah*, l'intitule très-bien fille d'Abou-Bekr dans son article
ZOBEIR [d]; mais, par suite d'une inattention dont
la Bibliothèque orientale offre de nombreux
exemples, il l'intitule, dans son article *ABD-*

[a] *Journal asiatique*, t. X, p. 82; 2e série; in-8°, de l'I. R. numéro de juillet 1832.

[b] *Ibid.* t. X, p. 156; 2e série; in-8°, de l'I. R. numéro d'août 1832. — Suivant Elmacin, le siége dura sept
mois et quelques jours : « Duravit hæc obsidio Hagjagji septem menses et dies aliquot [*]; » mais, en suppo-
sant même cette donnée exacte, *la Mekke* aurait été investie en schaouâl 72.

[c] « Matrem habuit Asmam, filiam Abubecri Justi. » (Elmacini *Historia saracenica*, lib. I, cap. X, p. 55;
in-fol. Lugduni Batavorum, 1625.)

[d] *Bibliothèque orientale*, p. 925, col. 2; in-fol. Maestricht, 1776.

[*] Elmacini *Historia saracenica*, lib. I, cap. XII, p. 61, in-fol. Lugduni Batavorum, 1625.

à une mort digne du fils de Zobeïr, digne du rôle qu'il avait joué. Dans aucun temps, dans aucun lieu, l'amour exalté de la patrie, l'enthousiasme lui-même d'une religion naissante, n'ont déterminé une résolution plus énergiquement méditée que celle d'Abd-Allah, n'ont inspiré un langage plus noble et plus mâle que celui de cette mère centenaire, au moment où elle fait détacher à son fils la cotte de mailles dont il s'était couvert, parce que cette vaine protection contre le fer ennemi lui semblait indigne d'un homme résolu à mourir[1]. 'Abd-Allah succomba le 14 djoumâd-el-aouel 73[2] (lundi

73 de l'hég.
(692 de J. C.)
Mort
d'Abd-Allah.

ALLA FILS DE ZOBEIR, petite-fille d'Abou-Bekr[a], et je suppose que c'est d'après ce passage fautif que Simon Ockley fait aussi de la mère d'Abd-Allah la *petite-fille* d'Abou-Bekr[b].

[1] Elmacini *Hist. sarac.* lib. I, cap. xii, p. 62. — Simon Ockley's *The History of the Saracens*, p. 478; — de la trad. franç. t. II, p. 414; in-12, Paris, 1748.

[2] « Anno LXXIII quo peremptus fuit Zobairides « Abdalla, annos totidem natus[c], » et Simon Ockley[d] avait placé, évidemment d'après Aboul-Feda, la mort du fils de Zobeïr en 73 de l'hégire. C'est à Ebn-el-Khet'ib, qui dit *feria* 3 (mardi), que j'ai emprunté la date précise du 14 djoumâd-el-aouel[e], qu'Elmacin avait fixée au mardi 18 du même mois, mais du même mois de l'année 71[f]. En rapportant l'hégire au 16 juillet 622, le 18 djoumâd-el-aouel 71 correspond, en effet, au mardi 28 octobre 690. D'Herbelot, par suite de l'inattention que j'ai déjà signalée[g], suit Aboul-Feda dans son article *ABD-ALLA*

FILS DE ZOBEIR, et donne l'an 73[h], en même temps que, dans son article *ZOBEIR*, il suit Elmacin, et donne l'an 71[i] pour celui de la mort d'Abd-Allah; mais, dans les deux articles, il le fait mourir à soixante et douze ans. Or, d'Herbelot savait très-bien, puisqu'il le dit, qu'Abd-Allah fut le premier enfant qui naquit à *Médine* parmi les réfugiés (*Mohâdjerîn*) qui avaient accompagné le Prophète[k]; que, par conséquent, son âge marchait avec les années de l'ère musulmane, et qu'en 73 de l'hégire il était dans sa 73e année, « annos totidem natus, » comme vient de nous dire Aboul-Feda. Ces négligences trouvent leur explication naturelle dans la circonstance que la Bibliothèque orientale n'a été publiée qu'après la mort de son auteur. Quant à Deguignes, il a copié Elmacin, sans se donner la peine de le contrôler. Il dit, comme Elmacin, qu'Abd-Allah fut proclamé le 9 redjeb 64 (mardi 1er mars 684), et, après avoir, encore comme Elmacin, fixé sa mort à l'an 71, il

---

[a] *Bibliothèque orientale*, p. 7, col. 1. Là il écrit son nom *Asima*. Abou-Bekr, au moment de sa mort, avait près de lui une épouse de ce nom : « Asima, uxor, ipsum lavit, Omaisi filia. » En réalité, le texte dit أسماء بنت عميس, *Asma, fille d'Amaïs* ou *d'Omaïs*. (Abulfedæ *Annales muslemici*, t. I, p. 221, 222 et 223.)

[b] *The History of the Saracens*, p. 477; — de la trad. franç. t. II, p. 410; in-12, Paris, 1748.

[c] Abulfedæ *Annales muslemici*, t. I, p. 421; in-4°, Hafniæ, 1789.

[d] *The History of the Saracens*, p. 479; — de la trad. franç. t. II, p. 415-417; in-12, Paris, 1748.

[e] Casiri, *Bibliotheca arabico-Espana Escurialensis*, t. II, p. 182, col. 1. — M. Quatremère a adopté la même date. (*Journal asiatique*, t. X, p. 154, 2e série; in-8°, de l'I. R. numéro d'août 1832.)

[f] « Die Martis, qui 18 erat djumadæ prioris. » (Elmacini *Hist. sarac.* lib. I, cap. xii, p. 61.)

[g] Note 6 de la page précédente.

[h] *Bibliothèque orientale*, p. 7, col. 1; in-fol. Maestricht, 1776.

[i] *Ibid.* p. 925, col. 2.

[k] « Primus infans eorum quos emigrantes in urbe *Medina* genuerunt, fuit Abdalla, filius Zobairi. » (*Annales muslemici*, t. I, p. 77 et 421; in-4°, Hafniæ, 1789.)

5

3o septembre 692), et Asma s'éteignit cinq jours après[1], comme si le dernier effort de cette puissante nature avait épuisé le reste d'une vie consacrée à la grandeur du fils, qui n'avait plus besoin d'échauffer son courage au foyer de l'âme ardente de sa mère. —— L'Arabie entière reconnaissait enfin, pour légitime khalife, 'Abd-el-Malek-ben-Merouân[2]. On doit croire qu'à la nouvelle de ce succès, la première pensée de l'heureux khalife fut pour l'Occident, où l'islamisme avait tant à réparer et tant à faire; mais le traité conclu trois ans auparavant avec Justinien II avait été rompu par le jeune empereur[3], la guerre s'était rallumée dans le Nord de l'empire musulman, et la victoire remportée en *Cilicie* par Moh'ammed-ben-Merouân[4], frère du kha-

Guerres extérieures.

ajoute, toujours d'après Elmacin, qu'il régna neuf ans vingt-deux jours[a], ce qui, à partir du 9 redjeb 64, conduit au 1ᵉʳ scha'bân 73 (15 décembre 692), et ce qui montre qu'au fond Elmacin s'accorde, à 76 jours près, avec la date réelle de la mort d'Abd-Allah. Enfin Saint-Martin, dans les notes qu'il a jointes à l'Histoire du Bas-Empire, a beaucoup approché de la vérité en empruntant l'année donnée par Aboul-Feda et le jour donné par Elmacin, mais sans faire attention qu'il changeait l'année, et alors il a placé cet événement au *mardi* 18 djoumâd-el-aouel 73[b], qu'il fait correspondre à tort au mardi 8 octobre 692[c]. Nous avons vu plus haut que le 18 djoumâd-el-aouel 71 tombe bien un mardi, comme l'a dit Elmacin; mais cela n'est plus vrai pour le 18 djoumâd-el-aouel 73, qui correspond réellement au vendredi 4 octobre 692, si l'on fait partir l'hégire du 15 juillet 622, et au samedi 5 octobre, si on adopte le 16 juillet comme le premier jour de l'ère musulmane. Je ne terminerai pas cette note sans remarquer qu'avec cette dernière manière de compter, le 14 djoumâd-el-aouel 73 tombe le mardi 1ᵉʳ octobre 692,

ce qui explique pourquoi le traducteur d'Ebn-el-Khet'îb avait dit *feria* 3.

[1] « Mater ejus quinque post ipsum diebus « obiit. » (Elmacini *Historia saracenica*, lib. I, cap. XII, p. 61.)

[2] « Potitus Abd-al-Malek utraque Arabia, « Petræa et Felice, quæ hactenus defuerant, « universum jam corrotundavit muslemicum « imperium. » (Abulfedæ *Annales muslemici*, t. I, p. 421, Reiske; in-4°, Hafniæ, 1789.)

[3] Theophanis *Chronographia*, p. 3o5; *Corpus Byzantinæ historiæ*, in-fol. Parisiis, 1655. — Georgii Cedreni *Compendium historiarum*, t. I, p. 441 B; in-fol. Parisiis, 1647. —Cedrenus, d'après Théophane, place la rupture de ce traité dans la sixième année du règne de Justinien II, par conséquent en 71 de l'hégire (690-691 de J. C.), puisque le père de Justinien est mort en septembre 685[d]. Cette date des historiens grecs s'accorde avec ce que dit Elmacin. (Voyez la note ci-dessous.)

[4] Theophanis *Chronographia*, p. 3o5 et 3o6. — Georgii Cedreni *Compendium historiarum*, t. I, p. 441. — Dès l'an 71, au dire d'Elmacin, 'Abd-el-Malek avait investi son frère

[a] Voyez la note 1 de la page 2o de ce volume.

[b] *Histoire du Bas-Empire*, t. XI, p. 459, note 1; in-8°, Paris, 1830.

[c] Il dit 693, mais j'admets que c'est par suite d'une faute d'impression, quoiqu'il répète la même faute t. XII, p. 17, note 1.

[d] « Defuncto patre *initio mensis septembris*, indict. 14. » (Anastasii Bibliothecarii *De vitis romanorum pontificum*, Ioannes V. p. 58; in-fol. Parisiis, 1649.) — L'indiction 14 avait commencé le 1ᵉʳ septembre 685.

life, n'était que le prélude des guerres qui allaient avoir l'*Arménie* pour théâtre [1], en même temps qu'au Levant, les Azrakites [2] dans le *Khorásán*, et les Safriens commandés par Schebîb dans la *Mésopotamie*, inquiétaient le terrible H'adjdjâdj lui-même [3]. Khondémir et l'auteur du *Nighiaristân* [4] placent en 77 de l'hégire la mort du fameux Schebîb; l'historien suivi par Simon Ockley donne la même date [5]; Aboul-Feda ne la précise pas [6], mais les auteurs qu'Elmacîn a résumés [7] placent cet événement en 76 [8], et, comme il y a nécessité d'opter entre ces deux dates, je m'arrête à la dernière, sans crainte de m'égarer beaucoup en y fixant le terme des troubles de l'Orient. On va voir d'ailleurs que les événements qui s'accomplirent en Afrique justifient la préférence que j'accorde ici à l'année 76.

Enfin débarrassé des soucis que durent lui donner ces guerres intestines et extérieures, et surtout pouvant disposer de ses forces, 'Abd-el-Malek porta ses regards vers l'Afrique; il chargea H'asen-ben-No'mân [9] d'aller venger le

AFRIQUE.

76 de l'hég.
(695-96 de J.C.)

H'ASEN-BEN
NO'MÂN.

Moh'ammed du gouvernement de l'Adzerbaïdjân, de la Mésopotamie et de l'Arménie : « Eo- « dem anno (71) præfecit Abdulmelicus filius « Merwanis fratrem suum Muhammedem filium « Merwanis Aderbigjanæ, Mesopotamiæ et Ar- « meniæ. » (Elmacini *Hist. sarac.* lib. I, cap. xii, p. 62.)

[1] Theophanis *Chronographia*, p. 306; in-fol. Parisiis, 1655. — Georgii Cedreni *Compendium historiarum*, t. I, p. 441 et 442; in-fol. Parisiis, 1647.

[2] Voyez d'Herbelot, *Bibliothèque orientale*, p. 143, col. 1, au mot *AZARECAH*; in-fol. Maestricht, 1776.

[3] « Anno 75 præfecit Abdulmelicus Hagja- « gjum Iracæ, qui *Cufam* venit cum duodecim « mille equitibus, et misit legiones aliquot ad « Mahlebum filium Abusafræ, qui occupatus « erat in oppugnandis Azrakæis..... » (Elmacini *Historia saracenica*, lib. I, cap. xii, p. 63.) — Abulfedæ *Annales muslemici*, t. I, p. 421 et 423. — Simon Ockley's *The History of the Saracens*, p. 481; — de la trad. franç. t. II, p. 420 et 421; in-12, Paris, 1748.

[4] Cités par d'Herbelot, *Bibliothèque orien-

tale, p. 763, col. 1, au mot *SCHEBIB BEN ZEÏD*.

[5] Simon Ockley's *The History of the Saracens*, p. 488 et 489; — de la trad. franç. t. II, p. 441 et 442.

[6] Dans son récit, il place la mort de Schebîb entre l'an 75 et l'an 81, mais au commencement du chapitre qui embrasse cette période. (Abulfedæ *Annales muslemici*, t. I, p. 421-425; in-4°, Hafniæ, 1789.)

[7] « Selegi ex iis historiam; in compendium « contrahens sermonem, res autem ipsas et or- « dinem retinens. » (Elmacini *Præfatio*.) — L'auteur qu'il nomme en tête de ceux dont il a fait le résumé est le T'abari, Moh'ammed-Abou-Dja'far-ben-Djarîr-T'abari, un des anciens historiens arabes les plus estimés.

[8] « .... Ingressus est Sjabibus aquam, ac « demersa navi suffocatus dicens...... » (Elmacini *Historia saracenica*, lib. I, cap. xii, p. 64; in-fol. Lugduni Batavorum, 1625.) — Il y a plusieurs versions sur la manière dont Schebîb périt en traversant un fleuve, mais toutes s'accordent sur son genre de mort.

[9] Ebn-Khaldoun l'intitule gouverneur de l'Égypte [a]; on peut croire que c'est d'après cet

---

[a] *Histoire des Berbères*, t. I, p. 213; in-8°, Alger, de l'imprimerie du Gouv. 1852.

Fixation
de la date
de son arrivée
à K'aïrouân.

revers que les armes musulmanes avaient éprouvé à *Barka*. La date de l'entrée de H'asen en Afrique est une de celles qui, dans l'histoire de la conquête de ce pays par les Arabes, présentent le plus d'incertitude, tant sont grandes les variations qu'on trouve chez les divers auteurs. En fixant (page 33) à l'année 73 la mort du fils de Zobeïr, j'ai probablement touché la raison qui a entraîné Ebn-el-Atîr, dans son *Kâmel*[1], à placer en 74 l'envoi de H'asen à *K'aïrouân*, parce qu'il a supposé sans doute qu'Abd-el-Malek devenu, par cette mort, maître de tous les pays musulmans, n'avait plus de motif pour négliger l'Afrique. Quant à Ebn-er-Rak'ik'[2], qui recule à 69 le départ de H'asen, bien qu'il ait été suivi par Ebn-Khaldoun[3] et par Moula-Ah'med[4], il a commis une erreur évidente, que l'on peut attribuer à ce qu'il aura, comme les historiens byzantins, confondu en une seule les deux expéditions des Grecs en Afrique ; il aura été trompé par le concours de deux faits analogues, savoir, que l'arrivée de H'asen avait été, comme celle de Zoheïr, suivie de près d'une expédition envoyée de Constantinople ; cette erreur sert toutefois à montrer qu'Ebn-er-Rak'ik', et les auteurs qui l'ont copié, attribuaient une durée de deux ans (67 à 69) au commandement de Zoheïr[5], et comme ils admettaient que H'asen l'avait remplacé immédiatement, ils se sont trouvés conduits à faire arriver celui-ci en 69. Mais je lis dans Raïni-el-K'aïrouâni que H'asen-ben-No'mân partit d'Égypte pour l'Afrique en 76 ou 77[6] ; or nous

auteur que Otter[a] et Cardonne[b] qualifient H'asen-ben-No'mân du même titre ; mais nous avons vu (page 22) que Merouân avait, en 65 (684-685 de J. C.), confié le gouvernement de l'Égypte à son fils 'Abd-el-'Azîz, et Aboul-Feda nous apprend que celui-ci le conserva jusqu'à sa mort, survenue en 85[c] (704 de J. C.). 'Abd-el-'Azîz fut donc gouverneur de l'Égypte pendant une vingtaine d'années, et on ne peut admettre que H'asen-ben-No'mân occupait ce poste important en 76. — Voyez la note 2 de la page 45.

[1] Cité par En-Nouâïri, § IX, *Appendice à l'Hist. des Berb.* t. I, p. 339.

[2] Cité aussi par En-Nouâïri, t. I, même page.

[3] *Histoire des Berbères*, t. I, p. 213 ; in-8°, Alger, imp. du Gouv. 1852.

[4] *Voyage de Moula-Ah'med*, p. 232 et 233 ; in-8°, de l'I. B. 1846.

[5] J'ai dit qu'Ebn-Khaldoun plaçait en 67 l'arrivée de Zoheïr en Afrique (voyez la note 4 de la page 25 de ce volume), et nous avons vu que le commandement de Zoheïr avait eu, en effet, une durée de deux ans (69 à 71) : c'est un des points que j'ai cherché à établir.

[6] Raïni-el-K'aïrouâni, *Histoire de l'Afrique*, liv. III, p. 52 ; in-8°, de l'I. R. 1845.

[a] Otter, *Relation sommaire de la conquête de l'Afrique par les Arabes* (*Mém. de l'Acad. des inscript. et bell. lett.* t. XXI, p. 120 ; in-4°, Paris, 1754). — Je m'étonne seulement de trouver une pareille indication dans ce travail emprunté, comme on sait, à En-Nouâïri qui n'intitule pas H'asen gouverneur de l'Égypte.

[b] Cardonne, *Hist. de l'Afr. et de l'Esp. sous la domin. des Arab.* liv. I, t. I, p. 44 ; in-12, Paris, 1765.

[c] « Anno LXXXV obiit Chalifæ frater, Abd-el-Azîz, Marvani filius, in Ægypto, cui præerat. » (Abulfedæ *Annales muslemici*, t. I, p. 425, Reiske ; in-4°, Hafniæ, 1789.)

venons de voir que la même hésitation, entre les deux mêmes dates, existe sur la mort de Schebîb, c'est-à-dire sur la fin des troubles de l'Orient, et que la probabilité m'a paru être en faveur de la première. Le récit des événements qui vont se dérouler en Afrique donnera, je l'espère, un cachet de certitude à cette probabilité ; et tout d'abord je trouve, dans la date pour laquelle j'ai opté, l'explication de l'erreur commise par Ebn-'Abd-el-H'akem [1] qui, ne tenant pas compte de ce qui s'était passé en Orient, et croyant, par suite, que H'asen avait immédiatement succédé à Zoheïr en Afrique, fixe à l'an 76 la mort de ce dernier [2].

Quelle fut, après le désastre de *Barka*, de 71 à 76 de l'hégire, la position des Arabes en Afrique? « A la suite de cet événement, dit Ebn-Khal- « doun, le feu de la révolte se propagea de nouveau par toute l'Afrique; « mais la désunion se mit alors parmi les Berbères, chacun de leurs cheikhs « se regardant comme prince indépendant [3]. » Sans doute les Berbères durent s'agiter, et la position des Arabes dut devenir très-critique, surtout si, comme En-Nouâïri le prétend, Zoheïr n'avait laissé que *quelques troupes à K'aïrouân* [4]; cependant, nous verrons bientôt que les Berbères, et tout au moins une partie des Grecs, s'étaient ralliés sous l'autorité d'un nouveau chef avec lequel H'asen ne tardera pas à se mesurer; et les récits qui nous sont faits de l'arrivée de ce général à *K'aïrouân* montrent que les Arabes restés en Afrique avaient conservé la possession de leur capitale. Écoutons d'abord En-Nouâïri : « Aussi- « tôt entré à *K'aïrouân*, dit cet historien, H'asen demanda s'il restait encore « des princes en Afrik'îa : on lui désigna le commandant de *Carthage*, grande « ville qui n'avait pas encore été prise [5]. » Dans le style des historiens arabes, une pareille question et une pareille réponse veulent dire que H'asen avait reçu du khalife l'ordre de détruire complétement les restes de la puissance romaine en Afrique. A la tête de la plus formidable armée que les Arabes eussent jamais dirigée vers l'Occident, et que l'on s'accorde à porter

Position
des Arabes
en Afrique
depuis la défaite
de Zoheïr.

---

[1] Cité par M. de Slane, *Histoire des Berbères*, t. I, p. 338, note 1.

[2] Ebn-er-Rak'îk' fait succéder H'asen à Zoheïr en 69, Ebn-'Abd-el-H'akem place la mort de Zoheïr en 76; tous deux raisonnent dans la supposition d'un remplacement immédiat : or je pense que tous deux se trompent; mais l'erreur du premier vient en confirmation de la durée que j'ai assignée au commande-

ment de Zoheïr, et l'erreur du second vérifie l'exactitude de la date que j'ai adoptée, d'après Raïni-el-K'aïrouâni, pour celle de l'arrivée de H'asen-ben-No'mân en Afrique.

[3] Ebn-Khaldoun, *Histoire des Berbères*, t. I, p. 213; in-8°, Alger, 1852.

[4] Voyez page 28 de ce volume.

[5] En-Nouâïri, § x, *Appendice à l'Hist. des Berb.* t. I, p. 339.

H'asen prend Carthage.

à quarante mille hommes [1], H'asen marcha sur *Carthage*, livra un furieux assaut, emporta la ville, et obligea les habitants à s'embarquer précipitamment[2]. La nouvelle de ce grave événement arriva vite à Constantinople. Aussitôt Léonce, qui, depuis environ dix-huit mois, avait succédé à Justinien II[3], fit appareiller toute sa flotte (cum romana classe omni[4]) pendant que H'asen poursuivait les restes de l'armée grecque réunie aux Berbères à *Sel'foura* et à *Bizerte*[5], et qu'après les avoir vaincus, il était obligé de se porter successivement sur *Bédja*, où les Grecs s'étaient retranchés, et sur *Bône*, où les Berbères, cessant vraisemblablement de faire cause commune avec les Grecs, avaient opéré leur retraite[6]. « H'asen, ajoute En-Nouâïri, retourna ensuite à *K'aïrouán* « pour prendre du repos et en donner à ses troupes; » ce qui veut dire que la campagne avait été rude et longue, et ce qui écarte l'idée d'une marche immédiate sur l'*Aourés,* comme le prétendent les historiens arabes pour dissimuler le terrible échec qui attendait H'asen.

77 de l'hég. (696-97 de J. C.)

En 77, la flotte byzantine, commandée par le patrice Jean, mouillait dans les eaux de *Carthage*. Théophane et tous ses copistes nous représentent ce

[1] En-Nouâïri, § ix, *Appendice à l'Hist. des Berb.* t. I, p. 338. — Ebn-Khaldoun, *Hist. de l'Afr. sous la dyn. des Aghlab.* p. 24. — Raïni-el-K'aïrouâni, *Histoire de l'Afrique*, liv. III, p. 52. — *Voyage* de Moula-Ah'med, p. 232; in-8°, de l'I. R. 1846. — Don José Antonio Conde, *Historia de la dominacion de los Arabes en España*, parte I, capit. v, t. I, p. 19; in-4°. Madrid, 1820. — Cardonne. *Hist. de l'Afr. et de l'Esp. sous la domin. des Arab.* liv. I, t. I, p. 45. Je ne sais en quelle année il place cet événement; mais (p. 42) il fait entrer Zoheïr en Afrique seize ans trop tard, en 85 de l'hégire. On lirait 75 s'il n'avait donné l'année de J. C. correspondant à 85.

[2] Voyez En-Nouâïri, Ebn-Khaldoun, Raïni-el-K'aïrouâni, Moula-Ah'med, aux pages indiquées note 1 ci-dessus.

[3] En septembre 694. Justinien II venait de commencer la dixième année de son règne, lorsqu'il fut renversé par Léonce, qui lui fit couper le nez, et le relégua en Chersonèse.

(Theophanis *Caronographia*, p. 307. — Georgii Cedreni *Compendium historiarum*, t. I, p. 442; in-fol. Parisiis. 1647. — Constantini Porphyrogeniti *De administrando imperio*, cap. xxii, *Imperium orientale*, t. I, p. 75.)

[4] Voyez la note 1 de la page suivante.

[5] « A l'Ouest (de *Carthage*), dit Edrîsi, est un « district fertile dont le chef-lieu se nomme *Sel'-« foura* (سطفور), et qui compte trois villes peu « éloignées de *Tunis*, savoir *Aschlouna* (أهلونة), « *Tebakha* (تبخة Tbkha, *Tebekha*) et *Bizerte* « (بنزرت Bnzrt *Benzert*). Cette dernière, bâtie « sur les bords de la mer, est plus petite que « *Tunis*, dont elle est distante d'une forte jour-« née de marche. » (*Géographie* d'Edrîsi, trad. de l'ar. par P. Am. Jaubert, IIIe clim. IIe sect. t. I, p. 264; in-4°, de l'I. R. 1836.)

[6] En-Nouâïri, § x, *Appendice à l'Hist. des Berb.* t. I, p. 539. — Ebn-Khaldoun, *Hist. de l'Afr. sous la dynast. des Aghlab.* p. 24 et 25. — *Voyage* de Moula-Ah'med, p. 233 et 234. — Deguignes, *Hist. gén. des Huns*, t. I, p. 347.

[1] Ἵππου ἄκρα, Ἵππων διάῤῥυτος des Grecs. Les Latins ont traduit *Hippo diarrhytus* et *Hippo Zarytus*; c'est la *Benzert* des Arabes (voyez la note 5 ci-dessus), et nous disons généralement *Bizerte.*

général rompant la chaîne qui fermait le port, taillant en pièces la garnison que H'asen avait laissée à *Carthage,* et non-seulement s'emparant de cette ancienne capitale de l'Afrique, mais reprenant toutes les villes fortifiées[1]. Les historiens byzantins sont unanimes pour dire que le patrice Jean passa l'hiver à *Carthage;* ce fut évidemment l'hiver de 77 (696 à 697 de J. C.); mais, à la nouvelle de cette défaite, 'Abd-el-Malek s'était hâté d'équiper une flotte plus considérable que celle des Grecs, et, en 78 de l'hég. (697 de J. C.[2]), H'asen-ben-No'mân, fort des nouvelles troupes qu'il venait de recevoir, reprenait successivement toutes les villes occupées par les Grecs, enlevait une seconde fois *Carthage*[3], et obligeait le patrice Jean à fuir avec les débris de sa flotte et de son armée. Vraisemblablement la flotte sarrasine avait pris la mer au printemps de 697 (premiers mois de l'an 78); on peut donc estimer que H'asen resta définitivement maître de *Carthage* dans l'été de 697, et on voit comment la révolte de l'armée grecque en Crète, révolte qui eut pour conséquence la proclamation d'Apsimare, termina au bout de trois ans le règne de Léonce[4]. On voit en même temps pourquoi l'auteur du *Baïân*[5], confon-

(marginalia:)
Carthage reprise par les Grecs.

Le patrice Jean passe l'hiver à Carthage.

78 de l'hég. (697-98 de J.C.)

H'asen reprend Carthage.

Erreur du *Baïân* expliquée.

---

[1] « Eo comperto Patricium Ioannem virum « rebus agendis idoneum cum romana classe « omni Leontius in auxilium misit. Is cum *Car-* « *thaginem* appulisset, et bellica virtute catenam « portum occludentem perrupisset, hostibus « demum in fugam versis et ejectis, omnes « Africæ munitas urbes in libertatem restituit : « et præsidio ex suis militibus relicto, Impera-« torem de iis quæ acciderant certiorem fecit : « ibique hyemavit, mandata imperatoris expec-« tans. » (Theophanis * Chronographia*, p. 309 ; in-fol. Parisiis, 1655.)—Sancti Nicephori patriarchæ *Breviarium historicum*, p. 26; in-fol. Parisiis, 1648. — Anastasii bibliothecarii *Historia ecclesiastica, sive Chronographia tripartita,* p. 119. — Georgii Cedreni *Compendium historiarum*, p. 443 D.—Constantini Manassis *Breviarium historicum*, p. 80. — Iohannis Zonaræ *Annalium* t. III, p. 76 et 77.

[2] C'est l'année fixée par Nicéphore (cité à

la note précédente). L'an 78 de l'hégire commence le jeudi 29 mars 697, et finit le lundi 18 mars 698.

[3] Ce récit des deux prises de *Carthage* par les Arabes peut servir à rectifier les explications inexactes que j'ai données dans les notes 5 et 10 de la page 386 du tome Ier de la Richesse minérale de l'Algérie.

[4] A peu près de septembre 694 à septembre 697; aussi les historiens byzantins donnent-ils au règne de Léonce une durée de trois ans. Le 30 septembre 697 correspond au 9 redjeb 78. A la fin de 697, la révolution qui renversait Léonce s'accomplit à Constantinople, et le règne d'Apsimare, plus connu sous le nom de Tibère II, est compté à partir de 698. (Voyez Lebeau, *Hist. du Bas-Emp.* t. XII, p. 47.)

[5] Cité par M. de Slane dans sa traduction d'Ebn-Khaldoun, *Histoire des Berbères,* t. I, p. 339, note 1.

[a] Théophane place cet événement dans la troisième année du règne de Léonce, qu'il a tort de faire correspondre à l'an 690 (c'est-à-dire 698); mais son récit même rend évident que c'est dans la seconde année de ce règne, c'est-à-dire, en réalité, d'avril à septembre 696, que les Grecs firent cette campagne honorable pour leurs armes.

dant en un seul événement les deux prises de *Carthage* par H'asen, et ratta-
chant cette conquête à l'arrivée de H'asen en Afrique, fixe cette arrivée à
l'an 78. Ainsi se trouvent expliquées, avec une grande simplicité, toutes ces
variations qui ont jeté tant de doutes sur les dates des événements de la
conquête de l'Afrique par les Arabes. La confusion faite par les historiens
byzantins, et le silence gardé par les historiens arabes sur l'expédition du
patrice Jean, ont obscurci plusieurs pages d'une histoire qui reprend toute
sa clarté quand les sources sont convenablement interprétées.

Les Berbères.   L'Afrique était à jamais perdue pour Byzance; mais les Arabes étaient loin
d'en être maîtres, malgré la confiance que leurs succès récents semblaient
devoir leur inspirer. Ils n'avaient encore vaincu que des conquérants éner-
vés par la décadence de la mère-patrie; il leur restait à vaincre la véritable
résistance, celle de la population enracinée dans le sol, et ils auraient pu,
dès lors, apprécier quelle serait l'énergie de cette résistance, puisqu'ils s'étaient
déjà mesurés avec les Berbères. Mais, pleins de foi dans les destinées de l'empire du croissant, privés de la tradition des luttes acharnées que ces tribus
guerrières avaient jadis soutenues contre les maîtres du monde, ils purent
croire un instant que l'expulsion complète des Grecs avait une portée sur laquelle l'avenir, et un avenir prochain, devait leur enlever toute illusion. Ce fut
immédiatement après la prise définitive de *Carthage*, que H'asen, jaloux
d'achever la conquête, tourna ses armes contre les Berbères. — Koseïla, ai-je
La Kâhena,   dit (page 37), avait eu un successeur, et ce successeur était une femme, la
reine   Kâhena[1], reine de l'*Aourès*[2], sous l'autorité de laquelle s'étaient ralliés tous les
de l'Aourès.

---

[1] Suivant Ebn-Khaldoun, le véritable nom
de cette femme remarquable était *Dihia*[a]. Raïni-
el-K'aïrouâni prétend qu'elle était surnommée
Dounia, et qu'elle était fille d'Enfak[b]. Il est
beaucoup plus probable que *Dounia*, ou *Da-
mïa*, comme l'écrivent quelques philologues[c],
était son nom, et *Kâhena*[d] son surnom, puisque
ce dernier mot, nous dit Otter, signifie, dans

la langue de ces peuples, *prêtresse* ou *devine-
resse*[e], et qu'en effet on lit dans En-Nouâïri :
« Cette femme prédisait l'avenir, et tout ce
« qu'elle annonça ne manqua jamais d'arriver[f]. »

[2] L'*Aourès* est un massif de montagnes rendu
célèbre par les récits de Procope. Voyez ce que
j'en ai dit ailleurs (*Richesse minérale de l'Algérie*, t. I, p. 280-282; in-4°, de l'I. N. 1849).

---

[a] Ebn-Khaldoun, *Histoire des Berbères*, t. I, p. 213; in-8°, Alger, 1852.
[b] Raïni-el-K'aïrouâni, *Histoire de l'Afrique*, liv. III, p. 53; in-8°, de l'I. R. 1845.
[c] *Voyage* d'El-'Aïachi, p. 135, note 2. — *Voyage* de Moula-Ah'med, p. 234, note 1; in-8°, de l'I. R. 1846.
[d] الكاهنة (El-Kahna), que les uns transcrivent El-Kahena, les autres El-Kahîna.
[e] Otter, *Relat. somm. de la conquête de l'Afr. par les Arabes* (*Mém. de l'Acad. des inscript. et bell. lett.* t. XXI,
p. 121, note 2; in-4°, Paris, 1754). — Caussin de Perceval, *Essai sur l'hist. des Arabes*, etc. t. III, t. I, p. 350.
[f] En-Nouâïri, § XI, *Appendice à l'hist. des Berb.* t. I, p. 340; in-8°, Alger, 1852.

Berbères, et c'est ici le lieu de relever l'erreur commise par Lebeau, erreur que je n'ai fait qu'indiquer au commencement de cette étude (page 6).

Lebeau, comme les autres historiens, confond les dates des événements; mais il ajoute à cette confusion une critique qui porte à faux : « Les auteurs « arabes, dit-il, partisans du merveilleux, ont revêtu l'histoire de cette révo- « lution de circonstances romanesques. Ce fut, selon leurs récits, une reine « des Berbères, nommée Kâhena, qui défit d'abord les Arabes..... Selon les « critiques les plus judicieux, cette héroïne est le patrice Jean lui-même, que « les historiens arabes ont déguisé en femme parce qu'il était eunuque[1]. » Cette conjecture, dit en note Saint-Martin[2], est de l'académicien Otter; or, en me reportant à la page indiquée du travail de Otter[3], je lis exactement le contraire[4]; mais discutons cette assertion, de quelque part qu'elle vienne. D'abord le fait du commandement exercé par la Kâhena ne présente rien d'extraordinaire, à en juger du moins par l'analogie que les mœurs des Ka- biles de nos jours nous permet d'établir avec les mœurs des anciens Ber- bères. On trouve çà et là, en pays kabile, des *Khot'ba* élevées à de saintes femmes, à des femmes dont on honore et perpétue ainsi la mémoire à cause de la bienfaisante influence qu'elles ont exercée. La femme, pour eux, n'est donc pas, comme pour les Arabes, un être nécessairement inférieur; il y a

---

[1] Lebeau, *Histoire du Bas-Empire*, liv. LXII, § xxiii, t. XII, p. 46; édition Saint-Martin; in-8°, Paris, 1831.

[2] *Ibid.* note 2 de la même page.

[3] *Mém. de l'Acad. des inscript. et bell. lettres*, t. XXI, p. 121; in-4°, de l'I. R. 1754.

[4] « On voit par là, dit Otter dans une note « (note 1 de la page 121 ci-dessus citée), que Ni- « céphore ne s'accorde pas avec Nouâiri; mais « l'historien arabe mérite ici plus de confiance « que l'auteur grec : ce dernier, par méprise, « attribue au patrice Jean les exploits de la prin- « cesse Kiahiné. » On retrouve ici l'empreinte de la confusion que j'ai cherché, et que j'ai réussi, je crois, à faire disparaître. En réalité, Nicé- phore n'attribue au patrice Jean que ce qui lui appartient; il dit que cet habile général battit les Arabes, ce qui est vrai; il dit qu'ensuite les Arabes prirent leur revanche et chassèrent le patrice Jean de l'Afrique, ce qui est encore

vrai; il s'arrête là, et se tait sur les événements postérieurs, rien n'est plus simple. Mais ces événements postérieurs étaient, pour Otter comme pour tous ceux qui ont placé l'expédi- tion de l'*Aourés* immédiatement après *la pre- mière prise de Carthage*, des événements simul- tanés; là est la confusion, et celle-ci n'est pas l'œuvre de Nicéphore. Le jour où le patrice Jean vaincu a quitté le port de *Carthage* avec les débris de son armée, l'histoire byzantine n'a plus à s'occuper de l'histoire de l'Afrique. Des Grecs, en plus ou moins grand nombre, ont dû rester sur le sol africain; ils y sont désor- mais absorbés dans la population autochthone, avec les Carthaginois, les Romains et les Van- dales, qui sont demeurés sur ce même sol comme les *témoins* de dominations éteintes. Ces parcelles se fondent dans l'ensemble, elles perdent leurs droits à l'histoire, car elles ont perdu jusqu'à leur nom.

plus, Procope nous apprend que, chez les anciens Berbères, la faculté de prophétiser[1] était interdite aux hommes, et constituait un privilége exclusivement réservé aux femmes. Dans l'exemple qu'il cite et qui se rapporte à un fait antérieur d'un siècle et demi seulement au règne de la Kâhena, l'influence des devineresses berbères fut telle, que Bélisaire leur dut vraisemblablement la rapidité de sa conquête, puisque, sur leur réponse, les Berbères s'abstinrent, et abandonnèrent aux Vandales seuls le soin de se défendre[2]. Et d'ailleurs, les Arabes eux-mêmes avaient vu, exceptionnellement, une femme à la tête de l'armée qui allait venger la mort d'Ot′mân; et s'il est vrai de dire que c'était 'Aïscha[3], la bien-aimée du Prophète, *la mère des fidèles*[4], elle n'avait pas, pour des guerriers, le prestige d'une femme qui combat en personne, meurt le fer à la main, et nous verrons que telle fut Kâhena. Enfin, l'ordre des événements rétabli comme je viens de le faire, et la certitude une fois acquise que l'expédition de H′asen contre les *Berbères de l'Aourés* ne suivit pas immédiatement la *première* conquête de *Carthage,* mais qu'elle ne fut entreprise qu'après l'expulsion du patrice Jean de l'Afrique, il ne reste plus de prétexte à la raillerie de Lebeau ou des judicieux critiques qu'il entend désigner sans les nommer, et que je ne saurais nommer moi-même; j'ai seulement montré qu'à coup sûr ce n'est pas Otter, comme l'a dit Saint-Martin, et la transformation du patrice Jean, d'abord en eunuque, puis en femme, me paraît, jusqu'à présent, appartenir à l'historien du Bas-Empire et reposer sur un anachronisme.

Ces difficultés une fois levées, nous pouvons reprendre le fil des événements.

La Kâhena, ai-je dit, commandait dans l'*Aourés;* sa famille faisait partie des *Djerâoua,* tribu juive[5] « qui fournissait, suivant Ebn-Khaldoun[6], des rois « et des chefs à tous les Berbères descendus d'El-Abzer[7]. » Elle attendit de pied

---

[1] Voyez la note 1 de la page 40 de ce volume.

[2] « Cum esset opinio venturam in Africam « Augusti classem, sibi inde timentes Mauri « fatidicas mulieres consuluerunt. Quippe viris « nefas est apud illos vaticinari; sed feminæ, « peractis quibusdam sacris, afflatæ spiritu, fu- « tura pandunt, nihilo secius quam antiqua « oracula. » (Procopii Cæsariensis *De bello Vandalico,* lib. II, cap. viii, t. I, p. 253; in-fol. Parisiis, 1663.)

[3] « ...... et pugnæ adest, in qua, ducis ad « instar, Aiescha suo camelo, Ascaro, in pilento. illi « sexuo congruo, per ordines circumvectabatur. » (Abulfedæ *Annal. muslem.* t. I, p. 297.)

[4] « Mater fidelium. » (Id. *Ibid.* t. I, p. 375.)

[5] Ebn-Khaldoun, *Histoire des Berbères,* t. I, p. 208; in-8°, Alger, 1852

[6] Id. *ibid.* t. I, p. 213.

[7] El-Abter était le surnom de MÂDR′ES. (Id. *ibid.* t. I, p. 168 et 181.)

ferme l'armée arabe victorieuse des Grecs, et, dans un combat sanglant livré
sur les bords du *Níni* (نيني)[1], non-seulement H'asen fut complétement défait,
mais, poursuivi avec vigueur jusqu'au delà du territoire de *K'âbes*[2], il fut
obligé de chercher un refuge dans la province de *Barka*, en un lieu nommé,
depuis cette époque, *K's'our-el-H'asen* (les châteaux de H'asen); 'Abd-el-
Malek lui écrivit d'y attendre ses ordres[3]. La magnanimité avec laquelle la
Kâhena traita ses prisonniers, la généreuse confiance dont elle fit preuve en
adoptant l'un d'eux, le jeune Khâled-ben-Iezid-el-K'aïsi, pour troisième fils,
justifient la soumission des Berbères à cette femme remarquable, et montrent
qu'elle était digne de commander. Pour la seconde fois depuis la fondation
de *K'aïrouán*, les Berbères restaient maîtres de l'Afrique, et cette fois leur chef
dominait sans partage, puisque les Grecs avaient disparu. « La Kâhena, dit
« Ebn-Khaldoun, continua *pendant cinq ans* à régner sur *l'Afrík'ia* et à gou-
« verner les Berbères[4]. » En-Nouâïri et Raïni-el-K'aïrouâni[5] assignent exactement la même durée au séjour forcé que fit H'asen dans la province de *Barka*;
il ne peut donc y avoir aucune incertitude sur l'année où ce général reçut
d'Abd-el-Malck, des troupes et de l'argent avec ordre de rentrer en Afrique :
ce fut en 83 de l'hégire. Quelle pût être la cause de ce long retard? Les historiens arabes passent rapidement sur cette période ; cependant la révolte
d'Abd-er-Rah'man-ben-Asch'at, qui s'empara du *Khorásán*, chassa H'adjdjâdj
lui-même de *Koufa*, et dont les forces s'accrurent[6] au point de devenir un

Défaite
de H'asen.

83 de l'hég.
(702-03 de J.C.)
H'asen rentre
en Afrík'ia.

---

[1] En-Nouâïri, § xi, *Appendice à l'Hist. des
Berb.* t. I, p. 340. — Ebn-Khaldoun dit que
H'asen avait pris position sur le bord de la rivière de *Meskiâna* (مسكيانة)[2]. (*Hist. des Berb.*
t. I, p. 213.) — L'*Ouâd-Níni* sort d'une montagne appelée *Djebel-Níni*, où existent des ruines
considérables, et va couler au Nord-Est de *Bâ-
r'âï*, pour aller se jeter dans le lac *Mtouça*.
(E. Carette, *Recherches sur l'origine et les migrations des principales tribus de l'Afrique septentrionale*, p. 36, note 3.)

[2] Voyez, sur *K'âbes*, la *Rich. minér. de l'Alg.*
t. I, p. 332 et 333; in-4°, de l'I. N. 1849.

[3] En-Nouâïri, § xi, *Appendice à l'Hist. des*

Berb. t. I, p. 340. — Ebn-Khaldoun, *Hist. des
Berb.* t. I, p. 214. — Id. *Hist. de l'Afr. sous
la dynast. des Aghlab.* p. 25. — Raïni-el-K'aïrouâni, *Hist. de l'Afr.* liv. II, p. 25, et liv. III,
p. 53. — Suivant ce dernier, l'armée berbère
comptait des Romains dans ses rangs; cela est
très-vraisemblable. (Voy. la note 4 de la page 41
de ce volume.)

[4] Ebn-Khaldoun, *Hist. des Berb.* t. I, p. 214.

[5] Aux pages citées à la note 3 ci-dessus.

[6] Elmacîn nous le représente à la tête de
cent mille hommes : « Ac numerus quidem mi-
« litum Abdurrahmanis centum erat millium. »
(Elmacini *Hist. sarac.* lib. I, cap. xii, p. 66.)

---

[1] Voyez, sur l'*Ouâd-Meskiâna*, la *Richesse minérale de l'Algérie*, t. I, p. 276 et 277; in-4°, de l'I. N. 1849.
— Edrîsi nomme *Meskiâna* entre *Bâr'dï* et *Medjâna*, mais il en parle comme d'un pays. (*Géographie*, III° clim.
II° sect. t. I, p. 252; in-4°, de l'I. R. 1836.)

adversaire inquiétant pour la dynastie ommiade[1], dut jouer ici un grand rôle, puisque le khalife H'âdji[2] place en 80 le commencement de la révolte d'Abd-er-Rah'man, et en 83 la défaite et la mort de ce chef redoutable[3].

Je n'écris pas une histoire de l'Afrique, et ce serait m'écarter de la pensée de cette étude que d'entrer dans les détails, si intéressants qu'ils soient, des événements d'où je dois faire jaillir quelques lueurs; je passerai donc sous silence les dévastations ordonnées par la Kâhena en vue d'une lutte désespérée[4], les maternelles dispositions qu'elle prit dans la prévision du sort que lui annonçait, pour elle-même, sa pénétration de l'avenir, et je me bornerai à dire qu'aussitôt ses renforts reçus, H'asen marcha sur l'*Aourés* pour présenter la bataille aux Berbères. Les deux armées ne tardèrent pas à en venir aux mains, « et le carnage fut si grand, dit En-Nouâïri, que tous les musul-« mans s'attendaient à être exterminés; mais, Dieu étant venu à leur secours, « les Berbères furent mis en déroute après avoir éprouvé des pertes énormes. »

Mort de la Kâhena. La Kâhena périt dans la mêlée; elle fut tuée dans l'*Aourés*, près d'un puits que, du temps d'Ebn-Khaldoun, on appelait encore *Bir-el-Kâhena*[5], et la tête de cette reine intrépide fut envoyée à 'Abd-el-Malek[6]. « La tranquillité pa-« raissant rétablie, ajoute Raïni-el-K'aïrouâni, le gouverneur retourna à *K'aïr*-

---

[1] « Alter ex illo crescebat Hegago turbator formidolosus, Abd-er-Rahman, filius Aschati; « qui a *Chorasana* subacta, ipsum e *Cufa* excu-« tiebat Hegagum, et magnis viribus auctus mo-« lestus Ommiadicædomui hostis evasit. » (Abul-fedæ *Annales muslemici*, t. I, p. 423; in-4°, Hafniæ, 1789.)

[2] Cité par Reiske. (Id. *ibid. Adnotationes histori. t.* I, p. 100.)

[3] Il ne resterait donc qu'à expliquer pourquoi, dès 79, 'Abd-el-Malek ne s'empressa pas d'envoyer des secours à H'asen-ben-No'mân; c'est un point qui, en effet, mériterait d'être éclairci; cependant, si nous connaissions les dates de ces événements dans leurs détails, peut-être trouverions-nous que les uns s'accomplirent à la fin de 79, les autres au commencement de 80, et que l'intervalle réel où 'Abd-el-Malek put faire des préparatifs se réduit à un temps très-court. Peut-être aussi les saisons jouèrent-elles un rôle dans ce retard, puisque le dernier jour de zil-h'adja 79 correspond au 7 mars 699.

[4] J'ai rappelé ces dévastations (*Rich. minér. de l'Alg.* t. I p. 89, note 4) quand j'ai traité la question du boisement de l'Afrique ancienne. Seulement, dans cette note 4, il faut, conformément aux rectifications auxquelles j'ai été conduit, lire en 83 au lieu de en 77.

[5] « *Tabrakah* est, dit-on, le lieu où fut tuée « Kâhena. » (Abou-'Obeïd-Bekri, *Description de l'Afrique*, trad. de l'ar. par M. Quatremère, p. 79; in-4°, de l'I. R. 1831.) — Cette indication du Bekri est certainement inexacte; le théâtre des deux guerres de la Kâhena est dans les vastes plaines qui bordent le pied septentrional de l'*Aourés*.

[6] En-Nouâïri, § xi, *Appendice à l'Hist. des Berb.* t. I, p. 341. — Ebn-Khaldoun, *Hist. de l'Afr. sous la dynast. des Aghlab.* p. 26. — Id. *Hist. des Berb.* t. I, p. 214, et t. III, p. 194. — Raïni-el-K'aïrouâni, *Hist. de l'Afr.* liv. III, p. 54 et 55. — Conde, *Historia de la dominacion de los Arabes en España*, parte I, capit. v, t. I, p. 20; in-4°, Madrid, 1820.

ouân en l'an 84 [1]. » Cette date, comme on voit, s'accorde parfaitement avec celles que j'ai assignées aux événements antérieurs.

En 85, 'Abd-el-'Azîz, frère du khalife et gouverneur d'Égypte, étant venu à mourir [2], 'Abd-el-Malek nomma en sa place 'Abd-Allah-ben-'Abd-el-Malek; l'année suivante, le 15 schaouâl 86 (jeudi 8 octobre 705), le khalife lui-même suivit son frère dans la tombe [3], et Oualid-ben-'Abd-el-Malek lui succéda. Ici encore les divers auteurs présentent quelques contradictions, heureusement peu importantes, sur ce qui se passa en Afrique à l'occasion du rappel de H'asen-ben-No'mân dont le commandement fut donné à Mousa-ben-Nos'eïr-el-K'oreischi [4]. « *Désirant* retourner vers 'Abd-el-« Malek, dit Ebn-Khaldoun, H'asen nomma, pour gouverner l'Afrique à sa « place, un homme du nom de S'âleh', qui faisait partie de son armée [5]. » En-Nouâïri, loin de prétendre que H'asen désirait rentrer en Syrie, lui prête au contraire cette parole, qui exprime un vif mécontentement, « Je jure que ja-« mais je n'accepterai plus un commandement sous la dynastie ommiade; » et il ajoute qu'aussitôt que Mousa fut arrivé à sa destination, « il *déposa* S'âleh',

85 de l'hég.
(704 de J. C.)

86 de l'hég.
(705 de J. C.)

MOUSA-
BEN-NOS'EÏR.

---

[1] Raïni-el-K'aïrouâni, *Histoire de l'Afrique*, liv. III, p. 55; in-8°, de l'I. R. 1845.

[2] Voyez la note 9 de la page 35 de ce volume. — Elmacîn place cette mort en 86; aussi admet-il qu'Abd-el-'Azîz gouverna l'Égypte pendant vingt ans dix mois et quelques jours. (Elmacini *Historia saracenica*, lib. I, cap. xii, p. 66 et 67; in-fol. Lugd. Batav. 1625.)

[3] Abulfedæ *Annales muslemici*, t. I, p. 427. — Elmacini *Hist. sarac.* lib. I, cap. xii, p. 67. — Abul-Pharajii *Historia dynastiarum*, p. 128; — 'Abd-el-Malek avait régné vingt et un ans quinze jours, du 30 ramad'ân 65 (mardi 9 mai 685) au 15 schaouâl 86 (jeudi 8 octobre 705).

[4] Lembke dit (*Geschichte von Spanien*, t. I, p. 252, note 3) que, selon Ebn-Khalk'ân, le nom complet de ce personnage était: Abou-'Abd-or-Rah'man-Mousa-ben-Nos'eïr-el-Lekhmi (ابو عبد الرحمن موسى بن نصير الخمى). M. de Slane [a] a regardé comme *évidemment inexacte* la date

de 86 donnée par En-Nouâïri et par Ebn-Khaldoun [b] pour la nomination de Mousa-ben-Nos'eïr au gouvernement de l'Afrique; il cite 'Abd-el-H'akem et Ebn-Asaker comme plaçant cette nomination en 79; il cite aussi le *Nodjoum* dans lequel on lit qu'en 84 Mousa avait fait de grandes conquêtes en Afrique et ramené 50,00 prisonniers; il aurait pu ajouter Joseph Conde, qui, d'après certaines sources arabes. fixe à 78 l'arrivée de Mousa en Afrique [c]. Il résulte de l'exposé que je viens de faire, et de ce qui va suivre, qu'il ne peut y avoir d'incertitude pour cette date, tout au plus qu'entre 85 et 86; que tous les faits antérieurs, convenablement datés, s'opposent absolument à adopter aucune des dates antérieures à 85, et que celle de 86, même de la fin de 86, est de beaucoup la plus probable.

[5] Ebn-Khaldoun, *Hist. de l'Afr. sous la dynast. des Aghlab.* p. 28; in-8°, Paris, 1841.

---

[a] En-Nouâïri, § xii, *Appendice à l'Hist. des Berb.* t. I, p. 343, note 2; in-8°, Alger, 1852.

[b] Ebn-Khaldoun, *Hist. de l'Afr. sous la dynast. des Aghlab.* p. 28; in-8°, Paris, 1841.

[c] *Historia de la dominacion de los Árabes en España*, parte I, capit. v, t. I, p. 20; in-4°, Madrid, 1820.

« lieutenant de H'asen[1]. » Un pareil acte de rigueur indique que cet officier ne remplissait pas alors un simple intérim, et semble prouver que H'asen, irrité de son rappel, s'était cru du moins, et à tort, le droit de nommer son successeur. Mais quel fut l'auteur de l'injustice dont H'asen était la victime? Doit-on l'attribuer au nouveau gouverneur d'Égypte nommé en 85, ou au nouveau khalife salué en 86? Non-seulement Ebn-Khaldoun s'accorde avec En-Nouâïri pour dire formellement que ce fut à l'avénement de Oualid, c'est-à-dire à la fin de 86, que Mousa fut investi du gouvernement de l'Afrique[2]; mais les faits qui suivirent la défaite de la Kâhena et précédèrent l'arrivée de Mousa sont trop nombreux pour avoir été accomplis dès l'année 85. En effet, les soins que H'asen, rentré à K'aïrouân, donna à l'établissement de l'impôt (kharadj), la lutte qui s'engagea entre les Berbères et qui fut telle, au dire d'Ebn-Khaldoun, que l'Afrik'ia et le *Maghreb* furent presque dépeuplés[3], supposent un laps de temps qui serait insuffisant si H'asen avait été rappelé dans l'année qui suivit sa victoire. Ce qui paraît le plus probable, c'est que H'asen fut frappé par le nouveau gouverneur d'Égypte, mais seulement après que Oualid fut parvenu au khalifat; 'Abd-Allah osa, sous l'autorité de son frère, commettre une injustice qu'il ne se serait pas permise du vivant de son père; et ce qui le prouve, c'est que Oualid signifia à son frère 'Abd-Allah que désormais l'Afrique serait indépendante de l'Égypte, et qu'elle relèverait directement du khalife[4]; il nomma Mousa-ben-Nos'eïr *émir d'Afrique*[5].

Aussitôt après la défaite de la Kâhena, « ceux de ses enfants qui s'étaient « faits musulmans, dit Raïni-el-K'aïrouâni, furent mis chacun à la tête de

[1] En-Nouâïri, § xii, *Appendice à l'Hist. des Berb.* t. I, p. 343.
[2] Ebn-Khaldoun, *Hist. de l'Afr. sous la dynast. des Aghlab.* p. 28 et 29.
[3] Id. *Hist. des Berb.* t. I, p. 215. — Il me serait difficile, du reste, de dire quel fut le motif de cette prétendue lutte dont En-Nouâïri ne parle pas. Peut-être, cependant, la succession à l'autorité de la Kâhena donna-t-elle lieu à une guerre entre les Berbères des deux grandes souches.
[4] En-Nouâïri, § xii, *Appendice à l'Hist. des Berb.* t. I, p. 343. — En-Nouâïri, qui suppose à tort qu'Abd-el-'Azîz gouvernait encore l'É-

gypte, dit: «El-Oualid écrivit *à son oncle 'Abd-el-'Azîz*, etc.» et Ebn-Khaldoun, qui savait qu'Abd-Allah avait remplacé 'Abd-el-'Azîz, et qui paraît avoir suivi En-Nouâïri avec un peu de négligence, du moins en ce passage, dit: «A l'avénement au trône de Oualid-ben-'Abd-el-Malek, ce khalife écrivit *à son oncle 'Abd-Allah*, qui gouvernait l'Égypte...» (*Hist. de l'Afr. sous la dynast. des Aghlab.* p. 28 et 29; in-8°, Paris, 1841.)
[5] « Y le nombró Amir de Africa. » (Don Jose Antonio Conde, *Historia de la dominacion de los Arabes en España*, parte I, cap. vi, t. I, p. 21; in-4°. Madrid, 1820.)

[*] Voyez la note 2 de la page précédente.

« douze mille Berbères, et on les envoya vers l'Occident pour y faire la guerre
« au nom de Dieu [1] ; » or, comme la Kâhena avait deux fils [2], on doit porter à
vingt-quatre mille le nombre des Berbères qui, en 703 ou 704 de notre ère,
furent ainsi transportés *vers l'Occident*, « c'est-à-dire en Espagne, où les Arabes
« pénétrèrent peu de temps après, » ajoutent en note les traducteurs de Raïni-
el-K'aïrouâni ; mais cette supposition est au moins hâtive, si elle n'est inexacte.
Quelques années nous séparent encore de la conquête de l'Espagne par les
Arabes, et la puissante activité que déploya Ben-Nos'eïr à son arrivée en Afrique,
les diverses expéditions dont il confia le commandement à ses fils, 'Abd-Allah
et Merouân, eurent évidemment pour objet d'étendre vers l'Ouest la domination arabe qui, plutôt annoncée qu'établie quand l'armée de Sidi-'Ok'ba
avait passé comme un ouragan sur ces régions étonnées, avait dû voir effacer
sa faible empreinte par les deux périodes qu'on pourrait appeler les règnes
de Koseïla et de la Kâhena. « Bientôt, dit Ebn-Khaldoun, il attaqua *Tanger*,
« s'empara de *Dra'* [3], puis assiégea *Táfilâlt*, et fit marcher son fils contre la
« ville de *Sous* [4]. Les Berbères s'étant de toutes parts soumis à son pouvoir,
« il reçut de la tribu de *Mas'moud'a* [5], en l'an 88, des otages auxquels il donna
« la ville de *Tanger* pour résidence [6]. » Vraisemblablement les transportés de
l'*Aourés* servirent dans ces expéditions ; mais rien n'indique que ces corps
d'indigènes firent partie de la garnison de *Tanger*. « T'ârek'-ben-Ziâd [7], dit en-

Marginal notes:
Expéditions
de Mousa
dans
le Maghreb-
el-A'ks'a.

88 de l'hég.
(707 de J. C.)
Prise
de Tanger.

T'ârek'-
ben-Ziâd
en est nommé
gouverneur.

[1] Raïni-el-K'aïrouâni, *Histoire de l'Afrique*,
liv. III, p. 55 ; in-8°, de l'I. R. 1845.
[2] En-Nouaïri, $ xı, *Appendice à l'Hist. des
Berb.* t. I, p. 341. — Ebn-Khaldoun, *Hist. des
Berb.* t. I, p. 214. — Ebn-Khaldoun dit plus
loin que la Kâhena « avait trois fils héritiers du
« commandement de la tribu. » (*Histoire des Berbères*, t. III, p. 193 ; in-8°, Alger, 1855.)
[3] *Dra'* (درعة *Dra'a*), que l'on transcrit
aussi *Dera*, *Dar'a*, est, au dire d'Edrîsi, « une
« réunion de bourgs rapprochés les uns des
« autres et de champs cultivés. Elle est habitée
« par des tribus berbères de race mélangée, et
« est située sur la rivière de *Sedjelmâsa*. » (*Géographie* d'Edrisi, IIIᵉ clim. 1ᵃ sect. t. I, p. 307 ;
in-4°, de l'I. R. 1836.) — *Géographie* d'Aboul-
Feda, trad. de l'ar. par M. Reinaud, 1ᵃ part.
chap. ııı, t. II, p. 187 ; in-4°, de l'I. N. 1848.
— M. Reinaud explique (note 1, page 188)

que *Dar'a* se trouve sur la rivière du même
nom, et que *Sedjelmâsa* était à l'Orient. —
Dara était aussi le nom que les Berbères don-
naient à l'*Atlas*. (Voyez *Rich. minér. de l'Alg.*
t. I, p. 314.)
[4] Il ne dit pas s'il s'agit de *Sous-el-Ak's'a*
(*Taroudant*) ou de *Sous-el-Adna* ; on doit croire,
d'après ce que dit En-Nouaïri, qu'Ebn-Khaldoun parle ici de *Sous-el-Ak's'a*. (En-Nouaïri,
$ xıı, *Appendice à l'Hist. des Berb.* t. I, p. 344.)
[5] Voyez la note 4 de la page 12, et la note 1
de la page 13, de ce volume.
[6] Ebn-Khaldoun, *Hist. de l'Afr. sous la dynast. des Aghlab.* p. 29 ; in-8°, Paris, 1841.
[7] Ebn-Khaldoun l'appelle ailleurs T'ârek'-
ben-Ziâd-el-Laïti, طارق بن زياد اللبثى (Thark
ben Ziâd El-Lîti). (*Hist. de l'Afr. sous la dynast. des Aghlab.* p. 7 du texte, p. 29 de la traduction de Noël Desvergers ; in-8°, Paris, 1841.)

« core Ebn-Khaldoun, reçut de Mousa le gouvernement de *Tanger,* et s'y
« installa avec douze mille Berbères[1] et vingt-sept Arabes chargés d'enseigner
« à ces néophytes le Koran et la loi[2]. » Les dernières lignes de ce paragraphe font naître quelques réflexions qui méritent que nous nous arrêtions
un instant.

On voit d'abord qu'un des passages que je viens de citer textuellement
fixe à l'an 88 de l'hégire (707 de J. C.) la prise de *Tanger* par les Arabes.
Cette date, qui s'accorde si bien avec tout ce qui précède et avec ce qui va
suivre, est, très-probablement, tout à fait exacte, puisqu'elle est donnée aussi
par les historiens espagnols[3]. Selon Pagi, Mousa-ben-Nos'eïr, en 89 de l'hégire, rendit compte au khalife de tous les résultats qu'il avait obtenus, sans
doute aussi attendit de nouveaux ordres, et le savant annotateur de Baronius place peu après *(paulò post),* en 90 de l'hégire, la vigoureuse défense de
Ceuta par le comte Julien[4], événement que les historiens espagnols rapportent
à l'année 708 de J. C.[5]; or, comme l'an 90 de l'hégire commence le 19 novembre 708, ces deux assertions peuvent se concilier en admettant que l'é-
chec de Ben-Nos'eïr devant *Ceuta* eut lieu au commencement de 90 (fin de
708[6]). Malgré l'obscurité qui couvre cette époque de l'histoire d'Espagne, on

Marginal notes:
89 de l'hég.
(707-8 de J. C.)

90 de l'hég.
708-9 de J. C.)
Défense
de Ceuta
par le comte
Julien.

---

[1] Raïni-el-K'aïrouâni dit 17.000[a], Cardonne
19,000 cavaliers[b].

[2] Ebn-Khaldoun, *Hist. des Berb.* t. I, p. 215.
— En-Nouâïri, § xii, *Appendice à l'Hist. des
Berb.* t. I, p. 344.

[3] L'Anonyme d'Andalousie, cité par Pagi
(*Annales ecclesiastici,* auctore Cæsare Baronio,
t. XII, p. 211, col. 2 notarum; in-fol. Lucæ,
1742.) — Suivi aussi par D. Juan de Ferreras,
Historia de España, tom. IV, p. 4 et 5, § 2;
pet. in-4°. Madrid, 1716.

[4] « Musa (Mousa) videns se nullum oppi-
« dum occupare, et nullibi Julianum superare
« posse[c], agris devastatis recessit, quod anno

« hegiræ xc accidit. » (*Annal. ecclesiast.* t. XII,
p. 211, col. 2 notarum; in-fol. Lucæ, 1742.)

[5] D. Juan de Ferreras, *Historia de España,*
t. IV, p. 6, § 3; pet. in-4°, Madrid, 1716.

[6] Si cependant on admet avec quelques historiens, Gibbon[d] entre autres, que l'attaque et
la défense de *Ceuta* eurent lieu en 709; comme
tout le monde est d'accord que ce fut en 90 de
l'hégire et que Witiza régnait encore, il faut,
de toute nécessité, que ce fait d'armes ait eu
lieu au commencement de 709, entre le 1ᵉʳ janvier et le 15 février. On voit, en définitive,
qu'il a dû avoir lieu entre le 19 novembre
708 (1ᵉʳ moh'arrem 90) et le 15 février 709

---

[a] *Histoire de l'Afrique,* liv. III, p. 56; in-8°, de l'I. R. 1845.

[b] *Histoire de l'Afrique et de l'Espagne sous la domination des Arabes,* liv. I, t. I, p. 55; in-12, Paris, 1765.

[c] En s'exprimant ainsi Pagi exagère, puisque nous venons de voir le comte Julien perdre *Tanger,* puisqu'il
perdit ensuite *Arzilla* et *Tetouân*, et que les Goths ne conservèrent en Afrique que la seule place de *Ceuta.*

[d] *Histoire de la décadence et de la chute de l'empire romain,* chap. LI, t. X, p. 315; in-8°, Paris, 1812.

[*] Don Iose Antonio Conde, *Historia de la dominacion de los Arabes en España,* parte I, capit. vii, t. I, p. 24; in-4°, Madrid, 1820.

sait le déplorable état de l'empire des Goths au commencement du VIIIe siècle de notre ère. Witiza régnait depuis le 9 schaouâl 82 (15 novembre 701[1]); il fut détrôné après sept ans et trois mois[2], ce qui suppose que Roderich, nommé en sa place, monta sur le trône le 15 février 709[3], qui correspond au 30 rebî-el-aouel 90 de l'hégire. La belle défense de *Ceuta* par le comte Julien se rapporte donc aux derniers jours, pour ainsi dire, du règne de Witiza.—Dans le même passage, que j'ai emprunté à Ebn-Khaldoun, *Tâfilâlt* se trouve nommée. Or, on sait que M. Walckenaër a très-bien établi, non pas la synonymie, mais le voisinage de *Tâfilâlt* et de l'ancienne *Sedjelmâsa*[a],

(30 rebî-el-aouel 90), cette dernière date étant celle de l'avénement de Roderich[a]. — En-Nouâïri passe entièrement sous silence l'attaque et la défense de *Ceuta,* et Ebn-Khaldoun n'en parle que pour dénaturer complétement les faits. Suivant lui, le comte Julien, ayant appris que Mousa-ben-Nos'eïr marchait sur *Ceuta,* « gagna sa bienveillance en lui prodiguant des « cadeaux et en payant la capitation. Mousa le « confirma dans le commandement de *Ceuta,* « après avoir retenu, comme otages, son fils « et les fils de son peuple[b]. » L'historien des Berbères anticipe évidemment ici sur ce qui dut avoir lieu quand, plus tard, le comte Julien engagea Mousa-ben-Nos'eïr à passer en Espagne. Dans la défiance que devait inspirer une pareille démarche, le général arabe qui, en effet, laissa au comte Julien son commandement de *Ceuta,* exigea sans doute des garanties.

[1] Ch. Romey, *Histoire d'Espagne, Appendice* XIV, t. II, p. 522, note 6; in-8°, Paris, 1839. — D. Juan de Ferreras diffère d'une année : il dit que Witiza fut couronné le 15 novembre 700. (*Historia de España,* t. III, p. 448, § 3; pet. in-4°, Madrid, 1716.)

[2] « Witiza reynó siete años y tres meses. » (Don Juan Fr. de Masdeu, *Historia critica de*

España, lib. II, § CXXXIII, t. X, p. 223; in-4°, Madrid, 1791.) — Baronius fait mourir Witiza en 710, après *neuf ans* de règne[c]; suivant Pagi, Witiza avait, en cette année, régné *dix ans*[d]. Si réellement Witiza avait continué à régner, il aurait accompli la neuvième année de son règne le 15 novembre 710, et le chiffre donné par Baronius serait plus exact que celui de Pagi; mais il n'en fut point ainsi. La date de 710, donnée par ces deux savants, est peut-être exacte en tant qu'elle se rapporte à la mort de Witiza; mais ce roi ne mourut pas sur le trône, et la fin de sa vie ne correspond pas à la fin de son règne.

[3] Masdeu, dans le complément qu'il donne de la courte *Chronique* de Vulsa, s'exprime ainsi : « Rudericus a Gothis eligitur regno *Idi-* « *bus februarii* (13 février), era DCCXLVII (709 « de notre ère). » (*Historia critica de España,* libro II, *Cronologia. Illustracion* X, § V, t. X, p. 326; pet. in-4°, Madrid, 1791.)

[4] Walckenaër, *Rech. géogr. sur l'intér. de l'Afr. septentr.* p. 284-286; in-8°, Paris, 1821. — D'Avezac, *Études de géogr. crit. sur une part. de l'Afr. sept.* p. 162-164; in-8°, Paris, 1836. — Edrisi (*Géogr.* t. I, p. 11) et Aboul-Feda (*Annales,* t. II, p. 318) écrivent ce nom اكلوسة.

[a] Voyez ci-dessus le texte de cette page.
[b] Ebn-Khaldoun, *Histoire des Berbères,* t. II, p. 135 et 136; in-8°, Alger, 1854.
[c] *Annales ecclesiastici,* t. XII, p. 222, col. 2; in-fol. Lucæ, 1742.
[d] *Ibid.* t. XII, p. 221, col. 2 notarum. — On s'étonne, avec cette différence d'une année, que Pagi fasse, comme Baronius, commencer le règne de Witiza en 701. (*Ibid.* t. XII, p. 181, col. 2 du texte, même page, col. 2 des notes.) On pouvait penser qu'il avait puisé à la même source que Ferreras (voyez note 1 ci-dessus).

Réflexions
sur l'ancienneté
de
Sedjelmâsa.

Sur
l'ancienneté
du nom
de Tâfîlâlt.

qui devint la capitale des *BENI-MEDRÂR* (بني مدرار), et deux points méritent ici d'être remarqués : le premier, c'est que l'origine de *Sedjelmâsa* est plus ancienne que celle qu'on lui attribue généralement[1], puisque, dès 87 de l'hégire (706 de J. C.), une des armées de Mousa-ben-Nos'eïr en fit le siége ; le second, c'est que le nom de *Tâfîlâlt*, donné à la ville qui a remplacé *Sedjelmâsa*, est aussi plus ancien qu'on ne l'a prétendu. M. Walckenaër, entraîné peut-être par M. de Chénier[2], admet que le nom de *Tâfîlâlt* est postérieur à Jean Léon, qui a terminé son livre en 1526[3], et il semble dire que Marmol, dont la première publication date de 1573, est le premier auteur qui nomme *Tâfîlâlt*[4]. Vingt-cinq ans après, un membre de la commission scientifique d'Algérie, M. Renou, a reproduit, et avec plus d'assurance, la même assertion[5];

---

[1] Comme nous le verrons plus loin, page 105 et suivantes de ce volume.

[2] Qui, pourtant, s'était contenté de dire que *Tâfîlâlt* n'est pas une ville ancienne. (*Recherches historiques sur les Maures*, t. III, p. 79; in-8°, Paris, 1787.) — Mais M. de Chénier, loin d'établir la synonymie de *Tâfîlâlt* et de *Sedjelmâsa*, ajoute, quelques lignes plus bas : « Il y a, dans le même territoire, la ville de « *Sulgumessa*, qui paraît avoir été connue des « Romains, » et il s'appuie sur l'autorité de Jean Léon[a], qui avait séjourné six mois à *Sedjelmâsa* en ruines, lequel Jean Léon donne, du nom de cette ville, une étymologie que Marmol a reproduite[b]. Évidemment la fondation de *Sedjelmâsa* par un général romain vainqueur de la Numidie, et celle, plus improbable, que l'on fait remonter à Alexandre le Grand, ne reposent sur aucune base ; mais ces traditions locales, qu'il ne faut jamais dédaigneusement accueillir quand on les rencontre chez un peuple qui n'a pas d'histoire écrite, montrent tout au moins que les Berbères attribuaient à *Sedjelmâsa* une origine plus ancienne que celle qui nous a été transmise par certains auteurs arabes;

et nous venons de trouver, dans Ebn-Khaldoun, la preuve que, sur ce point, la tradition des Berbères ne les trompait pas.

[3] Voyez la note * de la page 1 de ce volume.

[4] Walckenaër, *Rech. géograph. sur l'intér. de l'Afr. septentr.* p. 284 ; in-8°, Paris, 1821. — C'est particulièrement en racontant l'histoire des chérifs que Marmol parle souvent de cette ville, dont il écrit constamment le nom *Tafilete*. (*Descripcion general de Affrica*, por el veedor Lvys del Marmol Caravaial, libro II, capit. XL, vol. I, fol. 248 r°, col. 1, fol. 251 r°, col. 2, fol. 259 r°, col. 1, et v°, col. 2 ; fol. 263 r°. col. 2, et v°, col. 2 ; in-fol. Granada, 1573. — *L'Afrique* de Marmol, t. I, p. 451, 457, 468, 469, 470, 471 ; in-4°, Paris, 1667.) — Dans la partie de sa description de l'Afrique qu'il a publiée en 1599, Marmol dit, dans le court chapitre qu'il consacre à *Tafilet* : « C'est vne « grande ville de la Numidie bastie par les an- « ciens Africains dans vne plaine de sable. » (*L'Afrique* de Marmol, liv. VII, chap. XXVIII, t. III, p. 22 ; in-4°, Paris, 1667.)

[5] *Description géographique de l'empire du Maroc*, p. 127 ; in-8°, de l'I. R. 1846. — Je crois

---

[a] *Descrittion dell' Africa*, per Giovan Lioni Africano, seconda edizione delle *Navigationi et Viaggi*, auct. Gio. Bat. Ramusio, libro VI, vol. I, recto del folio 80 ; in-4°, in Venetia, 1554 ; — p. 306 et 307 de la trad. franç. de Jean Temporal ; in-fol. Lyon, 1556.

[b] *L'Afrique* de Marmol, liv. VII, chap. XXIII, t. III, p. 19 ; in-4°, Paris, 1667.

mais tout l'échafaudage de citations qui a été élevé pour fixer ainsi la date de la naissance de ce nom s'écroule devant le seul fait qu'Ebn-Khaldoun, au XIV[e] siècle, nomme *Táfilált*[1]; et ce n'est pas ici une interprétation du traducteur, car, en se reportant au texte publié par M. Noël Desvergers, on est obligé de reconnaître que la traduction est scrupuleuse, et qu'Ebn-Khaldoun a bien réellement écrit تافيلالت[2] (*Táfilálat*). —— Enfin, le même passage de l'historien des Berbères parle des otages que le général arabe se fit donner par les vaincus, et Joseph Conde nous apprend que Mousa prit ces otages dans les cinq tribus du pays les plus anciennes et les plus nombreuses, celles des *Zenáta*, des *Mas'mouda*, des *Zanhaga*[3], des *Ketáma*[4] et des *Haouára*[5]. Un pareil choix suppose, de la part de Mousa, une profonde connaissance du pays, puisque, de ces cinq familles, quatre appartiennent à la souche de *BRÁNIS*, la cinquième (celle des *Zenáta*) à la souche de *MÁDR'ES*, et que les otages ainsi choisis se trouvaient nécessairement avoir un lien plus ou moins étroit avec une tribu berbère quelconque. Quant aux expressions dont se sert Joseph

Sur les otages que Mousa se fit livrer.

devoir noter ici que, treize ans seulement après la première publication de Marmol, en 1586, Élisabeth Quixada, femme du Castillan Diego de Torrès, faisait paraître à Séville un ouvrage *posthume* de son mari, l'*Histoire des Chérifs*[a], dans laquelle *Tafilet* est plusieurs fois nommée[b]. (Voy. la note 4, p. 50.)

[1] Ebn-Khaldoun, *Histoire de l'Afrique sous la dynastie des Aghlabites*, p. 29 ; in-8°, Paris, 1841.

[2] Id. *ibid.* p. 7 (v) du texte. — On sait qu'Ebn-Khaldoun est mort le 25 ramad'ân 808 (15 mars 1406). (*Histoire des Berbères*, *Introduction*, p. LXII.)

[3] Sans doute, le mot *Zanhaga* est une altération de *S'enh'ádja*.

[4] Voyez *Richesse minérale de l'Algérie*, t. II. p. 85, note 10; in-4°, de l'I. I. 1854.

[5] « Y despues de larga y obstinada guerra « con los de la tribu *Zeneta* se avinieron con « ellos, y se pacificaron, y tomo Muza rehenes « de las tribus moras de *Masmuda*, *Zanhaga*, « *Ketama* y *Hoara*, que eran las mas antiguas y « mas numerosas de la tierra. » (*Historia de la dominacion de los Arabes en España*, parte I, capit. VII, t. I, p. 23; in-4°, Madrid, 1820. — En-Nouâiri, § XII. *Appendice à l'Hist. des Berb.* t. I, p. 344, note 3.)

[a] Diego de Torrès, *Relacion del origen y sucesso de los Xarifes, y del estado de los Reinos de Marruecos, Fez, Taradante, y los demas que tienen usurpados*; in-4°, Sevilla, 1586. — Ce titre est mal transcrit dans Brunet.

[b] *Relation de l'origine et succès des Chérifs*, etc. mise en français par M. C. D. V. D.D. A. (le duc d'Angoulême)[*], chap. XXXIV, p. 105, chap. CIII, p. 378 et 384, chap. CIV, p. 386, chap. CXII, p. 425; in-4°, Paris, 1636. — Cette traduction, réimprimée à la suite de celle de Marmol, nomme *Tafilet* aux mêmes chapitres p. 60, 203 et 205, 207, 226; in-4°, Paris, 1667.

[*] C'est le fameux Charles de Valois, fils naturel de Charles IX et de Marie Touchet, fille du lieutenant particulier au présidial d'Orléans. Né le 28 avril 1573, il fut successivement grand-prieur de France en 1589, puis comte d'Auvergne, et duc d'Angoulême à partir de 1619. Il a laissé plusieurs ouvrages, et est mort à Paris le 24 septembre 1650, dans sa soixante et dix-huitième année, après avoir vécu sous cinq rois.

Conde « les tribus les plus anciennes et les plus nombreuses, » elles ne sont pas tout à fait exactes; car, d'une part, il ne nomme pas les *Aureba,* pour le moins aussi nombreux que les *Mas'mouda* et les *Ketâma,* parmi les tribus issues de *BRÂNIS;* d'une autre part, il ne nomme ni les *Nifzâoua,* ni les *D'arîsa proprement dits,* qui, dans la souche de *MÂDR'ES,* ont autant d'ancienneté que la branche qu'il mentionne.

Nous avons vu (pages 46 et 47) qu'après la défaite de la Kâhena, en 84 ou 85 de l'hégire (703 ou 704 de J. C.), une grande masse de *Berbères de l'Aourés* avait été dirigée vers l'Ouest; nous avons vu aussi (page 47) que rien n'indiquait que ces transportés eussent fait partie, comme on l'a dit, de la garnison de *Tanger;* et il est permis, jusqu'à un certain point, de se demander, vu le silence des historiens sur le lieu ou les lieux de résidence qui leur furent assignés ou qu'ils choisirent[1], si ce n'est pas à ce déplacement qu'est due la présence des *Zenâta* que nous allons bientôt trouver établis aux environs de *Tâhart*[2], antérieurement à l'émigration d'Abd-er-Rah'man-ben-Roustem, le fondateur de *Tâhart-la-neuve.* Mais le tableau que j'ai rapidement tracé au début de cette étude (pages 2 à 5), tableau où l'on voit, à partir de la mort de Genseric, en 477, les limites de l'empire vandale se resserrer graduellement; le récit (page 10) de la défense de *Tâhart* assiégée par Sidi-'Ok'ba, en 62 de l'hégire (681-682 de J. C.), et le secours donné si à propos l'année suivante, au même général, par les tribus zénâtiennes (page 12), me paraissent autant de faits à l'appui de l'opinion que les *Maghrâoua* avaient, dès la fin du v° siècle, repris possession de leur territoire; et il n'est pas nécessaire d'avoir recours à la grande transportation des Berbères de l'*Aourés* pour expliquer la présence des *Zenâta* dans le *Maghreb central.*

Dans les vingt années qui venaient de s'écouler, la défaite de Koseïla, celle de la Kâhena, et surtout les succès de Mousa-ben-Nos'eïr dans le *Maghreb-el-Ak's'a,* avaient répandu la terreur au sein des populations berbères, et pour la première fois peut-être, depuis plus de soixante ans de lutte, les Arabes pouvaient se considérer comme véritablement conquérants de l'Afrique. D'un autre côté, *Ceuta,* assiégée par les Arabes en 708 (page 48), était restée le dernier boulevard des Goths en Mauritanie, et, vers le 15 février 709, Roderich était monté sur le trône vermoulu de la vieille Hespérie (page 49).

---

[1] Peut-être ces indigènes ne reçurent-ils aucune destination fixe, et furent-ils mêlés aux troupes arabes qui combattirent les *Berbères du* *Maghreb-el-Ak's'a,* comme je l'ai déjà supposé, p. 47 et 48.

[2] Voyez page 98 et suivantes de ce volume.

Les fils de Witiza, indignement persécutés par le nouveau roi, se réfugièrent
à *Ceuta* [1], et cette circonstance, étant à elle seule une explication suffisante
des encouragements que reçurent les Arabes à passer en Espagne, permet
de laisser dans le monde des romans la légende si connue de la belle Cava
et de l'outrage qu'eut à venger le comte Julien son père [2]. Ce qui est certain, c'est que Mousa-ben-Noseïr, loin de céder à la passion si entraînante
de la conquête, et de se laisser séduire par les peintures voluptueuses qui
lui étaient faites de la chaude et féconde Andalousie, agit avec la prudence
d'un général consommé, ne précipita rien, et sut amener un résultat immense sans rien compromettre, et, pour ainsi dire, sans rien risquer. Ce qui
est certain aussi, c'est que le comte Julien, qu'Ebn-Khaldoun appelle prince
des *R'omâra* [3] et qu'En-Nouâîri intitule seigneur de *Djezîra-el-Khad'ra* [4], *Ceuta
et autres lieux,* sans doute pressé par les fils de Witiza qui s'étaient réfugiés
près de lui, comme je viens de le dire, joua un rôle important dans la réso-

[1] « Nam et circa initium regni sui, inquit
« Rodericus Toletanus*, Vitizæ filios, Sisiber-
« tum et Ebam, probris et injuriis lacessitos a
« patria propulsavit, qui, relicta patria, ad Re-
« cilam[b] comitem *Tingitaniæ* ob patris amicitiam
« transfretarunt[c] » et le moine de Silos avait dit
avant lui : « Is (Rodericus) ubi culmen regale
« adeptus est, injuriam patris ulcisci festinans,
« duos filios Vitizæ ab Hispanis removit, ac
« summo cum dedecore eosdem patrio regno
« pepulit. Sed et isti ad *Tingitanam Provinciam*
« transfretantes, Juliano comiti, quem Vitiza
« rex in suis fidelibus familiarissimum habue-
« rat, adhæserunt[d]. » — Joannis Marianæ *His-*

toriæ de rebus Hispaniæ lib. VI, cap. XXI, t. I,
p. 241, col. 2.
[2] « Es una novela ridicula, formada en los
« tempos de los romances. » (Masdeu, *Historiq
critica de España*, lib. II, § CXXXIII, t. X, p. 223.)
—Don Iose Antonio Conde, *Hist. de la domin. de
los Arab. en España*, parte I, capit. VIII, t. I,
p. 25, note 1.
[3] *Hist. des Berb.* t. II, p. 135 et 136; in-8°,
Alger, 1854. — *Hist. de l'Afr. sous la dynast.
des Aghlab.* p. 29 et 30.
[4] خضراء الجزيرة (*El-Djezîra-el-Khad'ra*, i'île
verte); aujourd'hui *Aldjéziras, Algésiras.* (*Géographie* d'Edrîsi, clim. IV, sect. 1, t. II, p. 17.)

[a] Don Roderich Ximenès de Randa, archevêque de Tolède, guerrier, quoique prélat, est mort, dit Mariana*, le 9 août 1245, selon les uns, le 10 juin 1247, selon les autres. On est presque en droit de s'étonner
de cette incertitude, puisque l'épitaphe inscrite sur sa tombe, et reproduite par D. Nicolao Autonio, se termine par ces mots : « Anno Domini MCCXLVII obiit archiep. Toletanus quarto idus junii **. » Aussi Jean de
Ferreras a-t-il opté pour cette dernière date (10 juin 1247), et il ajoute que Roderich de Tolède fut le premier qui mit en ordre l'Histoire d'Espagne ***.
[b] Tous les récits arabes donnent le nom de Julien au comte qui commandait en *Mauritanie*.
[c] D. Roderici Ximenez Toletani *Rerum in Hispania gestarum libri IX*, lib. III, cap. VIII. (*Hispaniæ illustratæ*
t. II, p. 63; in-fol. Francofurti, 1603.)
[d] Monachi Silensis *Chronicon*, § 15 (*España sagrada*, t. XVII, p. 278; pet. in-4°, Madrid, 1763.)

* Joannis Marianæ *Historiæ de Rebus Hispaniæ* lib. XIII, cap. V, t. II, p. 92, col. 1 et 2; in-fol. Hagæ-Comitum, 1733.
** D. Nicolao Antonio, *Bibliotheca hispana vetus.* lib. VIII, cap. II, § 24; t. II, p. 50, col. 2; in-fol. Matriti, 1788.
*** D. Iuan de Ferreras, *Historia de España*, parte VI, siglo XIII, t. VI, p. 202, § 7; pet. in-4°, Madrid, 1720.

91 de l'hég.
(710 de J. C.)
Reconnaissance
faite
par T'arif.

lution que prirent les Arabes de conquérir l'Espagne, et dans l'exécution de ce vaste dessein[1]. En ramad'ân 91 (juillet 710 de J. C.), « Mousa fit partir un « de ses clients (ou affranchis) nommé *T'arif* (طريف)[2], accompagné de quatre « cents fantassins et de cent cavaliers[3]. Quatre navires les transportèrent dans

[1] Une chronique du IXᵉ siècle laisse entrevoir le rôle des fils de Witiza[a], et la chronique, peu postérieure, attribuée à Alphonse III, roi des Asturies[b], trace nettement ce rôle : « Filii « vero Vuitizani invidia ducti, eo quod Rude- « ricus regnum patris eorum acceperat, callide « cogitantes, missos ad Africam mittunt, Sar- « racenos in auxilium petunt, eosque navibus « advectos Hispaniam intromittunt[c]. » — Seulement il est fort invraisemblable que les fils de Witiza aient confié à des envoyés la responsabilité d'une démarche de cette importance : le moine de Silos et D. Roderich de Tolède disent formellement le contraire (voyez la note 1 de la page 53). Au nombre des motifs que le comte Julien donne à Mousa pour lui persuader combien est facile la conquête de l'Espagne, il fait valoir, selon Marmol[d], le concours que prêteront les fils de Witiza.

[2] Tharyf-ben-Mâlck-el-Ma'afery (D'Avezac, *Encyclopédie nouvelle*, t. I, p. 520, col. 2, au mot *ANDALOUSIE*; pet. in-fol. Paris, 1836). —

Cardonne écrit ce nom Tarif-ben-Malik-el-Mèafir (*Hist. de l'Afr. et de l'Esp. sous la domin. des Arab.* liv. I, t. I, p. 70; in-12, Paris, 1765). — Peut-être T'arif appartenait-il à la tribu des *Mr'âfra* (voy. page 108 de ce volume). Lembke, d'après les manuscrits arabes qu'il a consultés, l'appelle T'arî'-Abou-Zara (طريف أبو زرعة, Zara'a), et, d'après le même auteur, Ebn-Khaldoun lui donne le nom de T'arif-ben-Mâlek-en-Nakh'aï (طريف أبو مالك الخعى) (*Geschichte von Spanien,* part. II, liv. I, t. I, p. 258, note 1; in-8°, Hamburg, 1831).

[3] En-Nouâïri s'accorde sur ce point, avec Roderich de Tolède, qui s'exprime en des termes que leur précision m'engage à citer : « Muza autem misit, cum comite Juliano, « quendam Tarif nomine, ex cognomine Abien- « zarcha[e], cum c militibus et cccc pedilibus Afri- « canis, et hi in quatuor navibus transierunt, « anno Arabum xci in mense qui dicitur Ra- « madan[f]. » Seulement, comme l'a déjà remarqué Assemani[g], l'archevêque de Tolède se

[a] *Chronicon Albeldense* vel *Æmilianense*, num. 77. (*España sagrada*, t. XIII, p. 459; pet. in-4°, Madrid, 1756.) — L'auteur de cette chronique est incertain; elle a été écrite en 883, et continuée jusqu'en 976 par Vigila, moine du monastère d'Albaild (aujourd'hui *Alveld* proche *Logroño*) (*Ibid.* t. XIII, p. 424).

[b] Cette chronique, publiée sous le nom de Sébastien de Salamanque, est bien réellement d'Alphonse III, comme cela résulte des explications dans lesquelles entre D. Nicolao Antonio à ce sujet[*]. Alphonse III, fondateur du royaume de Léon, et surnommé *le Grand*, mourut le 19 décembre 910, selon les uns, le 20 décembre 912, selon d'autres (D. Juan de Ferreras); sa chronique s'arrête à la mort d'Ordonius (Don Ordoño) son père, survenue, selon Jean de Ferreras, le 17 mai 866 de J. C.

[c] Sebastiani Salamantici *Chronicon*, § 7. (*España sagrada*, t. XIII, p. 478; pet. in-4°, Madrid, 1756.)

[d] *Descripcion general de Affrica*, libro II, capit. x, vol. I, fol. 76 rº, col. 2, et vº, col. 1; fol. 77 vº, col. 1. pet. in-fol. Granada, 1573. — L'*Afrique* de Marmol, t. I, p. 158 et 161; in-4°, Paris, 1667.

[e] Le nom d'Abou-Zara (voyez la note 2 ci-dessus) se trouve diversement défiguré dans les vieux auteurs : c'est ainsi qu'une chronique du IXᵉ siècle le transcrit Abzuhura (le manuscrit disait peut-être Abzuhara). (*Chronicon Albeldense* num. 77; *España sagrada*, t. XIII, p. 459; pet. in-4°, Madrid, 1756.)

[f] Roderici Ximenes Toletani *Rerum in Hispania gestarum libri IX*, ib. III, cap. xix; (*Hispaniæ illustratæ* t. II, p. 63; in-fol. Francofurti, 1603.) — Voyez la note 3 de la page 56.

[g] *Italicæ historiæ Scriptores*, cap. II, § xxiv, t. III, p. 76; in-4°, Romæ, 1752.

[*] *Bibliotheca hispana vetus,* lib. VI, cap. x, num. 243-248; t. I, p. 493-495; in-fol. Matriti, 1788.

« l'île nommée, depuis, l'*île de T'arif* (aujourd'hui *Tarifa*)[1]; de là, T'arif fit
« une excursion vers *Algésiras*, et revint sain et sauf avec un riche butin[2]. »
Cette première reconnaissance n'est pas mentionnée par tous les auteurs, et
la ressemblance entre le nom du chef qui en fut chargé et celui du chef qui
commanda l'expédition suivante a contribué à engendrer cette confusion que
la différence des dates et de nombreux témoignages auraient cependant dû
faire éviter[3]. Quant à l'assistance que prêta le comte Julien, on en trouve la

trompe en faisant correspondre à ramad'ân 91
l'ère DCCL d'Espagne (712 de J. C.), au lieu de
l'ère DCCXLVIII (710 de J. C.). Le chiffre de
cent chevaux et quatre cents fantassins, qui se
rapportent évidemment à cent Arabes et quatre
cents Berbères, comme cela ressort du récit de
Rodericus Toletanus, est donné par tous les
auteurs; on le retrouve dans Marmol[a], et ce
n'est pas sans étonnement qu'après tous ces témoignages, on lit dans Joseph Conde, à propos
de la même expédition : « Paso Tarik con qui-
« nientos caballeros Arabes[b]. » Ce passage renferme autant de fautes que de mots.

[1] *Géographie* d'Aboulfeda, trad. de l'ar. par
M. Reinaud, chap. v, t. II, p. 236; in-4°, de
l'I. N. 1848. — M. Reinaud a relevé, dans une
note, la grave erreur commise par Ritter. (*Géographie générale comparée*, t. III, p. 380; in-8°,
Paris, 1836.)

[2] En-Nouâïri[c], § XIII, *Appendice à l'Hist. des
Berb.* t. I, p. 346.— Jòseph Conde (*Hist. de la
domin.* etc. t. I, p. 28) place aussi cette expédition en ramad'ân 91, date que je conserve
malgré l'observation de Lembke (*Geschichte
von Spanien*, t. I, p. 258, note 2), parce que,
sur cette date, Roderich de Tolède, En-Nouâïri
et Conde sont d'accord.

[3] *Ibid.* t. I, p. 258, note 1. M. Lembke, dans
cette note 1, relève l'erreur commise par Assemani, chez lequel on lit : « Præterea idem Ro-
« dericus, dum Tarekum a Musa in Hispaniam
« cum Juliano comite missum, Tarifum appel-
« lat, et ipse deceptus, arabicam vocem طارق
« (T'ârek), perperam pro طارف (T'âref),legit. »
(*Italicæ historiæ Scriptores*, ex manuscr. codic.
collegit Jos. Sim. Assemanus, cap. II, § XXIV,
Tarecum a Tarifo non differre, t. III, p. 76; in-4°,
Romæ, 1752.)

[a] «Mando a Taric[*], que con solos ciento de a cauallo y quatrocientos peones passase a ver lo que el conde
« dezia : con los quales se embarco el conde en quatro naos y vino a la Isla de *Algezira el Hadara*.....» (*Descripcion general de Affrica*, libro II, capit. x, vol. I, fol. 76 r°, col. 2, et v°, col. 1; pet. in-fol. Granada, 1573.
— *L'Afrique* de Marmol, t. I, p. 158 et 159; in-4°, Paris, 1667.)

[b] *Historia de la dominacion de los Arabes en España*, part. I, cap. IX, t. I, p. 27 et 28; in-4°, Madrid, 1820.

[c] Il déclare avoir emprunté son récit au *Kâmel* (le complet) d'Ebn-el-Atîr, célèbre annaliste, surnommé El-
Djezîri, parce qu'il était né à *Djezîra-ben-'Omar*[**], ville située sur le *Tigre*, au-dessus de *Mossoul*; cet auteur
a composé, entre autres ouvrages, une histoire générale qui s'arrête à l'an 628. Né le 4 djoumâd-el-aouel 555
(mercredi 11 mai 1160 de J. C.), Ebn-el-Atîr est mort à *Mossoul* en scha'bân 630 (du 10 mai au 9 juin 1233).
(Ebn-Khalkân[***], *Biographical Dictionary*, vol. II, p. 288 et 289; gr. in-4°, Paris, 1843. — D'Herbelot,
Bibliothèque orientale, p. 135, col. 1, au mot ATHIR, et p. 226, col. 1, au mot CAMEL AL TAVARIKH.)

[*] On voit que Marmol est au nombre des auteurs qui ont confondu T'arif et T'ârek. Ebn-'Abd-el-H'akem, cité par M. de Slane (*Hist.
des Berb.* t. I, p. 346, note 1), ne mentionne pas T'arif, mais il connait deux T'ârek : l'un, fils d'Amr, et l'autre, fils d'Abbad. J'ai montré
(note 3 p. 54) que Joseph Conde attribue aussi à T'ârek' l'expédition de 91 ; il me serait bien facile de multiplier ici les citations.

[**] جزيرة بن عمر, aujourd'hui *Zabdicena*. (*Géographie* d'Edrisi, clim. IV, sect. VI, t. II, p. 153 et 154; in-4°, de l'I. R. 1840.)
[***] Ebn-Khalkân appartient entièrement au XIII° siècle de notre ère. On lit, dans la notice qu'a laissée Abou-el-Mahâsin sur cet auteur,
qu'Ebn-Khalkân, né à *Arbîl* (*Arbelles*), le 11 rebî-el-akhor 608 (mercredi 21 septembre 1211), est mort à *Damas*, le 26 redjeb 681 (jeudi
29 octobre 1282). (*Biographical Dictionary*, vol. I, *Introduction*, p. IX et X; grand in-4°, Paris, 1842.)

preuve dans la marche suivie par la petite troupe de T'arîf, puisqu'elle se rendit de *Tanger* à *Ceuta*, et de là en Andalousie[1].

92 de l'hég. (711 de J. C.) Expédition de T'ârek'.

Procédant toujours avec la même prudence, Mousa fit, pour le printemps suivant, les préparatifs d'une seconde expédition, et le 5 redjeb 92[2] (lundi 27 avril 711) eut lieu le débarquement de T'ârek'-ben-Zïâd[3] (طارق بن زياد) « avec sept mille combattants, dont *la plupart* étaient Berbères et nouveaux « convertis[4]. » Les bateaux qui transportaient cette armée avaient abordé au

[1] « . . . . en cuatro barcos grandes de *Tanja* « á *Sebta*, y de esta á *Andalucia*. » (D. Iose Ant. Conde, *Hist. de la domin. de los Arab. en España*, parte I, capit. IX, t. I, p. 28; in-4°, Madrid, 1820.) — Voyez la note 3 de la page 54.

[2] Ebn-el-Khet'îb interprété par Casiri. (*Bibl. arab. hisp. Escur.* t. II, p. 182, col. 2 et p. 321, col. 1.) — Scha'ab-ed-Dîn indique seulement l'année (92 de l'hégire). (*Le livre des perles*, dans les *Notices et Extraits*, etc. t. II, p. 158; in-4°, de l'I. R. 1789.) — Jos. Conde dit : « Fue esto « el dia jueves cinco de la luna de rejeb del año « noventa y dos[a]; » c'est-à-dire le jeudi 5 redjeb 92; il y a certainement là une petite erreur qui tient sans doute à ce qu'El-Khet'îb désigne « feria 5; » mais Casiri ajoute, entre parenthèses, après la date, « scribendum autem est die 8 ra- « gebi, » et il a raison. Le mois de redjeb 92 commence le jeudi 23 avril et finit le vendredi 22 mai 711; le 5 redjeb de cette année 92 tombe donc le *lundi* 27 avril 711, et non un *jeudi*. Si le débarquement eut lieu en mai, comme l'a admis M. de Slane, ce serait, au plus tôt, le

9 redjeb 92, puisque ce jour correspond au vendredi 1er mai 711.

[3] Par suite de la confusion dont j'ai parlé, Isidorus Pacensis (*Pax Julia, Beja*), quoique contemporain de ces événements, ne mentionne qu'une expédition, et donne à son chef le nom de Taric Abuzara[b]. Quant à Rodericus Toletanus, il défigure le nom de T'ârek'-ben-Zïâd dans celui de Taric. *Æ bentiet*. (*Rer. in Hisp. gest. lib.* III, cap. XX; *Hispaniæ illustratæ* t. II, p. 64; in-fol. Francofurti, 603.) — Voyez la note 4 de la page 64 de ce volume.

[4] En-Nouâïri, § XIII, *Appendice à l'Hist. des Berb.* t. I, p. 347. — Le chiffre de 7,000 combattants, que j'emprunte à En-Nouâïri, avait été donné par Er-Râzi et par Ebn-H'aïân[c] (M. de Slane écrit Haiyân), mais on trouve de grandes variations chez d'autres auteurs : selon Ebn-Khaldoun, T'ârek' débarqua en Espagne à la tête de 10,000 Berbères et de 300 Arabes; d'après Ebn-Basehkouâl[e], il avait 12,000 hommes; et enfin Ebn-Khalkân dit 12,000 cavaliers et autant de fantassins[f]. Ebn-'Abd-el-H'akem, cité

[a] *Historia de la dominacion de los Arabes en España*, parte I, capit. IX t. I. p. 29; in-4°. Madrid, 1820.

[b] Isidori Pacensis episcopi *Chronicon*, num. 34. (*España sagrada*, t. VIII, p. 290; pet. in-4°, Madrid, 1752.)

[c] Écrivain du IIIe siècle de l'hég. (Casiri, *Historia arabico-espana Escerialensis*, t. II, p. 319, col. 2; in-fol. Matriti, 1770. — *De Rasis historia*, ibid. p. 329.)

[d] Abou-Merouân-Haïân était né à Cordoue en 377 (987-988 de J. C), et mourut le 27 rebi-el-aouel 469. Si le jour de sa mort fut réellement un dimanche, comme le dit Ebn-Khalkân, ce but être le 29 rebi-el-aouel 469, correspondant au dimanche 30 octobre 1076. (Ebn-Khalkân, *Biographical Dictionary*, t. I, p. 479 et 480; gr. in-4°, Paris, 1842.)

[e] Ebn-Baskhuwal (suivant la transcription de M. de Slane) mourut à Cordoue, le 8 ramad'ân 578 (mardi 4 janvier 1183). (Id. *ibid*. t. I, p. 491 et 492.)

[f] M. Lembke, à qui j'emprunte ces diverses données fournies par les auteurs arabes, a opté pour le chiffre de douze mille hommes. (*Geschichte von Spanien*, t. I, p. 258, et la note 3 de la même page; in-8°, Hamburg, 1831.)

pied d'une montagne [1] qui prit bientôt le nom de *Djebel-T'árek'*, d'où l'on a fait ensuite *Gibraltar*. Je n'ai pas à raconter ici les détails de la nouvelle conquête des Arabes, ni les combats qui précédèrent la grande bataille de

par M. de Slane (*Hist. des Berb.* t. I, p. 345, note 1) va même jusqu'à dire que T'árek' n'avait, à *Tanger*, que 1,700 hommes. Le même nombre se retrouve dans un fragment de Ben-Hazîl donné par Casiri (t. II, p. 326, col. 1), car c'est évidemment par suite d'une faute d'impression qu'on lit dans la traduction, « cum mille et « septuaginta armatis appulit, » au lieu de *septingenta*. Le texte (p. 327, l. 3) dit : ألف وسبعمائة « mille et sept cents ». Parmi les chroniqueurs espagnols, je ne vois guère que le moine de Silos qui fournisse un renseignement sur ce détail; il s'accorde, quant au nombre, avec Ebn-Khalk'ân, mais il dit 25,000 fantassins : « cum « xxv millibus pugnatorum peditum ad Hispa-« nias præmisit... [a] », ce qui est certainement

une erreur. Rodericus Toletanus donne le même chiffre qu'Ebn-Baschkouâl, 12,000 hommes [b].

[1] C'était le fameux mont *Calpe*, l'une des colonnes d'Hercule, dont il est fait mention dans Strabon [c], Pomponius Mela [d], Pline [e], Ptolémée [f], Festus Avienus [g], Marcien d'Héraclée qui fixe à 50 stades la distance du mont *Calpe* à *Carteïa* [h], ville dont l'Itinéraire d'Antonin joint le nom à celui de *Calpe* [i]. Ebn-el-Khet'îb (xive siècle) donne à cette montagne le nom de *Djebel-el-Fetah'* (جبل الفتح, le mont de la victoire [k]), et 'Ali-ben-'Abd-er-Rah'man, vulgairement connu sous le nom de Ben-Hazîl, la désigne aussi sous ce nom [l], qui a certainement la même origine, et sans doute la même date que celui de *Djebel-T'árek'*.

[a] Monachi Silensis *Chronicon*, num. 16. (*España sagrada*, t. XVII, p. 278; pet. in-4°, Madrid, 1763.)

[b] Roderici Ximenez Toletani *Rerum in Hispania gestarum libri IX*, lib. III, cap. xx. (*Hispaniæ illustratæ* t. II, p. 64; in-fol. Francofurti, 1603.)

[c] *Géographie* de Strabon, liv. III, chap. I, § 11, et chap. v, § IV, t. I, p. 392, 499 et 500; in-4°, de l'I. I. 1805. — On sait que les trois premiers livres ont été traduits par MM. De la Porte Dutheil et Coray.

[d] « Deinde est mons præaltus, ei, quem ex adverso Hispania attollit, objectus : hunc *Abylam*, illum *Calpem* « vocant, *columnas Herculis* utrumque. » (Pomponii Melæ *De situ Orbis* lib. I, cap. v, p. 36, l. 15; in-8°, Lugd. Batav. 1782.) — Voyez aussi lib. II, cap. vi, p. 212, l. 70. C'est quelques lignes plus bas (p. 214) que ce grand géographe indique le lieu de sa naissance, « atque unde nos sumus, *Tingentera*, » passage qui a donné lieu, entre les érudits, à de si nombreuses discussions, que je me contente d'en conclure que Pomponius Mela était né dans une ville très-voisine du mont *Calpe*.

[e] « *Abila* Africæ, Europæ *Calpe*, laborum Herculis metæ. Quam ob causam indigenæ *columnas ejus Dei* « vocant..... » (C. Plinii *Historiæ naturalis* lib. III, § 1, t. I, p. 135, l. 23; in-fol. Parisiis, 1723.)

[f] « Κάλπη ὄρος καὶ σΊήλη... » (Cl. Ptolemæi Alexandrini *Geographiæ libri octo*, lib. II, cap. iv, p. 35; in-fol. Amsterodammi, 1605.)

[g] « ...., sic cœlum vertice fulcit « Maura *Abyla*, et dorso consurgit Iberica *Calpe*. »
(Rufi Festi Avieni *Descriptio Orbis terræ*, versus 110 et 111; *Geographi græci minores ex recens. et cum annot.* God. Bernhardy, t. I, p. 431; in-8°, Lipsiæ, 1828.)

[h] « Ἀπὸ Κάλπης τοῦ ὄρους καὶ σΊήλης... εἰς Καρτηίαν σΊάδιοι ν'. » (Marciani Heracleensis *Periplus maris exteri*, lib. II, § 9; *Geographi græci minores*, t. 1, p. 544, l. 34; gr. in-8°, Paris, Firmin Didot, 1855.)

[i] « *Calpe Carteïam*. » (*Antonini Augusti Itinerarium*, § cxiv, p. 123 du Recueil des itinéraires anciens, publié par M. de Fortia d'Urban; in 4°, de l'I. R. 1845.)

[k] Casiri, *Bibliotheca arabico-hispana Escurialensis*, t. II, p. 237, col. 1, et, pour le texte arabe, p. 238, l. 2; in-fol. Matriti, 1770.

[l] Id. *ibid.* t. II, p. 326, col. 1, et, pour le texte arabe, p. 327, l. 3.

Bataille de Guadalète.

Guadalète (*Ouâd-el-Leka* ou *Ouâd-el-Leta*) près de *Xerez* [1] dans le district de *Sidonia*, bataille terrible et décisive qui dura huit jours, du 28 ramad'ân [2] au 5 schaouâl 92 (du samedi 18 au samedi 25 juillet 711 [3]) et qui mit fin à

[1] « Haud procul ab urbe *Xerez*, » dit le traducteur d'Ebn-el-Khet'îb. (Casiri, t. II, p. 183, col. 1.) — *Xerez de la Frontera*, un peu au N. E. de *Porto de Santa-Maria*. C'est l'ancienne *Asta Regia* mentionnée par Pomponius Mela [a].

[2] En-Nouâîri, § XIII, *Append. à l'Hist. des Berb.* t. I, p. 348. — Casiri (t. II, p. 183, 251 et 327, col. 1) parle brièvement de la bataille de *Guadalète* d'après Ebn-el-Khet'îb (*Chronologie des Ommiades, Histoire de Grenade*) et d'après Ben-Hazil (fragment de l'*Hist. d'Espagne*), et ne donne aucun détail sur sa durée; mais quelques chroniqueurs espagnols, particulièrement le moine de Silos [b] et Roderich de Tolède, s'accordent avec En-Nouâîri et avec Raîni-el-K'aïrouâni [c], pour affirmer qu'on se battit avec acharnement pendant huit jours : « et per « octo dies continuos a Dominica in Dominicam « dimicarunt, » dit l'évêque de Tolède [d]. Suivant Marmol, la mêlée commença un dimanche, second jour de la lune de septembre, et ne finit que le neuvième jour de ladite lune [e]. Je lis dans Lembke : « Ainsi, la bataille avait duré

« neuf jours, et le sort de la Péninsule était dé-« cidé [f]. » Ce n'est pas ici le lieu de discuter les nombreuses dates données à cet événement; je ferai observer seulement qu'un contemporain, Isidore de Beja [g], confirmé par deux très-anciens documents, la Chronique de Moissac [h] et la continuation de la Chronique de Jean de Biclar [i], place, comme En-Nouâîri, en 711 (749 de l'ère d'Espagne), la chute de l'empire des Goths. C'est parce que j'ai adopté le 15 juillet 622 pour point de départ de l'ère mahométane, que j'ai trouvé du samedi 18 au samedi 25 juillet 711, au lieu du dimanche 19 au dimanche 26 juillet, comme les auteurs qui placent l'hégire au 16 juillet 622.

[3] Voyez la note 2 ci-dessus. — Je ne sais pourquoi l'exact Masdeu dit, dans la continuation qu'il a donnée de la courte Chronique de Vulsa, que Roderich, qui périt dans la mêlée, régna 2 ans et 2 mois et demi [k]. Si Roderich fut tué le troisième jour de cette bataille, comme quelques-uns l'assurent, c'est-à-dire le 20 juillet 711, il avait régné 2 ans 5 mois et 7 jours.

[a] Pomponii Melæ *De situ Orbis* lib. III, cap. 1, p. 244; edit. tert. Abrah. Gronovii; in-8°, Lugd. Bat. 1782.

[b] « ..... Adeo quod per septem continuos dies infatigabiliter dimicans...... » (*Monachi Silensis Chronicon*, num. 16. *España sagrada*, t. XVII, p. 279; pet. in-4°, Madrid, 1763.)

[c] « Les deux armées se battirent avec acharnement pendant huit jours consécutifs. » (Raîni-el-K'aïrouâni, *Hist. de l'Afr.* liv. III, p. 58.)

[d] Roderici Toletani *Rerum in Hispania gestarum* lib. III, cap. xx. (*Hispaniæ illustratæ* t. II, p. 64, l. 35; in-fol. Francofurti, 1603.) — Le savant Pagi s'appuie sur ce témoignage. (*Annales ecclesiastici* Baronii, t. XII, p. 229, col. 1, § XI notarum; in-fol. Lucæ, 1742.)

[e] « Se comença la palea sobre el passar del rio Domingo a dos dias de la luna de septiembre..... y al « octava dia de la batalla, que fue a nueve de la luna de septiembre. » (*Descripcion general de Affrica*, libro II, capit. x, vol. I, fol. 76 v°, col. 1; pet. in-fol. Granada, 1573.) — L'*Afrique* de Marmol, t. I, p. 160 et 161; in-4°, Paris, 1667.

[f] Et il fixe pour date le 26 juillet 711. (*Geschichte von Spanien*, t. I, p. 264; in-8°, Hamburg, 1831.)

[g] Isidori Pacensis *Chronicon*, num. 34. (*España sagrada*, t. VIII, p. 290; pet. in-4°, Madrid, 1752.)

[h] *Chronica Moissiacensis*. (Dom Bouquet, *Recueil des historiens des Gaules*, t. II, p. 654; in-fol. Paris, 1739.)

[i] *Continuacion del chronicon del Biclarense*, § 43. (*España sagrada*, t. VI, p. 430; pet. in-4°, Madrid, 1751.)

[k] « Regnavit ann. II, mens. II et semis. Fugatus est a Saracenis. era DCCXLIX (71 de J. C.). » (*Historia critica de España*, libro II, chronologia; illustracion x, § v, t. X, p. 326; pet. in-4°, Madrid, 1791.)

l'empire des Goths, en même temps qu'elle fixa pour huit siècles les destinées de l'Espagne. Je n'ai pas à dire non plus comment l'émir d'Afrique,
oubliant à la fois les devoirs de sa haute position, la sagesse de son âge [1] et
le respect de sa propre gloire, ne sut pas résister au sentiment de jalousie
que lui inspirèrent les succès de son lieutenant; ni comment, sous l'empire
de cette honteuse idée fixe, il passa le détroit en ramad'ân 93 [2] (juin-juillet
712 de J. C.), et se mit aussitôt en devoir de continuer les exploits de T'ârek'
dans l'unique pensée de les effacer. Une antique colonie romaine, la ville
de *Mérida* [3], lui opposa une vive résistance; elle se rendit enfin le dernier

93 de l'hég.
(712 de J. C.)
Entrée
de Mousa
en Espagne.

[1] Selon H'adji-Khalfa [a], Mousa mourut en 97 de l'hégire, et, selon El-Msa'oud [b], cette année de la mort de Mousa correspondait à la soixante et treizième de son âge; il avait donc, en 93, soixante-neuf ans [c]. On s'accorde à le faire mourir dans le pèlerinage qu'il fit à *la Mekke* avec le nouveau khalife Selîmân. Les uns disent qu'il mourut à *Ouâdd-el-K'ora* [d], les autres à *El-Merbed*, sur la route de *Médine*, d'autres à *Médine* même [e].

[2] En-Nouâiri, § xiii, *Appendice à l'Hist. des Berb.* t. I, p. 350. — Er-Râzi, dans un fragment qui lui est attribué, place au 8 redjeb 92 (jeudi 30 avril 711) l'entrée de Mousa en Es-

pagne [f], ce qui est certainement inexact, puisque tous les auteurs s'accordent sur ce point, que la résolution de Mousa fut inspirée par la jalousie, non-seulement de la victoire de *Guadalèts*, mais aussi des succès qui la suivirent. Joseph Conde a dit en redjeb 93 [g] (avril-mai 712), et, en retouchant ainsi l'année, il approche beaucoup de la vérité.

[3] C'est *Emerita Augusta*, que Pomponius Mela signale comme une des villes les plus illustres (clarissimæ) de la *Lusitanie* [h], que Pline, en même temps qu'il la nomme *colonie*, pose très-bien sur le fleuve Anas, « Augusta Emerita « Anæ fluvio apposita [i], » tandis que Ptolémée

[a] Cité par les auteurs de l'Art de vérifier les dates, *continuation*, t. I, p. 222, col. 1, note 1; in-fol. Paris, 1821. — H'adji-Khalfa, mort en 1068 (1658 de J. C.), a laissé un Dictionnaire, des Tables chronologiques, etc.

[b] Cité par Raïni-el-K'aïrouâni, *Hist. de l'Afr.* liv. III, p. 62. — Roderich de Tolède place aussi en 97 la mort de Mousa. (Roderici Ximenez Toletani *Historia Arabum*, cap. x, p. 9; in-8°. Lugd. Batav. 1625.)

[c] Suivant M. Lembke (*Geschichte von Spanien*, t. I, p. 268), Mousa avait alors soixante et quatorze ans; il serait donc mort à soixante et dix-huit ans, ce qui contredit l'assertion d'El-Msa'oud.

[d] Raïni-el-K'aïrouâni, *Hist. de l'Afr.* liv. III, p. 62; in-8°, de l'I. R. 1845.

[e] Ebn-'Abd-el-H'akom, cité par M. de Slane, *Hist. des Berb.* t. I, p. 354, note 1; in-8°, Alger, 1852.

[f] Michaelis Casiri *Bibliotheca arabico-hispana Escurialensis*, t. II, p. 321, col. 1; in-fol. Matriti, 1770.

[g] *Historia de la dominacion de los Arabes en España*, parte I, capit. xi, t. I, p. 35; in-4°, Madrid, 1820.

[h] Pomponii Melæ *De situ Orbis* lib. II, cap. vi, p. 207, edit. tert. Abrah. Gronovii; in-8°, Lugduni Batav. 1782. — *Emerita* était célèbre, du temps de Pline, pour la cochenille et pour la qualité des olives que produisaient ses environs. (C. Plinii *Historia naturalis*, lib. IX, cap. xli, § lxv, et lib. XV, cap. iii, § iv, t. I, p. 528, l. 3, et p. 735, l. 6; in-fol. Parisiis, 1723.)

[i] Id. *ibid.* lib. IV, cap. xxii, § xxxv, t. I, p. 229, l. 6. — Le fleuve Anas, mentionné par Strabon [*], séparait la *Lusitanie* de la *Bœtique* : « Siquidem *Bœtica* latere septentrionali prætenditur *Lusitania*, amne Ana dis- « creta [**]. » Les Arabes l'ont, tout naturellement, appelé *Ouâd-Anas* ou *Ouâdi-Anas*, d'où les Espagnols ont fait *Guadiana*.

[*] *Géographie* de Strabon, liv. III, chap. 1; § ii, t. I, p. 389 et 390; in-4°, de l'I. I. 1805.
[**] C. Plinii *Historiæ naturalis* lib. III, cap. 1, § ii, t. I, p. 135, l. 3 et 4; in-fol. Parisiis, 1723.

8.

jour de ramad'ân 94 [1] (le mercredi 28 juin 713). Cette date est parfaitement confirmée par l'archevêque Roderich de Tolède [2], et je m'explique d'autant moins l'extrême réserve dans laquelle s'est tenu Mariana [3], que Jean de Ferreras, *d'après les sources espagnoles*, place aussi, comme En-Nouâïri, la prise de *Mérida* en juin 713 ; il dit seulement : « au commencement de juin [4]. » Joseph Conde, qui avait incomplétement retouché la date donnée par Er-Râzi pour l'entrée de Mousa en Espagne [5], a pleinement adopté l'erreur que commet cet auteur sur la prise de *Mérida*, qu'il fixe au 1ᵉʳ schaouâl 93 [6] (di-

la place, à tort, entre le *Tage* et l'*Anas* [c]. Dion Cassius nous donne la date de sa fondation : ce fut peu après qu'Auguste eut enfin vaincu les *Cantabres* [b], c'est-à-dire en 729 de R. (25 avant J. C.). Un grand nombre de médailles relatent *Emerita* [c], dont l'importance est prouvée encore par les neuf itinéraires dont cette ville est, dans Antonin, le point de départ ou d'arrivée [d]. *Mérida* appartient aujourd'hui à l'*Estramadure espagnole*.

[1] En-Nouâïri, § XIII, *Appendice à l'Hist. des Berb.* t. I, p. 351.

[2] « Cepit itaque villam (*Emeritam*) anno Ara-« bum 94 ultima die mensis Ramadan. » (D. Roderici Ximenez Toletani *Rerum in Hispania gestarum* lib. III, cap. XXIV, t. II, p. 68, l. 40-50 *Hispaniæ illustratæ* ; in-fol. Francofurti, 1603.)

[3] Joan. Marianæ soc. Jesu *Historiæ de rebus Hispaniæ* lib. VI, cap. XXV, t. I, p. 250, col. 1; in-fol. Hagæ-Comitum, 1733. — Là, cet auteur dit : « De tempore quo *Emerita* barbaris cessit, « *non satis constat.* Rodericus præsul intra eun-«dem mensem ait, quo Muza venit in Hispa-«niam : *eodem an sequenti anno non explicat.* » Mousa ayant éprouvé une *longue* résistance

devant *Mérida*, il est tout d'abord de la dernière évidence qu'il n'a pas pris cette ville dans le mois de son entrée en Espagne, mais bien dans le mois, redjeb ou ramad'ân, de l'année qui a suivi celle de cette entrée ; et l'étonnement augmente quand, en se reportant au texte de l'auteur cité par Mariana, on trouve qu'il ne laisse place à aucune incertitude, puisqu'on y lit les termes mêmes que j'ai extraits textuellement dans la note 2 ci-dessus. Ces termes sont tels, qu'on dirait qu'En-Nouâïri les lui a empruntés. J'ai déjà signalé (note 3 de la p. 54) un pareil accord entre Roderich de Tolède et En-Nouâïri, qui écrivait un siècle après.

[4] « À primeros de junio. » (D. Juan de Ferreras, *Historia de España*, parte IV, siglo VIII, t. IV, p. 20 § 3; petit in-4°, Madrid, 1716.)

[5] Voyez la note 2 de la page précédente.

[6] « Ingressus est die 1 scheuali anno 93. » (Michaelis Casiri *Bibliotheca arabico-hispana Escurialensis*, t. II, p. 322, col. 1.) — « Entón-« ces abrieron las puertas de la ciudad, y entró « Muza en ella dia de Alfitra en principio de « Xawal del año noventa y tres. » (*Hist. de la domin. de los Arab. en España*, parte I, capit. XIII, t. I, p. 44.) — *Alfitra* est la transcription dé-

[a] Cf. Ptolemæi Alexandrini *Geographiæ libri octo*, lib. II, cap. v, p. 38, et *Europæ Tabula II*; in-fol. Amsterodammi, 1605. — Mercator, sur cette Carte II, place *Emerita* beaucoup plus près de l'*Anas* que du *Tage*.

[b] « Finito hoc bello, Augustus *emeritos* milites dimisit, urbemque eis in *Lusitania*, *Augustam Emeritam* « nomine, condendam dedit. » (Dionis Cassii *Historiæ romanæ* lib. LIII, cap. XXVI, vol. I, p. 720, l. 53-55; in-fol. Hamburgi, 1750.) — Les soldats qui avaient fait leur temps (*emeriti*) étaient aussi appelés *defuncti*.

[c] Christoph. Cellarii *Notitia orbis antiqui* lib. II, cap. 1, sect. 1, § XII, t. I, p. 60; in-4°, Lipsiæ, 1731.

[d] *Antonini Augusti Itinerarium*, § CXIV, II, 1, J, L, M; § CXVI, B, C, D, H, p. 124, 125, 126, 130, 131, 133, du Recueil des itinéraires anciens, publié par M. le marquis de Fortia d'Urban; in-4°, de l'I. R. 1845.

manche 10 juillet 712 de J. C.). Peut-être le traité de *Orihuela* (اوريبولة[1]), qui
porte une date certaine, celle du 4 redjeb 94[2] (mardi 4 avril 713), pour-
rait-il faire penser qu'En-Nouâïri a trop retardé la prise de *Mérida*, puisque
Joseph Conde et quelques historiens qui l'ont suivi placent, *après* la prise de
Mérida, ce traité que fit avec Theudemir[3] le jeune 'Abd-el-'Azîz, qui com-
battait sur un autre point que son père[4]; mais ici l'autorité de dates si bien
établies me paraît décisive; je n'hésite pas à admettre que le traité d'*Orihuela*
a précédé de quatre-vingt-cinq jours la prise de *Mérida*, et que Joseph Conde
a commis, sur ce point, une erreur qu'on ne peut faire remonter à Er-Râzi,
car celui-ci, par une erreur en sens inverse, place, *avant* l'entrée de Mousa en

figurée des mots *Aïd-el-Fet'r* (عيد الفطر), qui
veulent dire la *fête de la fin du jeûne*. Dans le
Levant et en Algérie, on appelle aussi cette
fête *'Aïd-es-S'r'îr* (عيد الصغير), c'est-à-dire *la
petite fête* (le Beïrâm), par opposition à *la grande
fête*, ou la *fête du sacrifice*. (Voyez la note 1 de
la page 85 de ce volume. — Voyez aussi d'Herbelot, *Bibliothèque orientale*, p. 72, col. 2, au
mot *Aïd*; in-fol. Maestricht, 1776.)

[1] Que Casiri transcrit *Orcelis* (*Historia arabico-hispana Escurialensis*, t. II, p. 320, col. 1.)
Il eût été plus littéral de dire *Aourîoula*; il a préféré donner à cette ville le nom que lui don-
naient les géographes anciens.

[2] Le texte arabe de ce traité a été donné
par Casiri, au bas de la page 106 de son
tome II; il l'a emprunté, comme il le dit
(p. 105, col. 2) au manuscrit de Ah'med-ben-
Amîr, qui a écrit les *Vies des hommes illustres
d'Espagne*. Indépendamment de la traduction
latine de Casiri, on en trouve une traduction
espagnole complète dans Joseph Conde (*Hist.
de la domin. etc.* t. I, p. 50 et 51), et une traduction française, faite avec soin sur le texte
arabe, dans l'Histoire d'Espagne de M. Ch. Romey (t. III, p. 64 et 65; in-8°, Paris, 1839).

[3] Après la bataille de *Guadalète*, où Roderich avait perdu la vie, les Goths avaient choisi
pour chef Theudemir, qui s'était retiré, avec
les débris de l'armée vaincue, dans la partie

de l'Espagne que baigne la Méditerranée. Sept
villes de ce territoire reconnaissaient son autorité, et ce fut dans celle d'*Orihuela* que, poursuivi et bloqué par 'Abd-el-'Azîz, un des fils de
Mousa[a], il eut recours à un stratagème qui
lui réussit et lui fit obtenir, un an et neuf mois
après la bataille de *Guadalète*, environ trois
mois avant la prise de *Mérida*, le traité de
paix dont je parle ici. Joseph Conde donne à
Theudemir le nom de « *Rey de tierra de Tadmir*
« (تدمير), » qu'il emprunte aux Arabes. Du
reste, à en juger par les sept ¦villes nommées
dans le traité, ce territoire avait une certaine
importance comme étendue, puisqu'il comprenait une partie de la *Nouvelle-Grenade* et les
royaumes de *Valence* et de *Murcie*.

[a] Sans doute encouragés par la résistance de
Mérida, les habitants de *Séville* s'étaient révoltés, et Mousa avait envoyé contre eux son fils
'Abd-el-'Azîz, qui, après avoir châtié sévère-
ment les coupables, reçut de son père l'ordre
de continuer la conquête de la partie méridio-
nale de l'Espagne. «Cuando Muza ben Noseir
« estaba ocupado en el cerco y conquista de
« *Merida*, la gente menuda del pueblo de Se-
« villa, con inconsiderada temeridad, acome-
« tieron a los Muslimos, etc. » (Don Iose Antonio Conde, *Hist. de la domin. de los Arabes
en España*, parte I, cap. XIV, t. I, p. 45 et 46;
in-4°, Madrid, 1820.)

[a] Voyez la note 4 ci-dessus.

Espagne, le récit du siége qui amena le traité de *Orihuela*. Résumant donc
cette aride discussion, il me paraît bien établi, malgré l'obscurité qui a été
faite sur les dates des incidents divers de l'expédition de Mousa en Espagne,
qu'on doit se fixer aux suivantes :

Ramad'ân 93 (juin-juillet 712), entrée de Mousa en Espagne.

4 redjeb 94 (mardi 4 avril 713), traité de *Orihuela*.

30 ramad'ân 94 (mercredi 28 juin 713), prise de *Mérida*.

Suivant Raïni-el-K'aïrouâni, la campagne de Mousa-ben-Nos'eïr en Espagne

dura vingt mois[1], c'est-à-dire jusqu'à djoumâd-el-aouel 95 (janvier-février
714). Les douze ou treize mois qui s'écoulèrent jusqu'à la mort de Oualîd
sont remplis par le rappel de Mousa en Syrie, rappel dont il fallut réitérer
l'ordre, parce que l'émîr, qui pressentait qu'en présence du maître, T'ârek'
allait devenir son accusateur, refusait d'obéir[2], et par le retour d'Afrique en
Syrie, avec le long cortége des prisonniers et des bêtes de somme chargées
de toutes les richesses conquises en Espagne; on peut donc facilement admettre que Mousa n'arriva à *Damas* qu'à la fin de 95[3]. « Il trouva Oualîd,
« dit Raïni-el-K'aïrouâni, déjà atteint de la maladie dont il mourut. Selîmân,
« frère du khalife et qui devait être son successeur, invita Mousa à s'abste-
« nir de se présenter au malade, voulant avoir lui-même les richesses qu'il
« lui apportait; mais Mousa ne l'écouta pas et fit sa visite. Cette démarche
« imprudente fut la cause de sa perte[4]. » C'est ici que doit se placer l'histoire de la fameuse table de Salomon[5], et le mode employé par le rusé

---

[1] Raïni-el-K'aïrouâni, *Hist. de l'Afr.* liv. III,
p. 59 ; in-8°, de l'I. R. 1845.

[2] « Quand un second messager arriva de la
« part d'El-Oualîd, pour lui enjoindre de presser
« son retour, cet envoyé saisit la mule de Mousa
« par la bride, et emmena ainsi le chef musul-
« man. » (En-Nouâïri, § XIII, *Appendice à l'Hist.
des Berb.* t. I, p. 352.)

[3] Raïni-el-K'aïrouâni, qui fait arriver Mousa
en Afrique en 88°, dit que certains auteurs placent cette arrivée en 78, et que El-Mas'oud donne
une durée de seize ans au commandement de
Mousa[b]; il résulterait de ces éléments qu'il fut
rappelé dès 94 ; cela est inconciliable avec les

faits. Arrivé en 86, comme nous l'avons vu, et
rappelé en 95, son gouvernement en Afrique eut
une durée de neuf années. — Voyez la note 4
de la page 68 de ce volume.

[4] Raïni-el-K'aïrouâni, *Histoire de l'Afrique*,
liv. III, p. 60 ; in-8°, de l'I. R. 1845. — Quelques lignes plus haut, cet auteur dit : « Mousa
« arriva en Égypte en 95 ; de là, il se dirigea sur
« *Damas*. » — (Voyez Ebn-el-Khet'îb in Michaelis
Casiri *Bibliotheca arabico-hispana Escurialense*,
t. II, p. 323, col. 2 ; in-fol. Matriti, 1770.)

[5] Suivant Elmacin, ce fut en 93 de l'hégire
(du 18 octobre 711 au 5 octobre 712) que tous
ces événements s'accomplirent, et que la table

---

[a] *Histoire de l'Afrique*, liv. III, p. 56 ; in-8°, de l'I. R. 1845.

[b] Id. *ibid.* p. 57 et 62.

T'ârek' pour confondre Mousa-ben-Nos'eïr. Quoi qu'il en soit de l'authencité
de ces détails, Oualîd-ben-'Abd-el-Malek succomba bientôt, le 15 djoumâd-
el-akher 96 [1], et son frère Selîmân lui succéda.

96 de l'hég.
(715 de J. C.)

En-Nouâïri nous a dit tout à l'heure (page 56) que la plus grande partie
de l'armée conduite par T'ârek' à la conquête de l'Espagne était composée
de Berbères; cette assertion est, jusqu'à un certain point, confirmée par Ebn-
Khaldoun, dans lequel je lis : « Ces chefs (Mousa et T'ârek') emmenèrent
« avec eux (en Espagne) un grand nombre de guerriers et de cheikhs ber-
« bères, afin d'y combattre les infidèles [2]; » et le géographe Edrîsi signale
aussi T'ârek' comme ayant été accompagné par des tribus berbères quand il
alla s'emparer d'*Algésiras* [3]. C'est évidemment un trait d'habileté de la politique arabe, et une imitation instinctive de la politique romaine, d'avoir su
faire tourner au profit de la propagande islamique l'ardeur qui dévorait les
populations vaincues; c'est en même temps un trait d'audacieuse confiance,
d'avoir osé traverser la mer et pénétrer en terre chrétienne, presque sans
autre appui que celui de ces Berbères, dont la mobilité éhontée avait été si
souvent éprouvée, puisque tous, depuis *Tripoli* jusqu'à *Tanger*, avaient apos-
tasié douze fois, selon l'expression plaintive qu'Ebn-Khaldoun emprunte à
Abou-Moh'ammed-ben-Abou-Iezîd[4]. Mais ce qui peut, au premier aperçu,

---

fut présentée à Oualîd : « Anno nonagesimo ter-
« tio expugnavit Taricus *Hispaniam* et *Toletum* :
« attulitque ad Walidem filium Abdulmelici
« mensam Salomonis filii Davidis, ex auro fac-
« tam atque argento, et tres habentem limbos
« ex margaritis. » (Elmacini *Historia saracenica*,
lib. I, cap. xiii, p. 72; petit in-fol. Lugduni Batavorum, 1625.) — Évidemment l'abréviateur
du T'abari réunit ici, sous une même année,
les événements qui se rapportent à plusieurs
années.

   [1] Oualîd-ben-'Abd-el-Malek avait régné neuf
ans et huit mois (236 jours), du 16 schaoual 86
(vendredi 9 octobre 705) au 15 djoumâd-el-
akher 96 (samedi 24 février 715) : « Tempus
« imperii ejus cum æra sua anni 9 sunt, et dies

« 236, quorum primus fuit veneris et ultimus
« sabbathi, elapsis annis hegiræ nonaginta quin-
« que, et diebus 163. » (Elmacini *Hist. sarac.*
lib. I, cap. xiii, p. 73; pet. in-fol. Lugd. Batav.
1625. — Abul-Pharajii *Hist. compend. dyn.*
p. 129; in-4°, Oxoniæ, 1663.) — Aboul-Feda dit
que Oualîd régna neuf ans et sept mois. (*Annales
muslemici*, t. I, p. 433.)

   [2] Ebn-Khaldoun, *Histoire des Berbères*, t. I,
p. 215; in-8°, Alger, 1852.

   [3] *Géographie* d'Edrîsi, traduite de l'arabe par
P. Am. Jaubert, iv° clim. 1re sect. t. II, p. 17:
in-4°, de l'I. R. 1840.

   [4] *Hist. des Berbères*, t. I, p. 215 et p. 198.
— « Quand un imâm[a] entre en Afrîk'îa, disait
« Sidi-'Ok'ba, les habitants de ce pays se mettent

---

[a] C'est-à-dire un personnage revêtu de l'autorité spirituelle et temporelle; et tels étaient les généraux de
cette époque, quand ils agissaient comme représentants du khalife. (Note empruntée à M. de Slane, même
page 327.)

sembler dépasser toute croyance, c'est que non-seulement les Arabes étaient en très-petit nombre dans ces armées envoyées à la conquête de l'Espagne[1], mais c'est que les chefs mêmes qui les commandaient, T·arîf pour la première expédition, T'ârek' pour la seconde, appartenaient à la race berbère.

Lembke, d'après les manuscrits arabes qu'il a consultés, dit de la manière la plus positive que T'arîf était berbère[2], et on s'explique aisément, d'ailleurs, que la simple reconnaissance dont il fut chargé, et à laquelle le khalife n'avait pas consenti sans crainte, ait pu être confiée à un indigène qui avait peut-être eu déjà l'occasion de faire le commerce[3] ou d'exercer la piraterie sur la côte d'Espagne. Le choix d'un chef pour la seconde expédition avait une gravité bien plus grande, et T'ârek', à qui le commandement en fut remis, est très-diversement dénommé par les divers auteurs[4]. Roderich de Tolède, à propos du nom donné au mont *Calpe*, se sert des termes suivants, qui sont déjà dignes de remarque : « Et convenerunt ad montem qui *ab illo Mauro* Gebel « Taric adhuc hodie nuncupatur[5]; » mais Joseph Conde, d'après les historiens

---

« à l'abri du danger en faisant la profession de «l'islamisme; mais aussitôt que l'imâm se re-« tire, ces gens-là retombent dans l'infidélité. » (En-Nouâïri, § III, *Appendice à l'Hist. des Berb.* t. I, p. 327; in-8°, Alger, 1852.)

[1] Aussi, pour désigner les conquérants de l'Espagne, le nom de *Maures d'Espagne* a-t-il prévalu; et, à mesure qu'on pénètre plus avant dans l'étude de cette conquête, on reconnaît davantage que la dénomination de *Maures* ne tient pas à ce que les Arabes venaient de Mauritanie quand ils traversèrent le détroit, mais à ce que les Goths se trouvèrent réellement en face des *Maures*. L'islamisme fut l'âme de la conquête, les Berbères en furent le bras, et les Arabes en recueillirent les fruits.

[2] « Dieses übertrug er einem seiner Freige-« lassenen, dem Berber Tarif Abu Zara. » (*Ge-schichte von Spanien*, part. II, liv. I, t. I, p. 258; in-8°, Hamburg, 1831.)

[3] On sait que, dès le temps de Strabon, il s'embarquait à *Belon* (*Balonia*) des salaisons et d'autres denrées pour *Tingis* (*Tanger*). (*Géographie* de Strabon, liv. III, chap. I, § II, t. I, p. 393; in-4°, de l'I. I. 805.)

[4] Selon un auteur cité dans l'*El-Baïân-el-« Maghreb*, dit M. de Slane[a], T'ârek' était berbère « et appartenait à la tribu d'*Oulhâsa*[b]: » Edrîsi donne à ce guerrier le nom de T'ârek'-ben-'Abd-Allah-*ez-Zenâti*[c]; nous avons vu qu'Ebn-Khaldoun l'appelle T'ârek'-ben-Ziâd-*el-Laïthi*[d]; Roderich de Tolède le nomme Tharik Abenzarca[e]. — (Voyez la note 3 de la page 56.)

[5] Roderici Toletani *Rerum in Hispania gestarum libri IX*, lib. III, cap. XX. (*Hispaniæ illustratæ* t. I, p. 64; in-fol. Francofurti, 1603.)

---

[a] *Histoire des Berbères*, t. I, p. 215, note 1; in-8°, Alger, 1852.

[b] Branche des *Nifzâoua*. (Voyez la note 1 de la page 13 de ce volume.)

[c] *Géographie* d'Edrisi, t. II, p. 17; in-4°, de l'I. R. 1840. — Cardonne l'appelle T'ârek'-ben-Ziad-ben-'Abd-Allah. (*Hist. de l'Afr. et de l'Esp. sous la domin. des Arab.* liv. I, t. I, p. 70; in-12, Paris, 1765.)

[d] Voyez la note 7 de la page 47 de ce volume.

[e] Roderici Toletani *Historia Arabum*, cap. IX, p. 9, imprimé à la suite d'Elmacini *Historia saracenica*; in-fol. Lugduni Batavorum, 1625.

arabes qu'il a suivis, l'appelle T'ârek'-ben-Ziâd-en-Nefesi [1], dénomination qui
mérite d'autant plus d'être notée que les *Nefousa* formaient une des tribus
berbères de l'Afrîk'ia qui professaient le judaïsme [2]. Peut-être est-ce là le
secret du choix habile que fit Mousa en envoyant de l'autre côté du détroit
un chef tel que T'ârek', dont l'origine était, à elle seule, un auxiliaire capable de rallier à la cause qu'il servait les nombreux Juifs qui, en Espagne,
supportaient avec horreur le joug des Goths. On ne peut pas oublier que
le dix-septième concile de *Tolède*, assemblé par Egica le 9 novembre (sub
die quinto idus novembris) 694, avait comblé la mesure des persécutions;
les Juifs d'Espagne, dans ce qu'on pourrait appeler le discours d'ouverture
du roi goth, avaient été accusés de s'entendre secrètement avec les Juifs
d'Afrique, pour conspirer non-seulement contre l'État, mais contre la religion chrétienne elle-même [3], et l'on sait les odieuses mesures que cette
nombreuse réunion d'évêques [4] ne rougit pas d'adopter contre les malheureux accusés [5], malgré l'absence de preuves. Il y avait seize ans que les Juifs

[1] D. Iose Ant. Conde, *Historia de la dominacion de los Arabes en España*, parte I, capit. VII,
t. I, p. 23; in-4°, Madrid, 1820.
[2] Ebn-Khaldoun, *Histoire des Berbères*, t. I,
p. 208; in-8°, Alger, 1852.
[3] «..... Pues los judios de España estaban
«tratando secretamente con los de Africa para
«conjurarse no solo contra el Reyno, sino tam-
«bien contra la religion christiana.» (D. Iuan
Franc. de Masdeu, *Historia critica de España*,
lib. II, part. I, § CXXVI, t. X, p. 217; in-4°,
Madrid, 1791.)
[4] Le concile précédent, celui de 693, avait
réuni 66 évêques, et je lis dans le jésuite Mariana : « *Cum his Metropolitanis*, Felix in Faus-
«tini locum ex Portucalensi Episcopo Braca-
«rensis præsul, *et alii Patres*, tam etsi numerus

«ignoratur, proximo anno *Toleti* in Leocadiæ
«templo suburbano novum conventum, cujus
«acta inter concilia Toletana postremum occu-
«pant locum, agitarunt novembris septimo
«die[2].» (Joannis Marianæ soc. Jesu *Historiæ de
rebus Hispaniæ* lib. VI, cap. XVIII, t. I, p. 237,
col. 1; in-fol. Hagæ-Comitum, 1733.)
[5] Dès 614, Sisebuth, cédant, dans un but
politique, à la pression qu'exerça sur lui le su-
perstitieux Héraclius, avait décrété contre les
Juifs une indigne persécution[b], qui, depuis,
s'était ralentie sans s'éteindre. Aux rigueurs
ainsi exercées de longue date, le concile du
9 novembre 694 ajouta que les Juifs d'Espagne
demeureraient esclaves, que leurs biens seraient confisqués, et que leurs enfants leur seraient ôtés dès qu'ils auraient atteint l'âge de

[a] Le *Recueil des Conciles*, cité à la note 5 ci-dessus, dit : «Sub die quinto Idus novembris.» (Col. 1361.)
[b] Cette persécution fut si violente qu'un évêque contemporain, Isidore de Séville[c], la blâma courageuse-
ment : « Sisebutus, inquit..... qui initio regni Judæos ad fidem christianam permovens æmulationem quidem
«habuit, sed non secundum scientiam, *potestate enim compulit, quos provocare fidei ratione opportuit.*» (Divi
Isidori Hispalensis episcopi *Historia de Regibus Gotthorum, Operam omnium* t. I, p. 218, col. 2; in-fol.
Matriti, 1778.) — Dans le XVI° siècle, Mariana s'est associé à ce blâme. (*Hist. de reb. Hisp.* lib. VI, cap. III,
t. I, p. 202, col. 2.)

[c] Voyez la note [b] de la page 3 de ce volume.

9

gémissaient sous le poids de ce redoublement de souffrances, quand T'ârek'
mit le pied en Espagne et bientôt répandit l'effroi dans les rangs des persé-
cuteurs. Roderich de Tolède, dans son récit de l'invasion, nous représente
T'ârek', aussitôt qu'une ville était tombée en son pouvoir, s'empressant de
la livrer *aux Juifs et aux Maures*: ce fut ainsi que *Cordoue*[1], *Grenade*[2], *Tolède* dont les Juifs ouvrirent, dit-on, les portes au lieutenant de Mousa[3],

sept ans, pour être mis entre les mains de
maîtres chrétiens. (*Sacrosancta concilia* studio
Phil. Labbæi, *Concilia Toletana* xvii, t. VII,
col. 1370; in-fol. Lutetiæ Parisiorum, 1670.)

[1] « Judæos autem qui inibi morabantur, cum
« suis Arabibus ad populationem et custodiam
« *Cordubæ* dimiserunt. » (Roderici Toletani *Rerum in Hispania gestarum* lib. III, cap. xxiii;
Hispaniæ illustratæ t. II, p. 67.)

[2] « Alius exercitus *Granatam* diutius impu-
« gnatam victoria simili occupavit, et Judæis
« ibidem morantibus et Arabibus stabilivit. »
(Id. *ibid.* lib. III, cap. xxiv, t. II, même page.)
— Joannis Marianæ *Histor. de rebus Hispaniæ*
lib. VI, cap. xxiv, t. I, p. 247, col. 2.

[3] « Urbs quoque *Toletana* multarum gentium
« victrix Ismaelitis triumphis victa succubuit
« *per proditionem Judæorum*..... » Suivant Ma-

riana, l'archevêque Roderich s'accorde avec
Lucas de Tuy pour dire que les Juifs ouvrirent
les portes de *Tolède* aux Sarrasins[b]; mais une
lecture attentive montre que le prélat historien
est loin d'avoir été aussi explicite : il commence
par dire que *Tolède*, à cause de sa force (for-
titudine), servit de refuge aux habitants des
autres villes, qui se trouvèrent privées de dé-
fenseurs « paucis defensoribus habitata[c]; » dans
le chapitre suivant, il la représente comme
abandonnée à l'approche de T'ârek', « cum enim
« *Toletam* venisset, invenit eam fere habitatori-
« bus destitutam....... » et il ajoute : « Taric
« autem ex Arabibus quos secum duxerat et
« Judæis quos *Toleti* invenerat, munivit *Tole-
« tum*[d]. » Puisque les Juifs étaient restés à peu
près seuls dans la ville, ils n'opposèrent aucune
résistance, et les Arabes durent, en effet, trou-

[a] Lucæ Tudensis Chronicon. (*Hispaniæ illustratæ* t. IV, p. 70, l. 5; in-fol. Francofurti, 1608.) — Suivant le
récit de Lucas de Tuy, qui écrivait dans le xiiie siècle[*], ce fut un dimanche des Rameaux (il ne dit pas
l'année) que les Juifs ouvrirent les portes de *Tolède* par trahison, pendant que les habitants étaient en
procession hors de la ville, à l'église de *Léocadie*[**]. Lucas de Tuy a été copié, pour ces détails, par un chroniqueur du xvie siècle, Jean Vasæo[***], qui prétend que ce fut le dimanche des Rameaux 715[****]; mais
comme ce fait important précéda l'entrée de Mousa en Espagne, et comme cette entrée eut lieu en ramad'ân 93 (juin-juillet 712), il y a force de conclure, si l'indication du jour est exacte, que ce fut le
dimanche des Rameaux 712, qui, en cette année, tomba le 27 mars, correspondant au 14 djoumâd-el-
akher 93. Cette supputation donne environ trois mois à Mousa pour ses préparatifs et pour la traversée.

[b] Joannis Marianæ *Historiæ de rebus Hispaniæ* lib. VI, cap. xxiv, t. I, p. 248, col. 1; in-fol. Hagæ-Comitum, 1733.

[c] Roderici Toletani *Rerum in Hispania gestarum* lib. III, cap. xxiii. (*Hispaniæ illustratæ* t. II, p. 67, l. 17.)

[d] Id. *ibid.* lib. III, cap. xxiv. (*Hisp. illustr.* t. II, p. 68.)

[*] D. Nicolao Antonio, *Bibliotheca Hispana vetus*, lib. VIII, cap. iii, num. 61-71, t. II, p. 58-61; in-fol. Matriti, 1788.

[**] C'était un ancien temple qui avait été restauré sous le règne de Sisebuth (de 612 à 621) : « Exstat *Tole i ad Taşi* ripam suburbanum
« templum D. *Leocadiæ* nomine, quod hoc tempore materiatum ruinam aperto minctur, a Sisebuto eleganti opere ædificatum ; sic vulgo
« persuasum est. » (Joannis Marianæ *Hist. de reb. Hisp.* lib. VI, cap. iii, t. I, p. 208, col. 2.)

[***] Jean Vasæo est mort vers 1562 ; sa chronique a été publiée, pour la première fois, à Cologne, en 1567, dans le format in-8°. (D. Nicolao Antonio, *Bibliotheca Hispana*, t. II, p. 359, col. II; in-fol. Romæ, 1672.)

[****] « An 715. Dominica palmarum *Toletum* fraude Judæorum preditum fuit Ismaelitis..... » (Joannis Vasæi Brugensis *Rerum Hispani-
carum Chronicon*. *Hispaniæ illustratæ* t. I, p. 697 ; in-fol. Francofurti, 1603.)

Séville [1], se virent successivement repeuplées après la fuite des chrétiens. Il y a là un ensemble de faits qui concordent trop bien entre eux, pour que les historiens de la chute de l'empire des Goths en Espagne ne fassent pas, des aperçus que je viens de présenter, l'objet d'une étude sérieuse [2].

Je n'ai pas voulu terminer ce que j'avais à dire de la lutte qui s'engagea entre les Goths et les Arabes sans mettre en saillie les causes profondes du succès d'une conquête dont la durée fut si longue pour l'Espagne, dont la portée fut si grande, qu'elle s'étendit à l'Europe entière, préparée par une religion spiritualiste à féconder, avec une merveilleuse rapidité, les germes des sciences et des arts que les Arabes, messagers providentiels, avaient la mission secrète de lui apporter. Dégagée des détails parasites qui en obscurcissent les beautés dans les récits vulgaires, et vue sous son vrai jour, cette conquête présente un des tableaux les plus saisissants que les annales des peuples puissent offrir au pinceau d'un historien habile. On y voit, d'une part, les instruments de la conquête, ces Berbères, qui, depuis Annibal, c'est-à-dire depuis plus de 900 ans [3], n'avaient pas quitté le sol natal, à peine vaincus par les Arabes, quand ils vont, en terre étrangère, verser leur sang sous l'étendard d'une religion dont ils ne font encore que balbutier la profession de foi; et, d'une autre part, les auxiliaires de la conquête, ces Juifs que l'Orient, débordant sur l'Occident, retrouve, sur la rive européenne du détroit, avec leur constance que les siècles ne peuvent ébranler, avec leur rôle de victime dans le grand et sanglant sacrifice qui fut la condition du mélange des peuples, et leur espèce de privilége d'intervention prophétique dans tout ce qui touche au progrès de la race humaine. J'ai dû, quoique à regret, négliger les détails de cet imposant événement; mais si les quelques pages que je lui ai consacrées suffisent au sujet que je traite ici, j'aurai l'obligation de pénétrer plus profondément dans plusieurs des faits qui suivirent la conquête de l'Espagne.

---

ver ses portes ouvertes ; mais, en comparant le récit de Mariana avec les passages que je viens de citer, on verra que le jésuite de Tolède s'est permis d'amplifier beaucoup le récit de l'archevêque de Tolède.

[1] « Ipse autem captam *Hispalim* de Judæis et Arabibus populavit. » (Roderici Toletani lib. III, cap. xxiv, *Hispaniæ illustratæ* t. II, p. 68, l. 29 et 30.)

[2] M. d'Avezac, en 1836, a ébauché assez largement cette question, qui mériterait à elle seule un travail spécial. (*Encyclopédie nouvelle*, au mot *Andalousie*, t. I, p. 520, col. 2.)

[3] Exactement depuis 913 ans, puisque en 203 avant J. C. Annibal avait été rappelé d'Italie en Afrique, et puisque nous venons de voir la petite armée berbère commandée par T'arif passer en Espagne en 710 de J. C.

AFRIQUE.

Soleïmân avait succédé à Oualîd sur le trône de *Damas*, et Mousa, avant de se rendre aux ordres qu'il avait reçus, avait laissé à trois de ses fils le vaste gouvernement qu'il abandonnait : à 'Abd-el-'Azîz *l'Espagne*, à 'Abd-el-Malek *Ceuta, Tanger* et lieux circonvoisins (peut-être tout le *Maghreb-el-Ak's'a*[1]), et à son fils aîné 'Abd-Allah, l'*Afrîk'îa* avec toutes ses dépendances[2]. Telle était la situation de ces pays conquis au moment où le khalifat venait de passer dans d'autres mains, situation qui ne tarda pas à changer pour l'Afrique, où

97 de l'hég.
(715-16 de J. C.)

Soleïmân, en 97, envoya Moh'ammed-Ebn-Iezîd[3]. La principale tâche de ce nouvel émir semble avoir été d'anéantir la race de Mousa-ben-Nos'eïr dont

MOH'AMMED-EBN-IEZÎD.

les deux fils restés en Afrique eurent la tête tranchée, pendant qu'Abd-el-'Azîz était assassiné en Espagne[4], malgré les services qu'il avait rendus à ce

---

[1] Il avait dû être chargé de ce commandement à l'époque où T'ârek', qui était gouverneur de *Tanger* (voy. p. 47 et 48), fut envoyé en Espagne, c'est-à-dire en 92. (Voy. p. 56 de ce volume et la note 2 ci-dessous.)

[2] En-Nouâiri, § XIII, *Appendice à l'Hist. des Berb.* t. I, p. 352. — Dans ce partage, dont j'emprunte les détails à En-Nouâiri, on ne voit pas figurer le fils, du nom de Merouân, dont j'ai parlé (p. 47) d'après Ebn-Khaldoun[a]. Le fragment que Casiri attribue à Er-Râzi nous apprend que Mousa, après avoir laissé en Afrique un de ses fils pour y commander, passa en Espagne avec ses trois autres fils : 'Abd-el-'Azîz, 'Abd-el-La'la (عبد الأعلى) et Merouân[b]. Cet 'Abd-el-A'la serait-il le même qu'Abd-el-Malek? Je suis porté à le croire, car Lembke dit que celui des fils à qui fut confié le gouverne-

ment de l'Afrique fut l'aîné, 'Abd-Allah[c]. Vraisemblablement Merouân était le plus jeune, et resta en Espagne sous les ordres d'Abd-el-'Azîz; c'est à lui qu'on attribue la construction du palais qui s'élève entre *Cordoue* et la rive occidentale du *Guadalquivir* (*Ouâd-el-Kebîr*), et celle du pont jeté sur ce fleuve[d].

[3] En-Nouâiri, § XIII, *Appendice à l'Hist. des Berb.* t. I, p. 353.

[4] Vers la fin de 97 (août 716), dit En-Nouâiri[e]. Les auteurs qu'a suivis Joseph Conde fixent la même date[f]; mais l'historien espagnol fait observer, en note, qu'un auteur place cette mort en 98[g] La date de 97 est très-probablement exacte, quoiqu'elle soit aussi celle de la mort de Mousa-ben-Nos'eïr[h], et je ne puis adopter les raisons alléguées par les savants auteurs de l'Art de vérifier les dates[i] pour placer cet

---

[a] *Histoire de l'Afrique sous la dynastie des Aghlabites,* p. 29; in-8°, Paris, 1841.

[b] Casiri, *Bibliotheca arabico-hispana Escurialensis,* t. II, p. 321, col. 1; in-fol. Matriti, 1770.

[c] *Geschichte von Spanien,* part. II, liv. I, t. I, p. 268; in-8°, Hamburg, 1831.

[d] « ... Maruan, cui tum Palatii ad ripam fluminis occidentalem positi, tum pontis adscribitur extructio. » (*Fragmentum Historiæ Hispanæ* in Casiri *Biblioth. arab. hisp.* t. II, p. 321, col. 1.)

[e] En-Nouâiri, § XIII, *Append. à l'Hist. des Berb.* t. I, p. 355. — Casiri, t. II, p. 136, col. 2.

[f] « Fue la muerte de Abdelaziz *en fin del año noventa y siete* de la hegira. » (Don Iose Antonio Conde, *Historia de la dominacion de los Arabes en España,* parte I, cap. XIX, t. I, p. 63; in-4°, Madrid, 1820.)

[g] C'est, en effet, la date donnée par Er-Râzi. (*Bibliotheca arabico-hispana Escurialensis,* t. II, p. 324, col. 2; in-fol. Matriti, 1770.)

[h] Voyez la note 1 de la page 59 de ce volume.

[i] *Art de vérifier les dates* (*Continuation de l'*), t. I, p. 222, col. 1, note 1; in fol. Paris, 1821.

pays sous l'influence de la séduisante Égilone, veuve de Roderich[1]. La grâce charmante qui, chez cette femme trop peu connue, était unie à une haute intelligence, avait vivement touché le fier musulman, et il l'avait épousée, quoique chrétienne. Égilone se servait de l'empire qu'elle exerçait sur le nouvel époux que la défaite des Goths lui avait donné, pour calmer son fanatisme en versant dans son cœur la pitié avec l'amour, et, doucement pressé par elle, 'Abd-el-'Azîz avait déposé le glaive pour pacifier et administrer; il usait de clémence envers les vaincus, et soulageait les malheurs de ces populations désolées par la conquête. Entraînée elle-même à un sentiment tendre par une bonté qui la touchait d'autant plus qu'elle était son ouvrage, Égilone avait mis tout en œuvre pour grandir l'émir aux yeux de sa nation, et pour en faire un souverain : « Tu es maintenant au nombre des rois, lui dit-« elle un jour, il ne me reste plus qu'à tresser pour toi une couronne avec « l'or et les perles que je possède[2]. » Mais ces délicieux jours, consacrés au bien dans les bras d'Égilone, avaient éveillé les soupçons des chefs arabes, qui voyaient déjà dans l'émir un néophyte chrétien prêt à usurper une souveraineté qu'ils répudiaient, et quand vint l'ordre du khalife d'assassiner 'Abd-el-'Azîz, les poignards musulmans étaient prêts à frapper; jamais ordre ne trouva, pour son exécution, une obéissance plus empressée[3]. Le gouvernement de l'Espagne fut alors de nouveau réuni à celui de l'Afrique, et

---

événement en 96. Soleïmân n'était parvenu au khalifat que le 15 djoumâd-el-akher 96[a], par conséquent, il ne laissa pas, comme ils le prétendent, 'Abd-el-'Azîz pendant deux ans au gouvernement de l'Espagne, puisqu'il le fit périr en 97. La seule hypothèse qu'il soit nécessaire de faire, pour admettre la date donnée par En-Nouâîri et par Conde, c'est que Mousa survécut peu de temps à son fils; et s'il est vrai que Soleïmân, oubliant la gloire et les services de Mousa-ben-Nos'eïr, pour n'obéir qu'au sentiment de haine qu'il nourrissait contre lui, eut la barbarie de lui présenter la tête de son fils 'Abd-el-'Azîz[b], on conçoit aisément que le vieil émir, en détournant les yeux avec horreur, ait

été frappé d'un coup mortel, puisqu'il était atteint à la fois dans ses plus chères affections, et peut-être dans les espérances qu'il rêvait encore, malgré son grand âge[c].

[1] Suivant Ebn-el-H'akem, elle était sœur du roi Roderich. (Hist. des Berb. t. I, p. 354, note 3.)

[2] En-Nouâîri, § XIII, Appendice à l'Hist. des Berb. t. I, p. 354 et 355.

[3] H'abîb-ben-'Obeïda-ben-'Ok'ba-ben-Nâfi était au nombre des Arabes chargés d'un commandement en Espagne. Ce fut lui qui reçut la lettre du khalife ordonnant le meurtre d'Abd-el-'Azîz; et ce qu'il y a d'odieux dans son obéissance, c'est qu'il avait été l'ami de Mousa-ben-Nos'eïr

---

[a] Voyez la page 63 de ce volume, et la note 1 de cette page 63.

[b] En-Nouâîri, § XIII, Appendice à l'Hist. des Berb. t. I, p. 355.

[c] Voyez la note 1 de la page 59 de ce volume.

Moh'ammed-ben-Iezîd nomma, pour son lieutenant à *Séville* [1], El-H'orr-Ebn-
'Abd-er-Rah'man [2].

99 de l'hég.
(717-18 de J. C.)

Soleïmân-ben-'Abd-el-Malek étant mort le 20 s'afar 99 [3], il eut pour successeur son cousin 'Omar-ben-'Abd-el-'Azîz, qui déposa Moh'ammed-Ebn-

ISMAÏL-
BEN-'ABD-ALLAH.
101 de l'hég.
(719-20 de J.C.)

Iezîd pour envoyer à sa place, en Afrique, Isma'il-ben-'Abd-Allah [4]; mais le
règne d'Omar fut de courte durée; ce khalife mourut le 25 redjeb 101 [5], et
son successeur, Iezîd-ben-'Abd-el-Malek, envoya à son tour en Afrique un émir

IEZID-
EBN-ABI-MOSLEM.

de son choix; ce fut Iezîd-Ebn-Abi-Moslem, affranchi de ce H'adjdjâdj [6] que
nous avons vu jouer un rôle si important dans la lutte qui se termina par la

102 de l'hég.
(720-21 de J. C.)

mort d'Abd-Allah-ben-ez-Zobeïr [7]. Le nouvel émir arriva à *K'aïrouán* en 102
selon En-Nouâïri [8], en 101 selon Ebn-Khaldoun [9]; il voulut appliquer aux
Berbères le régime violent qui avait réussi à son patron dans ses gouverne-

---

et le compagnon de son fils ". (En-Nouâïri,
§ XIII, *Append. à l'Hist des Berb*. t. I, p. 355.
— Don Iose Ant. Conde, *Hist. de la domin. de
los Arab. en España*, parte I, capit. XIX, t. I,
p. 62; in-4°, Madrid, 1820.) — Nous retrouve-
rons dans vingt ans en Afrique ce petit-fils de
Sidi-'Ok'ba. (Voyez pages 75 et 76 et la note 1
de cette page 76. — Voyez aussi la note 4 de
la page 77.)

[1] Les Arabes avaient placé à *Séville* (*Hispa-
lis*) le siége du gouvernement de l'Espagne, à
cause de la facilité des communications de cette
ville avec l'Afrique: « Entretanto Abdelaziz que
« estaba en *Sevilla*, donde habia puesto la corte
« y Aduana de los Arabes, por estar mas cer-
« cano á las comunicaciones de Africa. » (Conde,
Hist. de la domin. de los Arab. en España, parte I,
capit. XVII, t. I, p. 57 et 58.)

[2] En-Nouâïri, § XIII, *Append. à l'Hist. des
Berb*. t. I, p. 356.

[3] Il avait régné 2 ans et 242 jours, du
15 djoumâd-el-akher 96 (dimanche 25 février
715) au 20 s'afar 99 (vendredi 1ᵉʳ octobre
717) : « Imperavit annos duos et dies 242,
« quorum primus fuit *solis* et ultimus *veneris*. »
(Elmacini *Historia saracenica*, lib. I, cap. XIV,
p. 75: in-fol. Lugduni Batavorum, 1625.) —

Aboulfedæ *Annales muslemici* t. I, p. 437; in-4°.
Halniæ, 1789. — Greg. Abul-Pharajii, *Historia
compendiosa dynastiarum*, p. 130; in-4°, Oxoniæ, 1663.

[4] Sa nomination n'eut lieu qu'en l'an 100,
selon le *Baïân*, en l'an 101, selon Ebn-el-
H'akem, qui le nomme Isma'il-ben-'Obeïd-
Allah. (*Hist. des Berb*. t. I, p. 356, notes 1
et 2.) — Ebn-Khaldoun le nomme aussi Isma'il-ben-'Obeïd-Allah-ben-Abi-el-Mohâdjer.
اسمعيل بن عبيد اﷲ ابى الهاجر. (*Histoire de
l'Afr. sous la dynast. des Aghlab*. p. 8 (٨), ligne 7
du texte, p. 31 de la traduction de Noël Desvergers; in-8°, Paris, 1841.

[5] Elmacini, *Hist. sarac*. lib. I, cap. XV, p. 77.
— Aboul-Færadj, *Hist. dynast*. page 131. —
Aboulfeda, *Annal. muslem*. t. I, p. 441. — Le
règne d'Omar fut de 2 ans 5 mois et 5 jours.

[6] Ebn-Khaldoun, *Hist. de l'Afr. sous la dynast. des Agh'ab*. p. 31.— Raïni-el-K'aïrouâni,
Histoire de l'Afrique, liv. III, p. 63; in-8°. de
l'I. R. 1845.

[7] Voyez page 33 de ce volume.

[8] En-Nouâïri, § XVI, *Append. à l'Hist. des
Berb*. t. I, p. 356.

[9] Ebn-Khaldoun, *Hist. de l'Afr. sous la dynastie des Aghlab*. p. 31.

" Michaelis Casiri *Bibliotheca arabico-hispana Escurialensis*, t. II, p. 323, col. 1, et p. 324. col. 2.

ments du *H'edjáz* et de l'*Irák'*; mais, bientôt poussés à bout, « les habitants,
« d'un commun accord, lui ôtèrent la vie[1]. » Je copie textuellement, parce
qu'ils sont significatifs, les termes tranquilles employés par les historiens
arabes pour rendre compte d'un attentat si grave à l'autorité de *Damas*.
Toutefois, les Berbères jugèrent convenable de s'excuser, par une lettre, de
cet acte de rébellion, et le khalife, trouvant prudent de se contenter d'une
démarche si polie, agréa les excuses qu'on voulait bien lui faire; en 103[2]
il envoya, pour remplacer le gouverneur que les Berbères s'étaient choisi[3],
Beschr-ben-S'efouân-el-Kelbi, qui gouverna avec sagesse pendant six ans, et
mourut à *K'aïrouán* en 109, au retour d'une expédition heureuse en Sicile[4].
Heschâm-ben-'Abd-el-Malek, parvenu au khalifat depuis le 24 scha'bân 105,
lui donna pour successeur 'Obeïda-ben-'Abd-er-Rah'man-es-Solemi[5], dont le
règne, qui eut une durée de cinq ans, vit l'accomplissement d'un événement de trop grande portée pour que je le passe sous silence.

En 112 (730 de J. C.), le gouvernement de l'Espagne venait d'être remis
à 'Abd-er-Rah'man-ben-'Abd-Allah-er-R'áfeki[6], le même qui, en zil-k'a'da 102

(marginalia:)
103 de l'hég.
(721-22 de J. C.)

BESCHR-
BEN-S'EFOUÂN.

109 de l'hég.
(727-28 de J. C.)

'OBEÏDA-
BEN-'ABD-
ER-RAH'MAN.

112 de l'hég.
(730 de J. C.)

---

[1] En-Nouâïri, § xvi, *Append. à l'Hist. des
Berb.* t. I, p. 356 et 357. — Ebn-Khaldoun,
Hist. des Berb. t. I, p. 216. — Ce dernier auteur dit ailleurs qu'ils le tuèrent au bout d'un
mois de règne. (*Hist. de l'Afr. sous la dynast.
des Aghlab.* p. 31.)

[2] En-Nouâïri, § xvii, *Append. à l'Hist. des
Berb.* t. I, p. 357. — Ebn-Khaldoun, *Hist. de
l'Afr. sous la dynast. des Aghlab.* p. 32.

[3] C'était ce même Moh'ammed-ben-Iezîd qui
avait été émîr d'Afrique de 97 à 99, et avait été
déposé à l'avénement d'Omar-ben-'Abd-el-'Azîz.

[4] En-Nouâïri, § xvii, *Append. à l'Hist. des
Berb.* t. I, 357 et 358. — Ebn-Khaldoun, *Hist.
de l'Afr. sous la dynast. des Aghlab.* p. 32. —
Michele Amari, *Storia dei Musulmani di Sicilia,*

libro I, capit. vii, t. I, p. 171; in-8°, Firenze,
1854.

[5] Suivant Raïni-el-K'aïrouâni, Beschr, avant
de mourir, s'était choisi un successeur qui fut
sur le point de perdre le pays par sa mauvaise
administration. Le khalife le destitua, et nomma
à sa place 'Obeïda-ben-'Abd-er-Rah'man, dans
le mois de s'afar 110. (*Hist. de l'Afrique*, l. III,
p. 65; in-8°, de l'I. R. 1845.)

[6] Depuis la mort d'Anbesa[a], plusieurs émîrs
s'étaient rapidement succédé en Espagne, et
les choix avaient été tellement malheureux,
que le khalife, en 111 (729-30 de J. C.), avait
envoyé de Syrie un émîr qui lui inspirait confiance, El-Haïtam-ben-'Obeïd-el-Kenâni[b]; mais
des plaintes très-vives ne tardèrent pas à lui

---

[a] Cet émîr d'Espagne fut tué en scha'bân 107[*] (décembre 725), dans une de ses expéditions en *Septimanie*.
(Reinaud, *Invasions des Sarrasins en France*, etc. p. 22; in-8°, Paris, 1836.)

[b] « Post quem Hiscam substituit, alium nomine Alhaytam filium Obeït. » (Roderici Ximenez archiepiscopi
Toletani *Historia Arabum*, cap. xii, p. 12; in-fol. Lugduni Batavorum, 1625.) — Don Iose Ant. Conde, *Hist.
de la domin. de los Arab. en España*, parte I, capit. xxiii, t. I, p. 79 et 80; in-4°, Madrid, 1820.

---

[*] D'après Ebn-Baschkoüâl cité par Lembke. (*Geschichte von Spanien*, part. II, liv. I, t. I, p. 282, note 3.) — Isidore de Beja mentionne la
mort d'Anbesa sans donner la date (Isidori Pacensis episcopi *Chronicon*, num. 53, in *España sagrada*. t. VIII, p. 298); mais quelques
lignes plus bas on lit : « cui statim in æra DCCLXIII...... » or l'an 763 de l'ère d'Espagne correspond à l'an 725 de J. C.

(mai 721), avait commandé la belle retraite de l'armée arabe vaincue sous les murs de *Toulouse*, où l'émir Es-Semah' avait trouvé une mort si glorieuse [1]. Aussitôt arrivé à *Cordoue*, devenue depuis 715 [2] la résidence des émirs d'Espagne, 'Abd-er-Rah'man s'était occupé avec ardeur des préparatifs de cette grande expédition destinée à venger les échecs éprouvés par les armes arabes dans les Gaules, et qui, prête enfin au printemps de 732 [3], vint se terminer entre *Tours* et *Poitiers* en octobre de la même année [4] (scha'bân-ramad'ân 114). Dans la bataille à jamais mémorable où tant de musulmans trouvèrent la mort, l'élan de l'islamisme vint se briser contre le génie de Charles Martel ; Dieu donna la victoire aux guerriers qui défen-

114 de l'hég.
(732 de J. C.)

parvenir, et il prit le parti de charger de tous les pouvoirs nécessaires un homme sûr, Moh'ammed-ben-'Abd-Allah, à qui il confia la délicate mission d'aller sur les lieux s'enquérir de tout et de faire justice [a]. Le résultat de cette enquête, habilement et honnêtement conduite, fut la révocation d'El-Haïtam et la nomination d'Abd-er-Rah'man, qui avait déjà occupé ce poste élevé immédiatement avant 'Anbesa.

[1] Reinaud, *Invas. des Sarras. en France,* etc. p. 19, 20 et 34 ; in-8°, Paris, 1836. — D. Iose Ant. Conde, *Hist. de la domin. de los Arab. en España*, parte I, capit. XXI, t. I, p. 71 et 72 ; in-4°, Madrid, 1820.

[2] Selon Joseph Conde, qui attribue ce changement [b] au successeur immédiat d'Abd-el-'Aziz, et pour lui ce successeur immédiat n'est pas El-H'orr, comme je l'ai dit (p. 70) d'après En-Nouâiri, mais Aïoub, cousin germain du malheureux 'Abd-el-'Aziz : « Los caudillos « y Muslimes principales tuvieron su consejo, « y de comun acuerdo eligieron por Wali ó « gobernador interino al caudillo Ayûb, primo « hermano del desgraciado Abdelaziz.... *Madó*

« Ayûb *la Ad-ana y Corte de los Arabes de Se- « villa á Córdoba........* [c] Cet auteur prétend qu'El-H'orr-ben-'Abd-er-Rah'man ne fut envoyé en Espagne qu'en 717, au commencement du règne d'Omar [d] ; mais il est bien invraisemblable que le vindicatif Soleîmân ait laissé, jusqu'à la fin de son règne, le gouvernement de l'Espagne entre les mains d'un membre de la famille de Mousa ; tout porte, au contraire, à admettre qu'Aïoub fut promptement remplacé, et à cette grande probabilité s'ajoute le témoignage de Mariana, qui dit que cet émir ne gouverna que pendant *un mois* [e]. Jean de Ferreras, après avoir expliqué qu'Aïoub fut nommé « en « attendant que le monarque des Sarrasins en « nommât un autre, » admet qu'El-H'orr fut le successeur immédiat d'Abd-el-'Aziz [f], et donne les raisons qui conduisirent le nouvel émir à fixer son séjour à *Cordoue*.

[3] Reinaud *Invas. des Sarrasins en France*, etc. p. 41 ; in-8°, Paris, 1836.

[4] Id. *ibid.* p. 45. — Joseph Conde place en 733 (114-115 de l'hégire) la fameuse bataille de *Poitiers* (capit. XXV, t. I, p. 88).

[a] Don Iose Antonio Conde, *Hist. de la domin. de los Arab. en España*, capit. XXIII, t. I, p. 80 et 81.
[b] Voyez la note 1 de la page 70 de ce volume.
[c] *Hist. de la domin. de los Arab. en España*, parte I, capit. XIX, t. I, p. 64.—Voy. aussi capit. XXII, t. I, p. 75.
[d] *Ibid.* capit. XX, t. I, p. 67.
[e] Joannis Marianæ *Historiæ de rebus Hispaniæ* lib. VII, cap. II, t. I p. 260, col. 2 ; in-fol. Hagæ-Comitum, 1733. — Un des auteurs traduits par Casiri dit *six mois.* (*Bibliotheca arabico-hispana Escurialensis*, t. II, p. 325, col. 1 ; in-fol. Matriti, 1770.)
[f] D. Ivan de Ferreras, *Historia de España*, t. IV, p. 30, § 2, pet. in-4°, Madrid, 1716.

daient, à la pointe de leur épée, la sainte cause du progrès de l'humanité, quand ils croyaient défendre le sol qu'ils avaient conquis et qui était devenu leur patrie. En ce jour solennel, le souverain arbitre des batailles écrivit, en lettres de sang, un de ces traités qui ne portent aucune signature humaine, traité dont les témoins distinguaient à peine les caractères, mais dans lequel les générations de l'avenir ont lu clairement : « La France gardera sa foi; « durant huit siècles les Pyrénées serviront de barrière entre l'empire de la « croix et celui du croissant; les rayons de lumière apportés d'Orient par les « Arabes franchiront les monts et les mers, pour venir, en terre chrétienne, « prendre l'éclat resplendissant qu'il est réservé au spiritualisme occidental « de leur donner. »

Pendant que l'émir d'Espagne éprouvait ce terrible et définitif[1] échec, 'Obeïda-ben-'Abd-er-Rah'man se livrait, en Afrique, à des exactions qui le firent déposer en schaouâl 114[2] (novembre-décembre 732); il est vraisemblable cependant que ce fut lui qui envoya en Espagne 'Abd-el-Malek-ben-K'at'an-el-Fahri, avec ordre de venger la défaite et la mort d'Abd-er-Rah'man[3]; en tout cas, 'Obeïda ne quitta l'Afrique qu'après avoir désigné un lieutenant-gouverneur et un k'âd'i[4], ce qui explique comment Heschâm ne nomma un nouvel émir, 'Obeïd-Allah-Ebn-el-H'abh'âb[5], qu'en rebî-el-aouel

[1] Je ne veux pas dire par là que les Sarrasins disparurent alors complétement de notre sol, puisqu'ils occupaient une partie des provinces méridionales de la France; mais leur effort le plus redoutable avait échoué, et, s'ils n'avaient pas renoncé à exercer encore des actes de pillage, ils avaient dû abandonner tout espoir d'une conquête.

[2] En-Nouâiri, § xviii, Appendice à l'Hist. des Berb. t. I, p. 359.

[3] Reinaud, Invas. des Sarrasins en France, etc. p. 46 et 51; in-8°, Paris, 1836.

[4] En-Nouâiri donne leur nom. (Voyez le renvoi de la note 2 ci-dessus.)

[5] Joseph Conde l'appelle Ben-el-H'adjdjâdj-es-Selouli-el-K'aïsi. (Hist. de la domin. de los Arab. en España, capit. xxvi, t. I, p. 90.)—Raïni-

el-K'aïrouâni (liv. III, p. 66) donne le nom de 'Abd-Allah-ben-el-H'edjab au successeur d'Obeïda-ben-'Abd-er-Rah'man, qu'il ne fait rester en Afrique que jusqu'en 110; mais il y a là une erreur évidente. Cet auteur dit (page 65) qu'Obeïda fut nommé en s'afar 110, et (p. 67) qu'Abd-Allah-ben-el-H'edjab partit pour l'Afrique dans le mois de rebî-el-akher 110, d'où il résulterait qu'en deux mois auraient eu lieu : 1° le voyage d'Obeïda de Dumas à K'aïrouân, pour prendre possession de son gouvernement; 2° l'expédition que cet émir, selon Raïni-el-K'aïrouâni lui-même, envoya en Sicile; 3° les nombreuses exactions qui le firent révoquer; 4° son retour en Syrie, où le même auteur le représente arrivant chargé de présents qu'il offrit au khalife, en même temps qu'il sollicitait

[a] 'Ok'ba-ben-el-H'adjdjâdj-es-Selouli, que nous allons voir jouer un rôle en Espagne, serait donc son frère; c'est sans doute par abréviation qu'Ebn-Khaldoun l'appelle 'Ok'ba-ben-H'adjdjâdj-el-K'aïsi. (Histoire de l'Afrique sous la dynastie des Aghlab. p. 33.) — Voir Hist. des Berb. t. I, p. 238.

116 de l'hég.
(734 de J. C.)
'OBEÏD-ALLAH-
EBN-EL-
H'ABH'ÂB.

116 [1] (avril-mai 734 de J. C.), dix-sept mois après la révocation d'Obeïda.

La paix qui régnait dans tout le *Maghreb* depuis l'an 95, date du rappel de Mousa-ben-Nos'eïr, et qui n'avait été momentanément troublée, en 102, que par le meurtre de Iezîd-Ebn-Abi-Moslem, parut se maintenir pendant les premières années du gouvernement d'Ebn-el-H'abh'âb [2]; mais l'instant approchait où les Arabes allaient être obligés de reconnaître combien était précaire leur coûteuse conquête d'Afrique. Après quelques travaux importants exécutés à *Tunis,* comme l'édification ou l'embellissement de la mosquée, et l'établissement ou l'agrandissement d'un arsenal pour la construction des navires, peut-être pendant l'exécution de ces travaux, l'émir d'Afrique, à la

118 de l'hég.
(736 de J. C.)

nouvelle d'un grave échec éprouvé par 'Abd-el-Malek-ben-K'at'an dans les Pyrénées [3], avait envoyé en Espagne 'Ok'ba-ben-El-H'adjdjâdj-el-K'aïsi [4], en

---

son remplacement [1]; 5° la nomination et le départ de son successeur. Cette simple récapitulation me semble prouver que, tout au moins à la page 67 de Raïni-el-K'aïrouâni, si ce n'est aux pages 66 et 67, il faut, au lieu de 110, lire 116, date qui est celle donnée par En-Nouâiri pour l'arrivée en Afrique de 'Obeïd-Allah-Ebn-el-H'abh'âb. (Voyez la note 1 ci-dessous.)

[1] En-Nouâiri, § XIX, *Appendice à l'Hist. des Berb.* t. I, p. 359. — En rebi-el-akher 116, selon le *Baïân* et selon Joseph Conde (*Hist. de la domin. de los Arab. en España,* parte I, capit. XXVI, t. I, p. 90). —Ebn-Khaldoun place en 114 l'arrivée d'El-H'abh'âb en Afrique. (*Hist. de l'Afr. sous la dynast. des Aghlab.* p. 33.) — Suivant Raïni-el-K'aïrouâni, les auteurs qui lui font honneur de la fondation de la mosquée et de l'arsenal de *Tunis* placent cette fondation en 114; mais, ajoute-t-il, « il est prouvé, par d'autres « témoignages, qu'il prit le gouvernement de « l'Afrique en 116 et qu'il le quitta en 123. » (*Histoire de l'Afrique,* liv. III, p. 68.)

[2] On doit le croire, puisque ces premières années furent employées à des travaux utiles,

comme je vais le dire dans un instant; mais il est juste d'observer que les historiens arabes ne sont pas d'accord pour lui attribuer la construction de la mosquée ni la création de l'arsenal maritime de *Tunis.* Raïni-el-K'aïrouâni [b], par exemple, en fait honneur à H'asen-ben-No'mân, et en cela il s'accorde avec El-Bekri, qui affirme qu'après avoir livré la ville aux flammes, H'asen fit élever une mosquée, et qui ajoute, à la page suivante, que ce général construisit l'arsenal d'après l'ordre d'Abd-el-Malek [c]. — Peut-être El-H'abh'âb se borna-t-il à embellir et augmenter des constructions qui remontaient à l'époque (84 à 86 — 703 à 705 de J. C.) où, après la défaite de la Kâhena, l'Afrique jouit, sous le gouvernement de H'asen-ben-No'mân, de deux années de repos.

[3] Reinaud, *Inv. des Sarr. en France,* etc. p. 56.

[4] Pour remplacer 'Anbesa [d], dit En-Nouâiri [e] qui néglige ici les nombreux émirs préposés au gouvernement de l'Espagne depuis l'année 107 (725-726 de J. C.); mais, si plusieurs d'entre eux méritent cet oubli, il n'est pas possible de passer sous silence El-Haïtam, à cause de ses

---

[a] Raïni-el-K'aïrouâni est le seul qui parle de cette prétendue sollicitation.
[b] *Histoire de l'Afrique,* liv. III, p. 66 et 67. — Voir aussi liv. I, p. 13 et 14.
[c] Abou-'Obeïd-Bekri, *Description de l'Afrique,* p. 56 et 57; in-4°, de l'I. R. 1831.
[d] Voyez la note 3 de la page 71 de ce volume.
[e] En-Nouâiri, § XIX, *Appendice à l'Hist. des Berb.* t. I, p. 361.

même temps qu'il détachait H'abîb-ben-Abi-'Obeïda-ben-'Ok'ba-ben-Nâfi [1] dans le *Maghreb*, et qu'il confiait à 'Omar-ben-'Abd-Allah-el-Morâdi [2] le gouvernement de *Tanger* et de la province qui en dépendait [3]. Les injustices nombreuses commises par 'Omar [4] ne tardèrent pas à soulever l'indignation des Berbères; mais, d'après un récit d'Ebn-Khaldoun, les provinces d'Afrique étaient loin d'être tranquilles à l'avénement d'El-H'abh'âb, c'est-à-dire, suivant lui, en 114 de l'hégire [5] : « Cet émîr, dit-il, dirigea *contre la ville de Tan-* « *ger* son fils Isma'îl, auquel il donna pour compagnon, *dans cette expédi-* « *tion,* 'Omar-ben-'Obeïd-Allah-el-Morâdi [6]. » Il s'agissait donc, non pas de la prise de possession paisible d'un gouvernement, mais bien d'une espèce de conquête qui pouvait être disputée. A la vérité, le même historien dit ailleurs que El-H'abh'âb « donna le commandement *de Tanger et du Maghreb-* « *el-Ak's'a* à 'Omar-Ebn-'Abd-Allah-el-Morâdi, et désigna son propre fils pour « gouverner le *Sous* et les régions qui s'étendent au delà de cette province [7]; » mais cette seconde version peut se concilier avec la première, en admettant que *l'expédition dirigée contre Tanger* fut couronnée de succès, et eut pour résultat de mettre *Tanger et le Maghreb-el-Ak's'a* entre les mains d'Omar-ben-'Abd-Allah. Quant à H'abîb-ben-Abi-'Obeïda, « étant arrivé à *Sous-el-Ak's'a*,

---

cruautés ", ni 'Abd-er-Rah'man qui tenta la conquête des Gaules et resta sur le champ de bataille avec 370,000 des siens [b], dit un auteur presque contemporain [c], ni 'Abd-el-Malek-ben-K'at'an-el-Fahri, que remplaça réellement 'Ok'ba-ben-El-H'adjâdjdj. Du reste, En-Nouâïri s'était déjà permis la même licence en faisant succéder 'Anbesa immédiatement à El-H'orr [d].

[1] Voyez la note 3 de la page 69, et la note 4 de la page 77 de ce volume.

[2] Ebn-Khaldoun, comme nous allons le voir,

l'appelle 'Omar-ben-'Obeïd-Allah-el-Morâdi. Cet auteur présente d'assez fréquentes variations dans les noms propres.

[3] En-Nouâïri, § XIX, *Appendice à l'Hist. des Berb.* t. I, p. 359 et 361.

[4] Voyez aux renvois de la note 2 de la page suivante.

[5] Voyez la note 1 de la page précédente.

[6] *Hist. de l'Afr. sous la dyn. des Aghlab.* p. 33.

[7] Ebn-Khaldoun, *Hist. des Berb.* t. I, p. 237. — Ici, comme on voit, il donne à 'Omar son véritable nom (voyez la note 2 ci-dessus).

[a] Voyez la note 6 de la page 71 de ce volume.

[b] Chiffre qu'on ne peut admettre, observe avec raison M. Reinaud. (*Invasions des Sarrasins en France*, etc. p. 48.) — Jamais, en effet, les Arabes n'ont pu rassembler une pareille armée dans les Gaules.

[c] Pauli Diaconi *De gestis Langobardorum* lib. VI, cap. XLVI. (Muratori, *Rerum italicarum Scriptores*, t. I, p. 505, col. 2; in-fol. Mediolani, 1723.) — On sait que Paul Diacre est mort vers 799, par conséquent environ soixante-sept ans après le triomphe de Charles Martel. Anastase le Bibliothécaire, qui florissait sous le pontificat de Jean VIII, vers 879, a porté le nombre des morts à 375,000, « trecenta enim septuaginta «quinque millia uno sunt die interfecti. » (*Historia de Vitis Pontificum*, S. Gregorio II, p. 68; *Corp. Script. hist. Byzant.* in-fol. Parisiis, 1649.)

[d] En-Nouâïri, § XVII, *Appendice à l'Hist. des Berb.* t. I, p. 357.

« dit encore Ebn-Khaldoun, il pénétra jusqu'au *Soudan*, y fit un butin con-
« sidérable en or, argent, captifs, et ne revint *qu'après avoir soumis le Magh-*
« *reb ainsi que les tribus berbères qui l'habitent*[1]. » Il résulte évidemment de ces
citations textuelles, que, si les successeurs de Mousa-ben-Nos'eïr avaient gouverné paisiblement le *Maghreb* pendant une vingtaine d'années, c'était à l'u-
nique condition d'avoir laissé s'alléger beaucoup le joug de la conquête,
puisque les gouverneurs envoyés vers 118 furent obligés *de soumettre les popu-*
lations.

122 de l'hég.
(740 de J. C.) Quoi qu'il en soit de ces premiers symptômes d'insoumission, en 122 de
l'hégire, les Berbères, exaspérés par les illégalités et les exactions d'Omar-ben-
'Abd-Allah, ne purent plus se contenir; une révolte formidable éclata à *Tan-*
ger[2]; Mîsera-el-Met'r'ari[3] (مبسرة المطغرى) en était le chef. Il s'empara de la
ville, fit massacrer le gouverneur, proclama la souveraineté du chef des
S'ofrites, et bientôt se proclama lui-même khalife, invitant les populations
à embrasser la doctrine des Khâredjites-S'ofrites[4]; mais, au milieu de ses

[1] Ebn-Khaldoun, *Hist. de l'Afr. sous la dyn. des Aghlab* p. 33. — En 122, il venait d'être chargé, par l'émîr d'Afrique, d'une expédition en Sicile (Id. *ibid.* p. 33 et 34), quand éclata l'insurrection dont je vais parler dans un instant. — Raïni-el-K'aïrouâni, *Hist. de l'Afrique,* liv. III, p. 67; in-8°, de l'I. R. 1845.

[2] Ebn-Khaldoun, *Hist. de l'Afr. sous la dynast. des Aghlab.* p. 34 et 35. — Id. *Histoire des Berbères,* t. I, p. 216 et 237. — En-Nouâïri, § XIX, *Appendice à l'Hist. des Berb.* t. I, p. 360. — « C'est la première sédition qui eut lieu dans « ce pays, » dit le savant Deguignes[a]. Par les mots *ce pays,* il faut d'abord n'entendre que le *Magh-reb-el-Ak's'a*, puisque les autres parties de l'A-frique avaient été le théâtre d'insurrections qui avaient mis les Arabes à deux doigts de leur perte; mais, même dans ce sens restreint, on vient de voir, par le paragraphe précédent, que l'assertion de Deguignes ne doit être accueillie

qu'avec une certaine réserve. Vraisemblable-ment cet auteur a mal interprété un passage d'En-Nouâïri ainsi conçu : « Ce fut la première « fois (lors de la révolte de Mîsera) que, dans « l'Afrik'ia, des troubles éclatèrent *au sein de l'is-* « *lamisme*[b]. » Il n'a pas fait attention aux derniers mots que j'ai soulignés.

[3] Mîsera, surnommé El-Hafîr[c], était chef des Met'r'ara et occupait un rang élevé dans la secte des S'ofrites[d]. (Ebn-Khaldoun, *Histoire des Ber-bères,* t. I, p. 237.) — Les *Met'r'ara* étaient une fraction des *D'arîsa.* (Voyez la note 1 de la page 13 de ce volume.)

[4] Le plus grand nombre des Berbères s'é-taient attachés au khâredjisme et aux diverses sectes (Ibâd'ite, S'ofrite, etc.) que cette doc-trine engendra[e]. On conçoit que ces popula-tions, irritées par la présence des Arabes sur leur sol, aient adopté avec empressement des idées dans lesquelles elles trouvaient l'élément

[a] *Histoire générale des Huns,* t. I, p. 326; in-4°, Paris, 1756.

[b] En-Nouâïri, § XIX, *Appendice à l'Hist. des Berb.* t. I, p. 360.

[c] Voyez la note 1 de la page 142 de ce volume.

[d] Voyez la note 4 ci-dessus.

[e] Ebn-Khaldoun, *Histoire des Berbères,* t. I, p. 204, à la note.

succès, il s'abandonna à des actes de tyrannie qui lui firent encourir la haine des Berbères: il tomba sous leurs coups [1], et les insurgés le remplacèrent par Khâled-ben-H'amîd-ez-Zenâti [2]. « Aussi longtemps que Mîsera vécut, dit « Ebn-Khaldoun, les khalifes n'eurent aucune autorité en *Maghreb* [3]; » les faits, nous allons le voir, n'indiquent pas qu'immédiatement après la mort de ce chef l'autorité des khalifes ait grandi. Khâled-ben-H'amîd était déjà à la tête des Berbères quand Khâled-ben-H'abîb-el-Fahri, que l'émir d'Afrique avait envoyé pour réprimer l'insurrection, se présenta sous les murs de *Tanger* [4],

nécessaire pour justifier leur état permanent de révolte contre les khalifes, et pour alimenter l'espérance qu'elles nourrissaient de rétablir l'indépendance de la nation berbère.

[1] Selon Joseph Conde, qui place à tort cet événement en 116 ou 117 de l'hég. (734 ou 735 de J. C.), les Berbères tuèrent leur chef, parce qu'ils lui attribuaient une défaite qu'ils venaient d'éprouver dans un combat où 'Ok'ba-ben-el-H'adjdjâdj commandait les Arabes [a] : « Los Muslimes mandados por Ocba Alhegâg « les dieron batalla y los derrotaron : se aco- « gieron á la ciudad, y furiosos contra su cau- « dillo los bárbaros lo despedazaron, atribuyendo « á falta suya su derrota. » (*Hist. de la domia. de los Arab. en España*, parte I, capit. xxvi, t. I, p. 90.) — D'après cette version, 'Ok'ba-ben-el-H'adjdjâdj, quoique émir d'Espagne, com-battait en Afrique. Évidemment il pouvait en être ainsi, puisque les émirs d'Espagne étaient placés sous les ordres de ceux d'Afrique; mais En-Nouâîri ni Ebn-Khaldoun ne mentionnent ce fait, qui paraît d'ailleurs peu probable, vu

les circonstances dans lesquelles 'Ok'ba-ben-el-H'adjdjâdj avait été appelé à prendre le com-mandement en Espagne. (Voyez page 74 de ce volume.)

[2] Les *Zenâta* étaient, comme les *Met'r'ara*, une fraction des *D'arîsa* [b]. Selon Ebn-'Abd-el-H'akem, cité par Ebn-Khaldoun [c], Khâled-ben-H'amîd appartenait aux *Hetoura*, branche des *Zenâta*. — En devenant le chef de l'insurrec-tion berbère, Khâled-ben-H'amîd ne se trou-vait pas devenir le chef des *Met'r'ara* : « Après « la mort de Mîsera, dit Ebn-Khaldoun, le com- « mandement des *Met'r'ara* passa à Iah'ïa-Ebn- « H'aret, autre membre de cette tribu, et allié « dévoué de Moh'ammed-Ebn-Khazer, prince « des *Maghrâoua*. » (*Hist. des Berb.* t. I, p. 239.)

[3] *Ibid.* t. I, même page.

[4] Ebn-Khaldoun dit que Khâled-ben-H'a-mîd avait été au-devant du général arabe, et que les deux armées se rencontrèrent *sur les bords du Chelif* [d]. (*Ibid.* t. I, p. 217.) — 'Obeïd-Allah avait donné pour lieutenant au général arabe H'abîb-ben-Abi-'Obeïda [e], qu'il avait fait

[a] Il est permis de supposer que la cause assignée par Joseph Conde au meurtre de Mîsera est due à l'im-parfaite interprétation d'un passage d'En-Nouâîri. Voici le passage que j'ai en vue en m'exprimant ainsi : « Le « combat fut soutenu avec un acharnement inouï, dit En-Nouâîri; mais, à la fin, Mîsera rentra dans la ville. « *Plus tard*, les Berbères éclatèrent en plaintes contre leur chef, et ceux mêmes qui l'avaient proclamé khalife... « le mirent à mort. » (*Append. à l'Hist. des Berb.* t. I, p. 360.) Rien ici, comme on voit, n'établit de relation entre les plaintes qui éclatèrent et l'issue incertaine du combat que Mîsera avait livré sous les murs de *Tan-ger*; il faut donc chercher ailleurs la cause de l'acte de violence auquel les Berbères se livrèrent envers Mî-sera. (Voyez la note 3 de la page 122 de ce volume.)

[b] Voyez la note 3 de la page précédente.

[c] *Histoire des Berbères*, t. I, p. 217, et t. III, p. 188.

[d] Voyez la note 7 de la page suivante.

[e] En-Nouâîri, § xix, *Appendice à l'Hist. des Berbères*, t. I, p. 360.

Combat
des Chérifs.

123 de l'hég.
(740-41 de J. C.)

où fut livré ce fameux combat connu sous le nom de r'azouat-es-Scheraf, le combat des Chérifs (des nobles), parce que l'élite de l'armée arabe périt dans cette sanglante journée; le général lui-même fut tué dans la mêlée.

A la nouvelle de ce succès, le feu de la révolte se répandit non-seulement dans tout le *Maghreb*, mais jusqu'en Espagne où 'Ok'ba-ben-el-H'adjdjâdj-el-K'aïsi fut déposé à la fin de s'afar 123 (janvier 741) par les Berbères qui s'étaient fixés en grand nombre dans ce pays, et qui appelèrent à leur tête 'Abd-el-Malek-ben-K'at'an-el-Fahri [1], celui-là même que 'Ok'ba-ben-el-H'adjdjâdj avait remplacé [2]. En Afrique, « le désordre devint tel, dit En-Nouâïri, « que le peuple se réunit et déposa son gouverneur 'Obeïd-Allah-Ebn-el-« H'abh'âb [3]. » De son côté, le khalife Heschâm, persuadé que l'absence de répression de troubles si graves tenait à l'incapacité du gouverneur [4], le rem-

KOLTOUM
BEN-'AÏÂD'.

plaça par Koltoum-ben-'Aïâd'-el-K'aïsi (d'autres disent El-K'oscheïri) qui, selon En-Nouâïri, arriva en Afrique en ramad'ân 123 [5] (juillet-août 741) avec 12,000 Syriens; son avant-garde était commandée par Baldj-ben-Beschr-el-K'oscheïri. Sans même s'arrêter à *K'aïroudn*, Koltoum alla immédiatement faire sa jonction avec H'abîb-ben-Abi-'Obeïda qui, échappé au carnage des chérifs [6], se trouvait « alors à *Tlemsén*, où il était occupé à *combattre les Berbères* [7]; » la révolte s'était donc étendue au *Maghreb central*. Les deux armées arabes réunies marchèrent droit sur *Tanger* et s'arrêtèrent non loin de cette ville, sur les

Bataille
de Seboua.

bords du *Seboua*, où Khâled-ben-H'amid [8] ne tarda pas à les joindre à la tête

revenir de Sicile en toute hâte. (Voyez les notes 1 des pages 75 et 76, et la note 3 de la page 69.)

[1] En-Nouâïri § XIX, *Appendice à l'Hist. des Berb.* t. I, p. 361. — Ebn-Khaldoun [a], *Hist des Berb.* t. I, p. 238. — Id. *Hist. de l'Afr. sous la dynast. des Aghlab.* p. 35. — Er-Râzi, cité par Ebn-Khaldoun, dit que le pouvoir de 'Ok'ba-ben-el-H'adjdjâdj avait duré six ans, de 117 à 123 (de 735 à 740). (Id. *ibid.* p. 36, à la fin de la note 44.)

[2] Voyez page 74 de ce volume, et la note 4 de la même page 74.

[3] En-Nouâïri, § XIX. *Appendice à l'Hist. des Berb.* t. I, p. 360; in-8°, Alger, 1852.

[4] Ebn-Khaldoun, *Hist. de l'Afr. sous la dynast. des Aghlab.* p. 36; in-8°, Paris, 1841.

[5] Baïni-el-K'aïrouâni dit qu'il fut envoyé en djoumâd-et-tâni (el-akher) 123. (*Histoire de l'Afrique*, liv. III, p. 68.)

[6] Voyez la note 4 de la page précédente.

[7] Ebn-Khaldoun, *Hist. de l'Afr. sous la dyn. des Aghlab.* p. 36. — Si le combat des Chérifs avait eu lieu sur les bords du Chélif, comme le prétend Ebn-Khaldoun (voyez la note 4 de la page précédente), H'abîb, après l'affreuse défaite des Arabes, n'aurait pas pu marcher sur *Tlemsén*, et on comprend au contraire, comment, défait sous les murs de *Tanger*, il rétrograda vers l'Est, et arriva à *Tlemsén*, où il se trouva obligé de combattre les Berbères révoltés.

[8] Ebn-Khaldoun, par suite d'une de ces négligences qui sont fréquentes dans ses récits.

[a] Il donne à l'émir d'Espagne déposé le nom de 'Ok'ba-ben-el-H'adjdjâdj-es-Seloûli. (Voyez la note 5 de la page 73 de ce volume.)

de ses Berbères. Là encore la fortune trahit les armes des Arabes, qui éprouvèrent une affreuse défaite; les deux généraux, Koltoum et H'abîb, furent
tués les armes à la main, et Baldj, acculé à la mer près de *Ceuta*, obtint
d'Abd-el-Malek-ben-K'at'an-el-Fahri l'autorisation de se réfugier en Espagne
avec les Syriens qu'il commandait [1].

Aussitôt que la nouvelle de ce second désastre parvint à *Damas*, Heschâm-
ben-'Abd-el-Malek donna l'ordre à H'and'ala-ben-S'efouân-el-Kelbi, gouverneur d'Égypte depuis cinq ans, de se rendre en Afrique, où il arriva dans le
mois de rebî-el-akher 124[2] (février-mars 742). L'insurrection s'était propa-
gée vers l'Est avec une rapidité effrayante; de toutes parts les Berbères avaient
couru aux armes, dans l'espoir que l'heure de la délivrance avait enfin sonné,
et le nouvel émir était à peine à *K'aïrouân* qu'il apprit « que la tribu des
« *Haouâra*, commandée par ses chefs 'Okâscha-ben-Aïoub-el-Fazâri[3] et 'Abd-
« el-Ouâh'ed-Ebn-Iezîd, était en révolte ouverte et marchait contre lui,
« grossie de tous les contingents berbères qu'elle avait recrutés parmi les autres
« tribus[4]. » 'Okâscha le S'ofrite était, au dire d'En-Nouâïri, à la tête d'une
telle multitude de Berbères que jamais pareil rassemblement ne s'était vu en
Afrik'ia[5]; cette avalanche descendait du *Zâb*[6]. H'and'ala, sans perdre un instant, et voulant prévenir la jonction des deux chefs, s'avança à la rencontre
d'Okâscha, qu'il atteignit à *El-K'arn*, tailla en pièces, et fit prisonnier; puis,

124 de l'hég.
(742 de J. C.)
H'AND'ALA-
BEN-S'EFOUÂN.

Batailles
d'El-K'arn
et
d'El-As'nâm.

prétend, dans un de ses passages (*Hist. des Berb.* t. I, p. 238), qu'à la bataille de *Sebou a* les Berbères étaient commandés par Mîsera, quand, quelques pages auparavant (t. I, p. 217), il a dit qu'ils étaient commandés par Khâled-Ebn-H'amîd, s'accordant du reste, en cela, avec ce qu'il avait dit page 35 de son Histoire de l'Afrique sous la dynastie des Aghlabites.

[1] En-Nouâïri, § xx, *Appendice à l'Hist. des Berb.* t. I, p. 362. — Ebn-Khaldoun, *Hist. de l'Afr. sous la dynast. des Aghlab.* p. 37. — Id. *Histoire des Berbères*, t. I, p. 217, 238 et 239.

[2] En-Nouâïri, § xxi, *Appendice à l'Hist. des Berb.* t. I, p. 362. — Ebn-Khaldoun, *Hist. des Berb.* t. I, p. 217. — Selon Raïni-el-K'aïrouâni (*Hist. de l'Afr.* liv. III, p. 69), la nomination

de H'and'ala au gouvernement de l'Afrique eut lieu en s'afar 124, ce qui s'accorde bien avec la date que donne En-Nouâïri pour celle de son arrivée à *K'aïrouân*.

[3] Ebn-Khaldoun donne à 'Okâscha la qualification d'*El-Fazâri*', et En-Nouâïri[b] s'accorde avec lui; mais je ne m'explique pas que ce dernier dise : « 'Okâscha était s'ofrite; *il avait commandé « l'avant-garde des Syriens lors de leur entrée en « Afrík'ia* avec 'Obeïd-Allah-Ebn-H'abh'âb. » (§ xx, *Append. à l'Hist. des Berb.* t. I, p. 362.)

[4] Ebn-Khaldoun, *Histoire des Berbères*, t. I, p. 218; in-8°, Alger, 1852.

[5] En-Nouâïri, § xxi, *Appendice à l'Hist. des Berb.* t. I, p. 362.

[6] Id. *ibid.* t. I, p. 363.

[a] Ebn-Khaldoun, *Histoire des Berbères*, t. I, p. 276.

[b] En-Nouâïri, § xx, *Appendice à l'Hist. des Berb.* t. I, p. 362.

revenant, par un mouvement rapide, sur *K'aïrouân*, qu'il craignait de voir
tomber au pouvoir d'Abd-el-Ouâh'ed, dont déjà les troupes occupaient
Bêdja, il envoya contre ce chef un corps de 40,000 hommes, qui fut bientôt obligé de rétrograder, après avoir été réduit de moitié par divers combats meurtriers. Profitant de cet avantage, « 'Abd-el-Ouâh'ed, à la tête de
« 300,000 combattants, vint prendre position à *El-As'nâm*, dans le canton
« de *Djerâoua*, à trois milles de *K'aïrouân.* » H'and'ala, sans s'effrayer du
nombre des ennemis, fit ses dispositions, arma tous les habitants de la ville,
et, fondant avec impétuosité sur cette multitude sans discipline, remporta
une éclatante victoire : « On prétend, dit En-Nouâïri, que jamais un conflit
« aussi sanglant n'eut lieu sur la terre. » Suivant cet historien, et suivant Ebn-
Khaldoun, qui assure que les morts furent comptés[1], 180,000 Berbères jon-
chèrent le champ de bataille. Quand El-Leït-ben-Sa'd[2] apprit la nouvelle
de cette double victoire, il s'écria : « Après la bataille de *Bedr*[3], c'est à la
« bataille d'*El-K'arn* et *El-As'nâm* que je voudrais avoir pris part[4]. » 'Abd-
el-Ouâh'ed fut trouvé au nombre des morts, et 'Okàscha, fait prisonnier à
El-K'arn, eut la tête tranchée[5] (vers le mois de mai 742).

Après avoir conjuré ce terrible orage, H'and'ala rentra à *K'aïrouân*, fit
part au khalife des succès qu'il venait d'obtenir[6], et quelques mois après, par
ordre de Heschàm, envoya en Espagne Abou-el-Khet'âr-ben-D'erâr-el-Kelbi[7],

[1] Ebn-Khaldoun, *Hist. des Berb.* t. I, p. 218.

[2] Savant traditioniste mort au *Vieux Kaire*
en 175 de l'hégire (791 de J. C.).

[3] Combat livré en l'an 2 de l'hég. (623 de J.C.)
par le Prophète, qui commandait en personne
300 Arabes, et délit Abou-S'efouân escortant,
à la tête de 1,000 hommes, une riche caravane.
(Savary, *Vie de Mahomet*, t. I, p. 50 et 51; —
Koran, chap. III, p. 64, in-8°, Paris, 1821.) —
L'exclamation du musulman se rapporte sans
doute plutôt au désir qu'il aurait eu de partager les dangers du Prophète qu'à l'importance
même du combat livré; car il est vraisemblable
que, dans les deux batailles gagnées par H'an-
d'ala, la disproportion du nombre était au
moins aussi grande qu'au combat d'*El-Bedr*. Du
reste, cette exclamation témoigne de l'impression que firent ces événements dans le monde
musulman, et de l'imminence du danger qu'a-

vait couru l'islamisme, menacé en Afrique par
une si grande masse de Berbères.

[4] En-Nouâïri, § XXI, *Append. à l'Hist. des
Berb.* t. I, p. 363 et 364. — Ebn-Khaldoun,
Hist. des Berb t. I, p. 218.

[5] Ebn-Khaldoun, *Hist. de l'Afr. sous la dyn.
des Aghlab.* p. 39.

[6] Heschâm eut ainsi, avant sa mort, qui survint le 7 rebi-el-akher 125 (mercredi 6 février
743), la satisfaction de savoir que cette conquête.
un instant si compromise, avait encore une fois
échappé au danger qui la menaçait; et, selon
les apparences, l'instant où il pourvut au gouvernement de l'Espagne dut précéder de bien
peu sa mort. Heschâm eut pour successeur son
neveu Oualîd II, fils de Iezîd II, qui avait régné
immédiatement avant lui.

[7] Raïni-el-K'aïrouàni l'appelle *El-H'issan*-ben-
D'erâr-el-Kelbi, et le donne comme successeur

qui s'embarqua à *Tunis* en 125 (fin de 742 ou commencement de 743),
pour se rendre à sa destination [1]. Il avait pour mission de pacifier ce malheureux pays que déchiraient les luttes de ses émîrs; mais je dois ici dire
un mot des événements qui s'étaient accomplis en Espagne pendant que
les Arabes surmontaient avec peine en Afrique l'opiniâtre résistance des Berbères.

Nous avons vu en 123 'Abd-el-Malek-ben-K'at'an-el-Fahri recevoir, des
mains des Berbères insurgés, le commandement de l'Espagne, et se placer ainsi, par rapport à l'Afrique, dans une indépendance qui explique sa
conduite avec le chef des Syriens après la funeste bataille de *Seboua*. A la
veille d'être écrasé à *Ceuta* par Khâled-ben-H'amîd victorieux, Baldj, ai-je dit
(page 79), fut obligé de demander à l'émir d'Espagne *la permission* de passer le détroit pour assurer le salut de tout un corps d'armée *au service de
l'Afrique*. Dans une position si délicate, cette permission n'avait été accordée
que pour une année, et sous la garantie d'otages que l'émir s'était fait livrer;
mais ces prudentes précautions devaient échouer devant l'audacieuse ambition du chef syrien. « Quand l'année fut écoulée, dit Ebn-Khaldoun, et
« qu'Abd-el-Malek voulut exiger l'exécution du traité, les Syriens le mirent
« à mort, et Baldj devint maître de l'Andalousie [2]. » Malgré cette autorité, je
regarde comme très-vraisemblable que Baldj n'attendit pas, pour attaquer

---

immédiat de 'Ok'ba-ben-el-H'adjdjâdj ». (*Histoire
de l'Afrique*, liv. III, p. 69.) Joseph Conde lui
donne le nom de Husâm ben Dhirar ben Sulei-
man el Kelebi. (*Histor. de la domin. de los Arab.
en España*, capit. XXXIII, t. I, p. 110.)

[1] Ebn-Khaldoun, *Hist. de l'Afr. sous la dyn.
des Aghlab.* p. 41.

[2] Id. *ibid.* p. 37. — Ce récit placerait l'usurpation de Baldj dans l'automne ou à la fin de
124, puisque la bataille de *Seboua* dut être
livrée en septembre ou octobre 123. Selon
Joseph Conde, 'Abd-el-Malek était à *Saragosse*
quand il reçut la nouvelle que Baldj et Ta'-
laba avaient passé le détroit avec leurs troupes
au milieu de l'année 125, « se venieron á Espa-
« ña en la mitad del año ciento veinte y cinco, »

et il leur écrivit de ne pas s'éloigner de la
côte pour être plus à portée de retourner en
Afrique où leur présence était nécessaire : « y
« escribió á estos caudillos que no debian se-
« pararse de la costa para estar mas prontos para
« tornar á Africa, donde sus personas y gente
« hacian mucha falta. » Cet accueil était un refus, et on peut ajouter un refus plein de sagesse. Si l'émir pressentait, comme il est permis de le croire, que ce corps venu de *Ceuta*
était gros d'orages pour la malheureuse Espagne, l'avenir n'a que trop vérifié la justesse
de ses pressentiments. Suivant le même auteur, 'Abd-el-Malek, peu auparavant, avait été
confirmé dans sa charge d'émir d'Espagne, en
même temps qu'il avait appris la mort du kha-

---

[*] Peut-être parce qu'il refuse de reconnaître comme légitime l'autorité de celui que les insurgés avaient
élevé sur le pavois, après avoir déposé 'Ok'ba-ben-el-H'adjdjâdj.

'Abd-El-Malek, le terme que celui-ci avait assigné à son départ, et qu'il profita du désordre occasionné en Afrique par les événements qui accompagnèrent et suivirent les journées d'*El-K'arn* et *El-As'nâm* pour s'emparer du pouvoir en Espagne [1]. Il ne faut pas perdre de vue que non-seulement Baldj régna pendant plusieurs mois, mais qu'il eut Ta'laba pour successeur, comme nous allons le voir, et que ce fut *par ordre de Heschâm*, suivant Ebn-Khaldoun [2], qu'Abou-el-Khet'âr fut envoyé pour pacifier l'Espagne; or, Heschâm étant mort le 7 rebi-el-akher 125, il faut que la plus grande partie des événements que je vais raconter se soient accomplis dans l'année 124.

Quoi qu'il en soit des incertitudes de quelques mois qui peuvent exister sur certaines dates si diversement données par les divers auteurs, la révolution faite au profit de Baldj alluma en Espagne tous les feux de la discorde : d'une part, un chef nommé Ta'laba-ben-Salemah [3], qui commandait un des corps syriens venus de *Ceuta*, refusa de reconnaître son collègue pour émîr; d'une autre part, K'at'an et 'Omeïa, les deux fils d'Abd-el-Malek, entreprirent de venger la mort de leur père, en même temps qu'Abd-er-Rah'-man-ben-H'abîb-ben-Abi-'Obeïda-ben-'Ok'ba-ben-Nâfi [4] arrivait de *K'aïrouân*

life Heschâm survenue, comme on sait, le 7 rebi-el-akher 125 [a]. Je crois qu'il y a là plusieurs erreurs graves, qui se trouvent rectifiées dans la version que j'ai adoptée; ces erreurs portent, suivant moi, sur la date du passage des Syriens de *Ceuta* en Espagne, et sur la confirmation d'Abd-el-Malek dans sa charge; mais Joseph Conde me paraît plus près de la vérité qu'Ebn-Khaldoun, quand il hâte l'instant où la lutte s'engagea entre Baldj et l'émîr d'Espagne, après le débarquement des Syriens.

[1] Probablement en djoumâd-el-akher 124 (avril-mai 742 de J. C.).

[2] Voyez page 80 de ce volume.

[3] Voyez la note 4 de la page 94 de ce vo-

lume. — Er-Râzi (Casiri, t. II, p. 326, lin. 14) nomme ce chef Ta'laba-ben-Salemah el-'Ámeli (ثعلبة بن سلمة العاملى).

[4] J'ai dit (note 1 de la page 76) qu'en 122 H'abîb-ben-Abi-'Obeïda-ben-'Ok'ba-ben-Nâfi, au retour de son expédition dans le *Soudan* et dans le *Mcghreb*, avait été envoyé en Sicile par le gouverneur d'Afrique ('Obeïd-Allah-ben-H'abh'âb).'Abd-er-Rah'man, fils de H'abîb, avait accompagné son père en Sicile, d'où ils furent bientôt rappelés à cause de la révolte de Mîsera à *Tanger* (voyez la note 4 de la page 77), et nous avons vu (page 79) H'abîb succomber avec Koltoum à la bataille de *Seboua* [b], vers la fin de 123. C'est ce même 'Abd-er-Rah'man,

[a] D. Iose Ant. Conde, *Hist. de la domin. de los Arab. en España*, parte I, capit. XXIX et XXX, t. I, p. 98 et 99.

[b] Selon toutes les apparences, 'Abd-er-Rah'man s'était trouvé, avec son père, au *combat des Chérifs* (voyez la note 4 de la page 77 de ce volume), et à la *bataille de Sebout*. Ebn-Khaldoun semble dire [*] qu'après cette bataille 'Abd-er-Rah'man combattit 'Okâscha-ben-Aïoub-el-Fazâri, et qu'ensuite il passa de *K'aïrouân* en Andalousie; mais le récit d'Ebn-Khaldoun suppose, de la part de 'Okâscha, un premier mouvement insurrectionnel qui n'aurait pris toute son importance qu'à l'arrivée de H'and'ala.

[*] *Histoire de l'Afrique sous la dynastie des Aghlabites*, p. 38; in-8°, Paris, 1841.

avec l'intention de s'emparer du pouvoir usurpé par Baldj [1]. Un affreux conflit jaillit du choc de toutes ces ambitions en présence [2]; Baldj tomba sur le champ de bataille de *Calatrava* (رباح قلعة, *K'al'at rabáh'*) percé d'outre en outre par la lance du digne petit-fils de Sidi-'Ok'ba [3], et il y avait peu de temps que Ta'laba lui avait succédé, quand Abou-el-Khet'âr-ben-D'erâr-el-Kelbi, envoyé par H'and'ala, débarqua en Espagne dans les premiers mois de 125. L'arrivée inattendue de cet émîr régulièrement nommé renversa tous les projets d'Abd-er-Rah'man qui, au dire d'En-Nouâiri, avait essayé plusieurs fois, mais infructueusement, de s'emparer du pouvoir, et qui, par suite, concevant des craintes pour sa sûreté personnelle, quand il vit l'autorité d'Abou-el-Khet'âr reconnue par tous, quitta le pays, et vint débarquer à *Tunis* en djoumâd-el-aouel 127 [4] (février-mars 745). Je préfère la version d'Ebn-Khaldoun, qui fait arriver 'Abd-er-Rah'man à *Tunis* en 126 de l'hégire [5], parce que évidemment les intrigues séditieuses auxquelles cet ambitieux continua sans doute de se livrer ne purent guère avoir une durée de plus d'une année sous le nouvel émîr, et parce que les troubles survenus en Orient durent jouer un rôle dans la résolution d'Abd-er-Rah'man et hâter l'exécu-

126 de l'hég.
(743-44 de J. C.)

arrière-petit-fils du fameux Sidi-'Ok'ba, qui, en 124, vraisemblablement après les victoires remportées par H'and'ala*, se rendit en Espagne avec des vues ambitieuses que nous le verrons bientôt satisfaire en Afrique.

[1] Ebn-Khaldoun, *Hist. de l'Afr. sous la dynast. des Aghlab.* p. 42 et 43. — Baldj obtenant de l'émîr d'Espagne, d'un émîr nommé par des insurgés, la *permission conditionnelle* de rester *un an* [b] *en Espagne* avec tout le corps syrien qu'il commande; 'Abd-er-Rah'man se rendant, sans mission, d'Afrique en Espagne, avec la seule pensée d'y semer le trouble pour s'emparer du pouvoir; ces deux faits autorisent, obligent presque, à se poser ces deux questions : Quelle était la position des chefs de corps syriens, égyptiens, etc. qui venaient en Afrique combattre pour la cause de l'islamisme? Quelles

étaient les règles de la discipline militaire chez les Arabes? Des recherches faites dans cette voie conduiraient à des résultats intéressants.

[2] « Tunc intestino furore omnis conturbatur Hispania. » (Isidori Pacensis episcopi *Chronicon*, num. 66, *España sagrada*, t. VIII, p. 309; petit in-4°, Madrid, 1752.)

[3] « El hijo de Ocha fue tan feliz que pasó de banda á banda de una lanzada á Baleg ben Baxir, que cayó en tierra muerto. » (Don Iose Ant. Conde, *Hist. de la domin. de los Arab. en España*, capit. xxx, t. I, p. 103 et 104.)

[4] En-Nouâiri, § xxii, *Appendice à l'Hist. des Berb.* t. I, p. 364. — Voyez page 92 de ce volume, et la note 3 de la même page.

[5] Ebn-Khaldoun, *Hist. de l'Afr. sous la dynast. des Aghlab.* p. 43. — Voyez page 92 de ce volume, et la note 2 de la même page.

[a] Il est incertain cependant si 'Abd-er-Rah'man se trouva aux batailles d'*El-K'arn* et *El-As'nám*. En-Nouâiri dit qu'il se réfugia en Espagne *lors de* la défaite de Koltoum. (En-Nouâiri, § xxii, *Append. à l'Hist. des Berb.* t. I, p. 364.) Si ce fait est exact, la question serait tranchée.

[b] Et si cette permission ne fut que d'*un an*, c'est, suivant Ebn-Khaldoun (voyez page 81 de ce volume), parce que l'émîr d'Espagne la limita à cette durée.

11.

tion de ses projets sur l'Afrique. Il devient indispensable ici de jeter un coup d'œil rapide sur les événements qui s'accomplissaient en Orient.

Le règne de Oualid II, neveu et successeur de Heschâm [1], n'avait eu qu'une courte durée; son impiété et ses débauches avaient indigné les peuples,

et quand son cousin Iezid, fils de Oualid Iᵉʳ, mit sa tête à prix, cette tête ne tarda pas à tomber [2]. Le 28 djoumâd-el-akher 126, celui-là même qui avait versé le sang d'un de ses proches jetait dans une prison de *Damas* les deux fils de sa victime, H'akem et 'Otmân, surnommés *les béliers* [3], et se saisissait du khalifat, sans paraître s'apercevoir qu'il arrivait au pouvoir suprême par une voie qui conduisait plus rapidement à sa perte la dynastie déjà chancelante des OMMIADES. Mais le meurtre même d'un tyran impie trouve des vengeurs quand un trône peut devenir le prix de la vengeance; de toutes parts des révoltes éclatèrent : à *Émesse* [4] les habitants prirent le deuil de Oualid, et un corps de troupes, envoyé contre eux pour punir cette significative manifestation, fut repoussé avec une perte de 300 hommes; dans la *Palestine* et dans l'*Arden* [5], la population soulevée égorgea son gouverneur, pendant que Soleïmân-ben-Heschâm-ben-'Abd-el-Malck, qui avait été jeté dans les fers [6], s'emparait de la ville de *Na'mân* [7] (نعمان) et marchait sur *Damas*. Au

---

[1] Voyez la note 6 de la p. 80 de ce volume.

[2] « Et multiplicati sunt contra eum milites « Iezidi, donec tandem descendentes de muro « in eum irruerunt, et gladiis eum suis per- « cusserunt, manum ei amputantes, et abscin- « dentes caput; quæ circumportata fuerunt Da- « masci, et portæ affixa. » (Elmacini *Hist. sarac.* lib. I, cap. XVIII, p. 85; in-fol. Lugd. Batav. 1625. — Abul-Pharajii *Hist. compend. dynast.* p. 136; in-4°, Oxoniæ, 1663. — Abulfedæ *Annal. muslem.* t. I, p. 463; in-4°. Hafniæ, 1789.) — Le règne de Oualid avait été de 1 an 2 mois 21 jours.

[3] « Duo autem filii ejus Hakemus et Otsman, « vocati arietes, in carcerem conjecti sunt. » (El-macini *Hist. sarac.* lib. I, cap. XVIII, p. 85.)

[4] Aujourd'hui *H'ems'* ou *H'oms'*, sur la rive droite de l'*Oronte*, à vingt-cinq lieues au N. E.

de *Damas*. Pline parle d'*Émesse* comme empiétant un peu sur les solitudes de *Palmire : «* Ul « tra *Palmiram* quoque ex solitudinibus iis ali- « quid obtinet *Emesa* [a]. » Ptolémée, qui écrit Ἔμισσα [b], place cette ville dans la subdivision de la Syrie dont *Apamée* était la capitale. Ce sont les Arabes qui, de *Emessa*, ont fait *H'ems'* ou *H'oms'*, qu'ils écrivent حمص [c].

[5] Voyez la note 4 de la p. 90 de ce volume.

[6] « Qui in vincula conjectus fuerat. » (Elma-cini *Hist. sarac.* lib. I, cap. XIX, p. 86.) — Sans doute par Iezid lui-même, au moment où il ordonnait le meurtre de Oualid. Ces trois personnages, Oualid II, Iezid III et Soleïmân, étaient cousins germains.

[7] La carte de la Palestine donnée par M. Lapie (feuille 13 de son atlas) indique, à 47 milles au S. O. de *Damas*, une ville du nom de *Naa-*

---

[a] C. J. Plinii *Historiæ naturalis* lib. V, cap. XXVI, § XXI, t. I, p. 269, lin. 7; in-fol. Perisiis, 1723.

[b] Cl. Ptolemæi Alexandrini *Geographiæ libri octo* lib. V, cap. XV, p. 139, et *Tabula quarta Asiæ*.

[c] *Géographie* d'Edrisi, vᵉ clim. Iʳᵉ sect. t. II, p. 132, 137 et 139; in-4°, de l'I. R. 1840.

milieu de ce désordre, le soulèvement le plus redoutable fut celui dont Mer-
ouân-ben-Moh'ammed-el-Dja'di se fit le chef en *Arménie*, parce que à sa qualité de petit-fils de Merouân-ben-el-H'akem il joignait des talents et un courage qui assuraient, plus encore que les droits du sang, ses chances de succès.
Lui aussi se présentait en vengeur de Oualîd, et Iezîd, comprenant la force
de la position d'un pareil adversaire, crut devoir s'en débarrasser par l'offre,
qui fut acceptée, de l'important gouvernement dont l'ensemble embrassait la
Mésopotamie, l'*Arménie*, le *Mossoul* et l'*Adzerbaïdján*. L'insurrection, privée de
ce chef, était à peine apaisée, quand le 11 zil-h'adja 126, après 160 jours
de règne, la peste conduisit Iezîd au tombeau[1]. Son frère Ibrahîm lui succéda. Aussitôt (127 de l'hégire) Merouân, à la tête de 80,000 hommes,
marcha sur *K'ennesrîn*[2] pour ensuite s'emparer de *Damas*; et le nouveau khalife opposa une armée de 120,000 hommes commandée par Soleïmân, qui
évidemment s'était rattaché à la cause de ses cousins lors du pacte fait avec
Merouân. Avant d'en venir aux mains, l'habile Merouân, conservant jusqu'à
la fin son rôle de protecteur, invita Soleïmân et les siens à se joindre à lui
pour venger la mort de Oualîd et délivrer ses deux fils, H'akem et 'Otmân;

127 de l'hég.
(744-45 de J. C.)
Ibrahîm.

---

math, située sur la rive gauche du *Jourdain*, un
peu au Nord du lac *Tibériade*.

[1] Elmacini *Hist. sarac.* lib. I, cap. xix, p. 86
et 87. — Cet auteur (page 87) indique le jour
de la mort de Iezîd en ces termes : « Die Mercu-
« rii post festum oblationis. » Aboul-Faradj
(page 136) et Aboul-Feda (t. I, p. 465) placent
cet événement au 20 zil-h'adja 126; mais Elmacin dit (page 87) que le règne de Iezîd eut
une durée de 5 mois et quelques jours; plus
bas il fixe avec précision 160 jours, ce qui conduit au 11 zil-h'adja 126. Or, la fête du sacrifice[a] (عيد الكبير, *'Aïd-ed'-d'ah'hat*) ou de l'obla-
tion, se célèbre tous les ans le 10 zil-h'adja, et,
en 126, ce jour tombait un mardi (le mardi
22 septembre 744), donc le mercredi qui suit
cette fête fut le lendemain 11 zil-h'adja. Mais
si l'on place l'hégire au 16 juillet 622, la grande
fête de 126 tombe le mercredi 10 zil-h'adja, et
le mercredi qui suit cette fête est le 17 zil-h'adja

[a] Voyez la note 6 de la page 60 de ce volume.
[b] Voyez la note 3 de la page 94 de ce volume.

correspondant au mercredi 30 septembre 744.
Il ne peut donc y avoir d'incertitude, pour la
date qui nous occupe, qu'entre le 11 et le 17
zil-h'adja; mais cette incertitude se trouve le-
vée par la durée qu'Elmacin assigne au règne
de Iezîd, durée confirmée par Aboul-Feda, qui
lui donne 5 mois 12 jours, « postquam chalifa-
« tum per quinque duntaxat menses et 12 dies
« gessisset. » (*Annal. maslem.* t. I, p. 465.)

[2] *K'ennesrîn* (قنسرين) est, selon Edrîsi, une
ville qui donne son nom à la province dont
Alep (حلب, rigoureusement *H'aleb*, mais l'u-
sage a consacré *Alep*) est la capitale. Les fortes
murailles dont elle était entourée furent dé-
molies, par ordre de Iezîd-ben-Mo'aouïa, à
l'époque du meurtre de H'osseïn-ben-'Ali, par
conséquent en 61 de l'hégire[b] (680-681 de
J. C.). *K'ennesrîn* se trouve à 20 milles au Sud
d'*Alep*. (*Géographie* d'Edrîsi, t. II, p. 135 et
136. — Ibn-Batoutah, *Voyages*, t. I, p. 163.)

mais ces propositions ayant été rejetées, la bataille s'engagea: Soleïmân fut
défait, et se replia immédiatement sur *Damas* où, de concert avec Ibrahîm,
il eut l'indignité de faire égorger les deux jeunes prisonniers[1]. Sur ces entre-

Merouân.

faites, Merouân accourut à *Damas* et, le 20 s'afar 127, il déposa Ibrahîm,
qui n'avait occupé le trône que pendant 69 jours, soixante-neuf tristes jours
d'agitation et d'angoisses terminés par un crime[2]. Tels furent les bouleverse-
ments qui élevèrent au rang suprême ce Merouân en qui devait s'éteindre la
dynastie, un instant si puissante, fondée par Mo'aouïa-ben-Abou-Sofïân. Pour
bien faire comprendre la gravité des changements qui étaient à la veille de
s'accomplir en Orient, et qui allaient transporter le khalifat des mains des
OMMIADES dans celles des *'ABBÂSIDES*, il ne me reste plus qu'a tracer un tableau rapide des événements qui avaient préparé cette grande révolution; le
récit de ces événements peut seul éclairer d'une lumière complète les révolu-
tions secondaires dont nous allons être les témoins en Afrique et en Espagne.

Com-
mencements
des
'Abbâsides.

Dès l'an 100 de l'hégire[3] (718-719 de J. C.), sous le règne de 'Omar-
ben-'Abd-el-'Azîz, huitième khalife ommiade, Moh'ammed fils d'Ali et arrière-petit-fils d'El-'Abbâs, oncle du Prophète, avait commencé à afficher
ses prétentions au khalifat dans le *Khorâsân*, où il ne cessa plus d'exercer
secrètement une ombre d'autorité spirituelle; mais, en 125, vraisemblable-

---

[1] « Et invitavit eos Merwan ad vindicandum
« Walidis cædem, et liberandos duos illos pue-
« ros, Hakemum scilicet et Otsmanem, filios
« Walidis, qui *Damasci* in carcere erant... Su-
« leiman vero reversus est *Damascum*, visum-
« que fuit illi et pariter Ibrahimo, pueros illos
« necare. Itaque mittunt qui eos mactent. » (Elmacini *Hist. sarac.* lib. I, cap. xx, p. 88. —
Abulfedæ *Annal. muslem.* t. I, p. 467.) — Selon
Aboul-Faradj (p. 137), qui semble avoir consulté
la même source à laquelle Elmacin a puisé[a], Merouân fit rendre les derniers devoirs aux deux
jeunes victimes : « *Damascum* autem ingressus
« pueros duos Al Hacemum et Othmanum, Al
« Walidi ben Iezid ben Abdal Malek filios, qui
« interfecti fuerant, adductos sepelivit. »

[2] Ce prince vécut, dit-on, jusqu'en 132 de

l'hégire. (Elmacini *Hist. sarac.* lib. I, cap. xx,
p. 88.) — Au dire d'Aboul-Feda, il se hâta de
faire sa soumission à Merouân (t. I, p. 469),
suivit sa fortune, et fut tué dans la grande bataille que celui-ci, défait par 'Abd-Allah, perdit le 11 djoumâd-el-akher 132[b]. (Abulfedæ
Annal. muslem. t. I, p. 485.

[3] D'Herbelot, *Bibliothèque orientale*, p. 684,
col. 2, au mot *OMAR BEN ABDALAZIZ*. Il emprunte cette date à Elmacin. (*Hist. sarac.* p. 91.)
— « Dès avant la fin du premier siècle de l'hégire,
« dit le savant Silvestre de Sacy, il s'était formé,
« principalement dans les provinces les plus
« orientales de l'empire, un parti puissant en
« faveur des descendants d'Abbâs, oncle du
« Prophète. » (*Exposé de la religion des Druzes*,
t. I. Introduction, p. LV; in-8°, de l'I. R. 1838.)

---

[a] « At Merwan ingressus *Damascum*, descendit, et adductos pueros interfectos sepelivit. » (Elmacini *Hist.
sarac.* lib. I, cap. xx, p. 88; in-fol. Lugd. Batav. 1625.)

[b] Voyez la note 5 de la page 90, et la note 5 de la page 87 de ce volume.

ment au moment de la mort de Heschâm [1], une tentative fut faite par quelques
zélés adhérents, qui vinrent saluer leur imâm et lui offrir de riches présents.
Jugeant, toutefois, que l'instant n'était pas venu de se déclarer, Moh'ammed
leur répondit comme un inspiré qui lit dans l'avenir : « Je dois mourir cette
« année même, et ce sera mon fils Ibrahîm qui deviendra votre seigneur
« jusqu'à ce qu'il soit tué; mais quand Dieu l'appellera à lui, votre seigneur
« sera mon fils 'Abd-Allah-es-Seffâh' [2] qui sera affermi dans cet empire, et à
« qui il est réservé d'anéantir les OMMIADES [3]. » Moh'ammed mourut en effet
dans l'année 125, à soixante-trois ans selon les uns, à soixante-sept ans selon
d'autres, et son fils Ibrahîm devint, sous le nom d'imâm ou de pontife [4], le
chef de ce parti qui n'était encore qu'à l'état de secte agissant dans l'ombre,
mais de secte dont les forces allaient s'accroître au milieu des troubles qui
remplirent les trois misérables règnes de Oualîd, de Iezîd, et de cet Ibrahîm
que nous venons de voir détrôné, au commencement de 127, par Merouân-
ben-Moh'ammed-el-Dja'di.

Ce prince, vraiment capable de rendre à la famille des OMMIADES sa
puissance et son éclat, si la fin de cette dynastie n'avait été irrévocablement
marquée, eut d'abord à combattre des princes de sa propre famille : le même
Soleïmân-ben-Heschâm, qu'il avait vaincu près de *Damas* et qui lui avait fait
sa soumission [5], ne tarda pas à se présenter à la tête d'une armée après s'être

---

[1] Voyez la note 6 de la p. 80 de ce volume.

[2] Beaucoup plus connu sous le nom d'Abou-el-'Abbás-es-Sefâh'. C'est pour la clarté du récit que j'ai mis le surnom d'es-Seffâh' (السفاح), même dans la bouche de Moh'ammed; car ce surnom, qui veut dire *sanguinaire*, ne put lui être donné que plus tard, à cause des cruautés qu'il exerça sur la famille des OMMIADES. — Constantin Porphyrogénète a parlé de ce prince sous le nom d'Abd-Allah (Ἀβδελᾶς), et, le confondant avec son successeur, il lui attribue vingt et un ans de règne. (*De administrando Imperio*, cap. XXII; *Imperium Orientale*, t. I, p. 75; in-fol. Parisiis, 1711.)

[3] « Utique ego hoc anno moriar et filius « meus Ibrahimus dominus vester erit, donec « interficiatur. Cum autem e vivis eum sustule- « rit Deus, dominus vester erit filius meus Ab- « dalla Haritides [a] (id est, Saffahus) qui stabilis « erit in hoc imperio, cujusque manu e medio « tollentur OMMIÆ. » (Elmacini *Historia sarac.* lib. II, cap. 1, p. 91.)

[4] « Qui Ibrahim vulgo imam vel antistes di- « citur. » (Abulfedæ *Ann. muslem.* t. I, p. 473.)

[5] Il fit sa soumission dès l'année 127, en même temps qu'Ibrahim, le khalife détrôné : « Illuc [b] « ad eum missis primum legatis Ibrahim, jam « privatus et latitans, et ejus quondam dux,

[a] Voyez la note 2 ci-dessus.

[b] A H'arrân [*], où il était retourné quand il avait vu le calme rétabli, et qu'il n'y avait plus rien à craindre. « Re- « busque ibi sic ad pacem compositis, ut verendum nihil superesset, *Harranam* repetebat. » (Abulf. t. I, p. 469.)

[*] H'arrân, حرّان, est l'ancienne *Charræ* ou *Carræ*, ville de la *Mésopotamie* qui était située à douze milles au S. E. de l'ancienne *Édesse* (aujourd'hui *Er-Roha*, الرها). (*Géographie d'Edrisi*, t. II, p. 129, 142, 152 et 153.)

fait proclamer à *Bas'ra;* Merouân l'atteignit à *K'ennesrín*, où il lui fit éprouver une défaite complète: 3o,ooo hommes restèrent sur le champ de bataille [1]. Suivant Elmacîn, Soleïmân se retira à *Émesse*, où il continua la résistance; selon Aboul-Feda, il fut fait prisonnier et s'échappa pour aller soulever *Émesse*. Quoi qu'il en soit, Merouân, après une nouvelle lutte, resta maître de cette ville, et Soleïmân semble alors disparaître de la scène [2]; mais le plus redoutable ennemi de Merouân allait bientôt se faire connaître. Un jeune musulman, issu d'une famille qui habitait le territoire de *Koufa*, avait reçu du premier pontife 'abbâside, de Moh'ammed, la mission de lui concilier secrètement les esprits, et Ibrahîm, à la mort de son père, en 125, l'avait confirmé dans cet emploi [3]. Ce jeune homme était Abou-Moslem [4], à qui, presque seul, la famille des *'ABBÁSIDES* doit son immense fortune [5]. Jusqu'à l'an 129 (746-747 de J. C.), époque à laquelle les *'ABBÁSIDES* commencèrent à pratiquer au grand jour les menées qu'ils tramaient sourdement depuis plusieurs années, Abou-Moslem avait coutume de faire de fréquentes

« Solaiman, Heschami filius, veniam commis- « sorum spiritusque securitatem deprecantur, « promissaque sui copiam ipsi ambo faciunt et « dominum agnoscunt; Solaiman quoque cum « fratribus et tota gente sua, qui omnes Mar- « vano sacramentum dixerunt. » (Abulfedæ *Ann. muslem.* t. I, p. 469; in-4°, Hafniæ, 1789.)

[1] Elmacini *Hist. sarac.* lib. I, cap. XXI, p. 90. — Abulfedæ *Annal. muslem.* t. I, p. 471. — Selon Aboul-Faradj (p. 137), six mille hommes seulement périrent dans cette bataille.

[2] J'ignore d'où l'abbé de Marigny [a] a tiré les éléments du rôle qu'il fait jouer à Soleïmân qui, suivant lui, vécut à la cour de Merouân, et là conquit Abou-Moslem au parti des *'ABBÁSIDES.* Ces faits ne s'accordent nullement avec la version d'Aboul-Feda que j'ai suivie, en m'aidant aussi du récit d'Elmacin. Il n'est plus fait mention de Soleïmân qu'à l'avénement du premier 'Abbâside, Abou-el-'Abbâs-es-Seffâh', qui, à l'instigation du poëte Sadîf, versa le sang des *OMMIADES* et fit mourir Soleïmân à *Koufa*, en

132, malgré les promesses qu'il lui avait faites : « Solaimano quidem, Heschami filio, Abd-el- « Maleki nepoti, securitatem promiserat, mul- « tumque honoris exhibuerat Saffah; verum a « Sadîfo poeta incitatus et mente mutatus cu- « rabat eum *Cufæ* peremi. » (Abulfedæ *Annal. muslem.* t. I, p. 491.)

[3] « .....donec Muhammed filius Ali filii Ab- « dallæ Abbâsida ei negotium illud animorum « sibi clam conciliandorum mandaret, in quo « deinde, mortuo Muhammede, a filio quoque « Ibrahimo immuno, et ab aliis hujus familiæ « antistitibus confirmatus fuit. » (Id. *ibid.* t. I, p. 475; in-4°, Hafniæ, 1789.)

[4] Voyez l'article biographique qu'Ebn-Khalk'ân lui a consacré. (*Biographical Dictionary,* t. II, p. 100-110; in-4°, Paris, 1843.)

[5] « Abou-Moslem (أبو مسلم), cui viro pæne « soli splendidissimam suam fortunam hæc gens « debet. » (Abulfedæ t. I, p 473.) — Baïni-el-K'aïrouâni l'appelle Abou-Muslem-*el-Khorâsâni.* (*Histoire de l'Afrique,* liv. III, p. 73.)

[a] *Histoire des Arabes sous le gouvernement des khalifes,* par M. l'abbé de Marigny, t. II, p. 488 et 489; in-12, Paris, 1750. — Il semble avoir emprunté une grande partie de son travail à la Bibliothèque orientale de d'Herbelot et à l'*Historia patriarcharum alexandrinorum* d'Eus. Renaudot.

allées et venues entre le Khorâsân et la Syrie[1], où résidait le pontife Ibrahîm,
qu'il informait de ce qui se passait de nouveau dans les provinces du Levant,
en même temps qu'il prenait ses ordres; mais, en 129, Abou-Moslem s'ache-
minant, comme de coutume, vers la Syrie, reçut des lettres qui l'invitaient,
après avoir rempli une mission près de K'ah't'aba[2], à retourner à son poste, où
désormais il devait agir ouvertement[3]. Selon Elmacin, Abou-Moslem n'avait
que dix-neuf ans lorsqu'il arriva dans le Khorâsân, porteur d'une lettre d'Ibrahîm pour Soleïmân-ben-Ketîr, chef de la secte 'abbâside dans cette province,
lettre par laquelle le pontife enjoignait à tous ses partisans d'obéir à celui qu'il
envoyait. Après quelques hésitations, qui avaient leur source dans l'extrême
jeunesse du chef que le pontife donnait à l'insurrection[4], Abou-Moslem se
mit à l'œuvre; il arbora l'étendard noir des *ABBÂSIDES*, proclama Ibrahîm le
1er schaouâl 129[5] (jour de *Beïrâm*), et bientôt le nombre des partisans s'accrut à tel point que Nas'er-ben-Seïâr[6], qui gouvernait la province au nom de
Merouân, crut devoir envoyer un corps de cavalerie à la poursuite d'Abou-
Moslem; mais celui-ci tua la plus grande partie de cette troupe et mit le reste
en fuite[7]. La lutte était engagée, et chaque jour voyait grossir les rangs du
prétendant en même temps que ceux du khalife s'éclaircissaient, jusqu'à
l'instant où Merouân, effrayé des progrès de son compétiteur, donna, en
131 (748-749 de J. C.), l'ordre de se saisir d'Ibrahîm et de le mettre à

[1] Ibrahîm résidait dans la ville d'*H'omaïm*
(ألحميمة, *El-H'omaïma*) dont je ne puis dire l'emplacement, malgré les explications données par
Aboul-Feda (t. I, p. 477 et t. II, p. 35). Cette
ville devait appartenir à la partie la plus septentrionale de la Syrie (شام, *Schâm*) et se trouver
dans le voisinage de l'*El-Djezîra* (la *Mésopotamie*).

[2] قحطبة, un des généraux dévoués aux *'Ar-
BÂSIDES*.

[3] Abulfedæ *Annal. musl.* t. I, p. 473 et 475.

[4] A moins de supposer qu'Abou-Moslem
était, dans les mains d'Ibrahîm, un agent secret, même pour ses plus zélés partisans, on
doit admettre que le chef de la secte abbâside
dans le Khorâsân connaissait très-bien le messager dévoué du pontife, et que sa jeunesse ne
fut sans doute pas la seule cause des hésitations de Soleïmân-ben-Ketîr, mais que ce chef

dut être blessé d'avoir à obéir à un jeune
homme qui, selon les apparences, avait été
jusque-là placé sous ses ordres.

[5] D'Herbelot, *Bibliothèque orientale*, p. 26,
col. 1, au mot *ABOU-MOSLEM*; in-fol. Maëstricht,
1776. — Il avait choisi, comme on voit, le jour
d'une des deux grandes fêtes des musulmans,
celui où les réjouissances publiques réunissent
la multitude. (Voyez la note 6 de la page 60
de ce volume.)

[6] نصر بن سيار (Abulfedæ, t. I, p. 474).

[7] « Misitque Nasrus equites, ad oppugnan-
« dum Abu Muslimum: sed hic eos, bona eo-
« rum parte interfecta, in fugam vertit. » (Elmacini *Hist. sarac.* lib. II, cap. 1, p. 92.) —
Elmacin, sans le dire, mais par la disposition
de son récit, semble placer ces événements en
127; la version d'Aboul-Feda, qui les rapporte
à l'année 129, est bien préférable.

mort [1]. Le pontife, voyant que son heure était venue, avait désigné son frère Abou-el-'Abbâs-'Abd-Allah pour lui succéder, en lui prescrivant de se rendre d'*H'omaïm* à *Koufa* [2]. Ainsi s'accomplissaient successivement les termes de la prophétie du vieux Moh'ammed. Le vendredi 15 rebi-el-aouel 132, Abou-el-'Abbâs-es-Seffâh' fut proclamé khalife à *Koufa* [3], et bientôt Merouân, poursuivi par Abou-Moslem et par 'Abd-Allah, oncle du nouveau khalife, se vit réduit à fuir à *K'ennesrîn*, à *Émesse*, à *Damas*, en *Palestine*, dans l'*Arden* [4], et enfin en *Égypte*, où il trouva une mort glorieuse dans un dernier combat [5]. La dynastie des *OMMIADES* venait de faire place à celle des *'ABBÂSIDES*, le

(marge : Établissement des 'Abbâsides.)

---

[1] Elmacini *Hist. sarac.* lib. II, cap. 1, p. 93. — Abulfeda (*Annal. muslem.* t. I, p. 477) place en 129 la mort d'Ibrahîm le pontife. — D'Herbelot, d'après Khondemir, rapporte cet événement à l'an 130. (*Bibl. orient.* p. 444, col. 2, au mot *IBRAHIM IMAM*.) — Suivant Aboul-Faradj, qui donne la même date qu'Elmacîn, Ibrahîm entreprit, en 131, un voyage à *la Mekke* avec une grande pompe; Merouân envoya un détachement de cavalerie qui se saisit de sa personne, et l'imprudent pontife, jeté dans une prison de *H'arrân*, fut bientôt mis à mort. (Abul-Pharajii *Hist. compend. dynast.* p. 137 et 138.)

[2] « Cæterum jam ante fratri suo Saffaho Abul-» abbasi præcesserat, uti *Cufam* se reciperet : » et scripserat ad illos qui imperium ejus se-» quebantur, iisque significaverat, illum post » se chalifatum fore. Itaque Abulabbas, cum fa-» milia sua, *Homaimâ* abiit *Cufam.* » (Elmacini *Hist. sarac.* lib. II, cap. 1, p. 93.) — Abulfedæ *Annal. muslem.* t. I, p. 481. — Abul-Pharajii *Hist. compend. dynast.* p. 138.

[3] Pharajii (lib. II, cap. 11, p. 94) dit qu'Abou-el-'Abbâs-es-Seffâh' fut proclamé « die *Veneris*, » decimo tertio Rabii prioris hujus anni (132); » mais c'est le 15 rebi-el-aouel 132, et non le 13, qui tombe un *vendredi*, le vendredi 31 octobre 749. — Suivant Aboul-Feda (*Annal. muslem.* t. I, p. 481), il fut proclamé dans le troi-

sième ou, selon d'autres, dans le quatrième mois de 132 « idque mense hujus anni (132) » aut tertio, aut quarto juxta alios. » Mais (page 483) il fixe le 12 rebi-el-aouel. — Aboul-Faradj (page 138) avait donné exactement la même date (12 rebi-el-aouel 132) qui, d'ailleurs, s'accorde, à un jour près, avec celle indiquée par Elmacîn. Je viens de dire pourquoi je l'ai légèrement modifiée.

[4] « In *Iarœnum*, » dit la traduction. C'est le pays où coule le *Jourdain* (*Iordanis*) et que les Arabes appellent *El-Arden* (الٲردن), nom qu'ils donnent aussi au fleuve. (Voir d'Herbelot, *Bibliothèque orientale*, p. 756, col. 2, au mot *SCHAM*; in-fol. Maestricht, 1776.)

[5] 'Abd-Allah avait envoyé son frère S'âleh' à la poursuite de Merouân, et il l'atteignit dans un bourg du *S'a'id* nommé *Bus'îr* [a]. Là fut livré le combat où Merouân succomba « die *Solis*, » vigesimo septimo djumadæ posterioris [b]; » or, le 27 djoumad-el-akher 132 correspond, non à un *dimanche*, mais au *lundi* 9 février 750. La tête de Mero uân fut envoyée à Abou-el-'Abbâs qui était proclamé depuis 102 jours (3 mois 13 jours). — Aboul-Faradj (page 138) et, d'après lui, Joseph Conde (capit. XXXVIII, t. I, p. 130) placent la mort de Merouân au 27 zil-h'adja 132 (mercredi 5 août 750), six mois plus tard qu'Elmacini. — Aboul-Feda (t. I,

---

[a] Les traducteurs de Raïni-el-K'aïrouâni transcrivent *Abou-Serr.* (*Histoire de l'Afrique*, liv. III, p. 73.) — Voyez Aboul-Feda, t. I, p. 487, et Reiskii *Adnotationes historicæ*, num. 242 hujus tomi, p. 141.

[b] Elmacini *Historia saracenica*, lib. II, cap. 11, p. 95 et 96; in-fol. Lugduni Batavorum, 1625.

khalifat avait passé de la branche de 'Abd-Schems à celle de Hâschem, c'est-à-dire à la branche qui avait l'honneur de compter le Prophète au nombre de ses enfants. Ainsi s'était éteinte la puissance d'Omeïa entre les mains d'un de ses plus dignes descendants, car Merouân unissait la prudence au courage, la générosité à la sagesse; mais, comme disent les Arabes, quand la Fortune sourit, on la conduit par un cheveu, quand elle est contraire, elle brise, pour fuir, les fers dans lesquels on a cru l'enchaîner [1]. Nous pouvons maintenant revenir à l'Afrique.

Nous avons laissé H'and'ala vainqueur d'une redoutable insurrection des Berbères (pages 79 et 80) et chargeant, en 125, Abou-el-Khet'âr-ben-D'erâr-el-Kelbi d'aller pacifier l'Espagne agitée par plusieurs prétendants à l'émîrat de ce pays, prétendants au nombre desquels se trouvait 'Abd-er-Rah'man [2]. J'ai dit (p. 83) que l'arrivée d'Abou-el-Khet'âr avait renversé les projets de cet ambitieux et l'avait décidé à rentrer en Afrique, où il arriva en 126. C'était vers l'instant où, à *Damas*, la tête de Oualîd était mise à prix; on a vu (pages 84 et 85) les agitations qui suivirent le meurtre de ce khalife, et comment, en moins de huit mois, les deux tristes règnes de ses successeurs se terminèrent, au commencement de 127, par la déposition d'Ibrahîm et l'élévation de Merouân. De si graves événements parurent favorables à 'Abd-er-Rah'man pour s'emparer du pouvoir en Afrique : il lève l'étendard de la révolte à *Tunis*, rassemble les mécontents, les exalte, et, à la tête de la population insurgée, il va camper à la *Sebkha* [3] (سبخة) de *Sîdjoum*; vainement H'and'ala, dont l'âme pieuse était avare du sang musulman, envoie au général coupable une députation des principaux personnages de l'Afrik'ia pour l'engager à rentrer dans le devoir; 'Abd-er-Rah'man, sourd à toutes les représentations, fait jeter les députés dans les fers avec menace de leur ôter la

AFRIQUE.

---

p. 485 et 487) représente Merouân vaincu par 'Abd-Allah dans une grande bataille livrée sur les bords du *Zâb* (*Kourdistan*) le samedi 11 djoumâd-el-akher 132 (samedi 24 janvier 750) et fuyant à *Émesse*, à *Damas* et en *Palestine*. Comme Aboul-Faradj, il place la mort de Merouân (t. I, p. 487 et 489) au 27 zil-h'adja 132 *.

[1] Ce n'est pas tout à fait ainsi qu'Erpenius a traduit le dicton arabe, mais la forme que j'ai adoptée m'a paru mieux rendre la pensée qu'il s'agit d'exprimer.

[2] Voyez note 4 de la page 82 de ce volume.

[3] On donne le nom de *Sebkha* à des espèces d'étangs d'eau salée ou d'eau saumâtre.

* Aboul-Feda, comptant la fin du khalifat de Merouân, non pas du jour de la proclamation d'Abou-el-'Abbás-es-Seffâh', mais du jour qu'il assigne ici à sa mort, dit (t. I, p. 489) qu'il régna 5 ans 10 mois et demi, ce qui est à peu près exact, puisque ce règne ayant commencé le 20 s'afar 127, il s'était écoulé, jusqu'au 27 zil-h'adja 132, 5 ans 10 mois 7 jours.

vie « si quelqu'un de leur parti osait lui lancer même une pierre [1]. » Cette
audacieuse menace produisit son effet; H'and'ala, qui naguère commandait
en vainqueur, eut la vertueuse faiblesse d'obéir à une insolente injonction,
et de se retirer en Orient, laissant le champ libre à son adversaire, qui aussitôt marcha sur K'aïrouân et prit le gouvernement des possessions arabes.
Selon Ebn-Khaldoun, cette révolution s'accomplit dans l'année même où
l'arrière-petit-fils de Sidi-'Ok'ba avait débarqué à *Tunis :* « 'Abd-er-Rah'man-
« ben-H'abîb, dit-il, qui était en Espagne, traversa le détroit et enleva à
« H'and'ala la possession de l'Afrîk'ia. Ceci se passa en 126 [2]. » En-Nouâïri
fait arriver 'Abd-er-Rah'man à *Tunis* en djoumâd-el-aouel 127, comme je
l'ai dit (page 83), et il fixe au mois suivant, djoumâd-el-akher (mars 745),
le départ de H'and'ala pour l'Orient [3]. La conclusion à tirer de ces deux versions, c'est que le coup de main d'Abd-er-Rah'man fut très-rapide, mais sa
date reste incertaine. On peut cependant supposer, avec beaucoup de vraisemblance, que ces événements se passèrent à la fin de 126, et on s'expliquerait, par la similitude des positions, la facile condescendance que mit
Merouân à sanctionner en 127 l'usurpation d'Abd-er-Rah'man : « Lorsque
« Merouân fut parvenu à l'empire, dit Ebn-Khaldoun, il écrivit à 'Abd-er-
« Rah'man pour le confirmer dans le gouvernement de l'Afrique [4]; » or, nous
avons vu (page 86) que Merouân saisit le khalifat le 20 s'afar 127 (1er décembre 744).

127 de l'hég.
(744-45 de J. C.)
'ABD-
EB-RAH'MAN-
BEN-H'ABÎB.

En Afrique comme en Orient, l'usurpation triomphait; en Afrique comme
en Orient, ce triomphe devint le signal de nombreuses révoltes : à *Tunis,* et
sur une grande étendue du littoral, les Arabes se soulevèrent, pendant que
les Berbères, « *cette plaie de l'Afrique,* » dit Ebn-Khaldoun, s'agitaient dans leurs
montagnes, pendant aussi qu'un chef des *S'enh'âdja* [5] s'emparait de *Bédja,*

[1] En-Nouâïri, § XXII, *Appendice à l'Hist. des
Berb.* t. I, p. 365. — Ebn-Khaldoun, *Hist. de
l'Afr. sous la dynast. des Aghlab.* p. 43.

[2] Ebn-Khaldoun, *Histoire des Berbères,* t. I,
p. 218.

[3] En-Nouâïri, § XXII, *Append. à l'Hist. des
Berb.* t. I, p. 365. — Ebn-'Abd-el-H'akem fixe
la même date. (Voyez la note 1 de la page 365
que je viens de citer.)

[4] Ebn-Khaldoun, *Hist. de l'Afr. sous la dynast. des Aghlab.* p. 44. — Suivant En-Nouâïri,

ce fut seulement quand 'Abd-er-Rah'man eut
vaincu toutes les révoltes engendrées par son
usurpation, que Merouân, en réponse à une
lettre accompagnée de cadeaux, lui envoya sa
nomination au gouvernement de l'Afrique et
de l'Espagne. (§ XXII, *Append. à l'Hist. des
Berb.* t. I, p. 366.)

[5] Ce chef pourrait être Tabet-ben-Ourzidan,
qu'Ebn-Khaldoun mentionne en disant qu'il se
révolta sous le règne d'Es-Saffâh'. (*Histoire des
Berbères,* t. II, p. 4; in-8°, Alger, 1854.)

et que deux Berbères khâredjites de la tribu des *Haouâra* se montraient en armes aux environs de *Tripoli*[1]. On doit croire qu'Abd-er-Rah'man fut d'abord, et pendant un assez long temps, dans l'impuissance de réprimer ces terribles soulèvements : « Les affaires, dit Ebn-Khaldoun, restèrent encore « quelque temps en cet état déplorable, et Isma'ïl-Ebn-Ziâd s'empara de « *K'âbes* avec l'aide des partisans qu'il avait trouvés dans les *Nefousa*[2]. » Ce n'est qu'en 131 que le même historien nous représente 'Abd-er-Rah'man prenant le commandement d'une partie des troupes pour marcher contre les insurgés sur un point, en même temps qu'El-Iâs, un de ses frères, étouffait la révolte sur un autre point, et obligé, en 135, de se mettre de nouveau en campagne pour aller combattre et vaincre des bandes de Berbères dans les environs de *Tlemsén*[3]. Alors seulement il fut maître du *Maghreb*. Quand 'Abd-er-Rah'man avait appris la révolution accomplie en Orient en rebî-el-aouel 132 au profit des *'ABBÂSIDES,* il s'était empressé de reconnaître Abou-el-'Abbâs-es-Seffâh', et il reconnut aussi Abou-Dja'far-el-Mans'our[4] lorsque celui-ci, le 10 zil-h'adja 136, succéda à son frère ; mais, dès l'année 137, une lettre menaçante qu'il reçut d'El-Mans'our l'enflamma de colère ; convoquant aussitôt le peuple dans la mosquée, il déchira, en pleine chaire, le khila't (خلعة, manteau noir d'investiture) qu'il avait reçu du khalife, et proclama son indépendance[5]. Cet acte de rébellion servit de prétexte à ses frères, El-Iâs et 'Abd-el-Ouâret (عبد الوارث), pour l'assassiner de leur propre main[6], et de grands troubles sortirent de la lutte qui s'engagea dès lors entre H'abîb, fils d'Abd-er-Rah'man, et ses oncles. Mais, avant d'entrer dans le détail des déchirements de l'Afrique, je dois dire les événements qui

131 de l'hég. (748-49 de J. C.)

135 de l'hég. (752-53 de J. C.)

137 de l'hég. (754-55 de J. C.)

Ramad'an 137 de l'hég. (Du 16 février au 18 mars 755 de J. C.)

---

[1] En-Nouâïri, § XXII, t. I, p. 366. — Ebn-Khaldoun, *Histoire des Berbères*, t. I, p. 218 et 219. — Id. *Hist. de l'Afr. sous la dynast. des Aghlab.* p. 44.

[2] Ebn-Khaldoun, *Hist. des Berb.* t. I, p. 219.

[3] Id. *ibid.* même page. — Id. *Hist. de l'Afr. sous la dynast. des Aghlab.* p. 44.

[4] Ce fut ce prince qui régna près de vingt-deux ans, du 10 zil-h'adja 136 au 7 zil-h'adja 158. (Voy. note 2 de la page 87 de ce volume.)

[5] En-Nouâïri, § XXIII, *Append. à l'Hist. des Berb.* t. I, p. 367 et 368. — Ebn-Khaldoun, *Hist. de l'Afr. sous la dyn. des Aghlab.* p. 45 et 46.

[6] En-Nouâïri, § XXIV, *Appendice à l'Hist. des Berb.* t. I, p. 368 et 369. — Ebn-Khaldoun, *Hist. de l'Afr. sous la dynast. des Aghlab.* p. 46 et 47. — Id. *Hist. des Berb.* t. I, p. 219. — 'Abd-er-Rah'man avait gouverné l'Afrique pendant dix ans et quelques mois[a]. (En-Nouâïri, § XXIV, t. I, p. 372.)

---

[a] 'Abd-er-Rah'man-ben-H'abîb dut être assassiné en ramad'ân 137 ; son règne eut donc une durée de 10 ans et 3 mois, si la date donnée ci-dessus (page 92) par En-Nouâïri est exacte ; et, plus probablement, une durée de 10 ans 7 mois, si on fait commencer son règne quand Merouân le reconnut en s'afar 127.

s'étaient accomplis en Espagne; je le dois d'autant plus que leur récit jettera quelque lumière sur les deux sujets traités dans cette étude.

L'émîr que H'and'ala avait donné à l'Espagne en 125 [1] était loin d'avoir pu remplir la mission pacificatrice dont il avait été chargé, ou plutôt les premiers instants avaient répondu aux espérances conçues, et Abou-el-Khet'âr-ben-D'erâr-el-Kelbi n'avait pas cessé de montrer qu'il était digne du rôle que le vertueux H'and'ala lui avait confié; mais à peine avait-il, par une série d'actes louables, rétabli l'ordre en Espagne [2], que d'ambitieux turbulents rouvrirent toutes les plaies de la guerre civile. Deux Syriens, Sama'il-ben-H'akem-ben-Schamr-el-Kelbi [3] et Touèba-ben-Salemah-el-H'esâmi [4], qui étaient venus de *Ceuta* avec le corps d'armée commandé par Baldj, furent les fauteurs des nouveaux troubles qui survinrent. Rassemblant autour d'eux les mécontents de tous les partis [5], ils attaquèrent Abou-el-Khet'âr et finirent par le surprendre dans une embuscade où il périt, devant *Cordoue*, à la fin de 127. Touèba, qui déjà avait été proclamé émir [6], resta maître de ce titre, moyennant que Sama'îl eut en partage le gouvernement de *Saragosse* et de toute l'Espagne orientale [7]. Là encore cette révolution engendra des

[1] Voyez pages 80 et 81 de ce volume.

[2] Don Iose Ant. Conde, *Hist. de la domin. de los Arab. en España*, capit. xxxiii, t. I, p. 110-113, in-4°, Madrid, 1820.

[3] Ce Sama'il était, comme on voit, petit-fils de Schamr. — Lorsque le 10 moh'arrem 61 (mardi 9 octobre 680) H'ossein, second fils d'Ali, fut assailli, avec sa petite troupe, à *Kerbela*[a], par le corps de cavalerie que commandait Omar-ben-Sa'd-ben-Abi-Ouak'âs', ce fut Se-nân-ben-Anas-en-Nakh'aï qui le tua et lui coupa la tête; mais, suivant d'autres, ce fut Schamr: « Sunt tamen qui a Schamero id factum tra- « dunt. » (Abulfedæ *Annal. muslem.* t. I, p.391.) — Joseph Conde affirme que Schamr apporta cet horrible trophée aux pieds de Iezîd-ben-Mo'aouïa (*Hist. de la domin. de los Arabes en España*, capit. xxxiii, t. I. p. 113).

[4] Ce fils de Salemah était frère du Ta'laba-ben-Salemah que nous avons vu (pages 82 et 83) jouer aussi un rôle fâcheux en Espagne, et qu'Abou-el-Khet'âr avait fait saisir pour le

renvoyer en Afrique : « Y en el mismo dia man- « dó prender á Thaalaba ben Salema, y que « partiese á buen recaudo para Africa. » (Don Iose Ant. Conde, *Hist. de la domin. de los Arabes en España*, capit. xxxiii, t. I, p. 111.)

[5] L'Espagne était divisée en quatre factions bien distinctes : les *Iemanites* ou Arabes de l'Iemen, les *Égyptiens*, les *Syriens*, et les *Alabda-riz*, qui comprenaient les Maures, les Berbères et, en général, les Africains. (Id. capit. xxxvi, t. I. p. 121. — De Marlès, *Histoire de la domination des Arabes et des Maures en Espagne et en Portugal*, t. I, p. 159, note 1; in-8°, Paris, 1825.) — Cette énumération ne comprend pas, comme on voit, le parti national qui, dès 99 (717-718 de J. C.), s'était réuni dans les Asturies sous l'autorité de Pélage.

[6] « Los caudillos descontentos, por su pro- « pia autoridad, eligieron á Thueba ben Sa- « lema por Amir de España. » (Don Iose Ant. Conde, cap. xxxv, t. I, p. 117.)

[7] Id. *ibid.* capit. xxxv et xxxvi, t. I, p. 120.

[a] Localité située à peu de distance de *Koufa*, dans l'*Irâk'-'Arab* (ancienne *Chaldée*).

calamités sans nombre, contre lesquelles 'Abd-er-Rah'man placé en Afrique
en face d'insurrections redoutables, et le khalife lui-même menacé par Soleïmân-ben-Heschâm (voyez pages 87 et 88), étaient réduits à l'impuissance. Dans
cette position critique, compliquée encore par la mort de Touéba, survenue
à la fin de 128[1] (septembre 746 de J. C.), les plus nobles Arabes de la tribu
de K'ah't'ân[2], ceux de l'Iemen, et quelques Égyptiens, résolurent de convo-
quer une assemblée qui prendrait les mesures les plus propres à assurer le
bien général du pays[3]; cette assemblée fut unanime pour appeler à l'émirat
d'Espagne Iousef-ben-'Abd-er-Rah'man-ben-H'abîb-ben-Abi-'Obeïda-ben-
'Ok'ba-ben-Nâfi-el-Fahri[4], et le nouvel élu fut proclamé en rebî-el-akher

[1] Don Iose Ant. Conde, *Hist. de la dom. de
los Arab. en España,* capit. xxxvi, t. I, p. 123.

[2] Voyez sur cette tribu l'excellent ouvrage
de M. Caussin de Perceval. (*Essai sur l'histoire
des Arabes avant l'islamisme,* liv. II, t. I, p. 39;
in-8°, Paris, 1847.)

[3] « Los mas nobles Arabes *Cahtanies* y otros
« del Yemen, y algunos Egipcios, viendo las ca-
« lamidades que amenazaban estas divisiones de
« los que gobernaban, y las locas pretensiones
« de algunos caudillos, propusieron que se cele-
« brasen juntas pacíficas, para tratar en ellas lo
« que convenia á la seguridad y bien general
« de los pueblos. » (D. Iose Antonio Conde,
Hist. de la domin. de los Arabes en España,
capit. xxxvi, t. I, p. 121.)

[4] Si cette généalogie que Joseph Conde emprunte, comme il le déclare (t. I, p. 122), au
Livre universel des races de Moh'ammed-ben-

Huzam, est exacte, il en résulte que ce Iousef
était un des fils de 'Abd-er-Rah'man qui venait, deux ans auparavant, d'usurper le pouvoir en Afrique, car Ebn-Khaldoun nomme
celui-ci : 'Abd-er-Rah'man-ben-H'abîb-ben-Abi-
'Obeïda-ben-'Ok'ba-ben-Nâfi. (*Hist. de l'Afr.
sous la dynast. des Aghlab.* p. 33 et 42.) — Voyez
aussi En-Nouâïri, § xxii, t. I, p. 364, et la note 4
de la page 82 de ce volume. Quelques pages
plus loin, En-Nouâïri (§ xxiv, p. 370) le nomme,
par abréviation, Iousef-Ebn-'Abd-er-Rah'man-
Ebn-'Ok'ba, et c'est sans doute par le même
motif que Raïni-el-K'aïrouâni (liv. III, p. 72)
donne à l'émir d'Espagne le nom de Iousef-
ben-Abd-er-Rah'man-el-Fahri[a]. — On peut
supposer qu'Abd-er-Rah'man avait laissé son
fils Iousef en Espagne, lorsque en 126 il avait
quitté ce pays quelque temps après l'arrivée
d'Abou-el-Khet'âr.

[a] Un tableau résumant la relation des divers membres de cette famille jettera quelque clarté sur les récits
qui vont suivre :

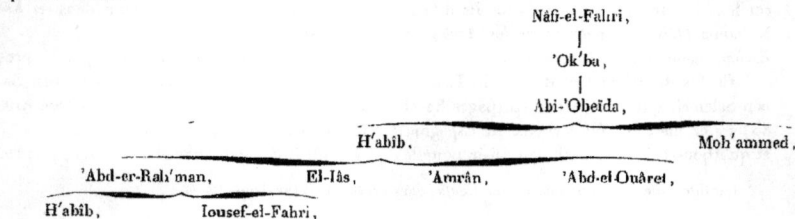

```
                            Nâfi-el-Fahri,
                                 |
                              'Ok'ba,
                                 |
                            Abi-'Obeïda,
          _____/        _____
        H'abîb,                                            Moh'ammed,
    ____/   |    _____
'Abd-er-Rah'man,      El-Iâs,        'Amrân,        'Abd-el-Ouâret,
    |
H'abîb,              Iousef-el-Fahri,
    |
'Abd-er-Rah'man, qui, en 155, s'unit au Berbère Abou-H'âtem.
```

129 (19 décembre 746-16 janvier 747), aux applaudissements de toute l'Espagne[1].

Ce choix n'était pas seulement heureux parce qu'il était justifié par les qualités personnelles de celui qui avait réuni tous les suffrages, mais il était habile parce que Iousef (ce que ne remarque pas Joseph Conde) était fils de l'émir d'Afrique[2], et qu'on pouvait espérer qu'Abd-er-Rah'man surmonterait les difficultés qui entravaient momentanément sa marche; les deux pays pourraient dès lors, comme par le passé, mais dans d'autres conditions, se prêter un mutuel appui[3]. Malheureusement Icusef était dans la fâcheuse obligation de faire une espèce de partage, non-seulement avec Sama'ïl, qui avait, jusqu'à un certain point, des droits acquis, mais encore avec 'Âmerben-'Amrou[4], personnage que nous n'avons pas encore vu paraître, parce que son importance était de date récente. Il était chef des *Alabduriz*[5] et émir de la mer des côtes d'Espagne; il prétendait être arrière-petit-fils de Mos''ab (مصعب), porte-étendard du Prophète à la bataille de *Bedr*[6]; le prestige de cette descendance, les immenses richesses qui en rehaussaient l'éclat, le magnifique palais que 'Âmer avait fait élever hors des murs de *Cordoue*, lui avaient attiré un grand nombre de partisans, et en avaient fait un personnage puissant dont l'ambition rendait la puissance dangereuse. Iousef donna à Sama'ïl le gouvernement de *Tolède*, à son fils celui de *Saragosse*, et, supprimant la charge d'émir de la mer, sans doute pour montrer son indépendance de l'Afrique malgré sa très-étroite parenté avec 'Abd-er-Rah'man[7], il accorda,

[1] Don Iose Ant. Conde, *Hist. de la domin. de los Arab. en España*, parte I, capit. XXXVI, t. I, p. 123.

[2] Voyez la note 4 de la page précédente.

[3] Voyez la note 7 ci-dessous.

[4] عامر بن عمرو ('Aâmer-ben-'Amrou).

[5] Voyez la note 5 de la page 94.

[6] Voyez la note 3 de la page 80.

[7] Suivant Joseph Conde, cette charge était devenue inutile, puisque l'Espagne avait rompu ses relations avec l'Afrique et avec la Syrie : « Como las comunicaciones con Africa y Syria « estaban cortadas, suprimió el cargo de Amir « del mar que tenia Amer ben Amrû, y le dió « el gobierno de *Sevilla.* » (*Hist. de la domin. de los Arab. en España*, capit. XXXVI, t. I, p. 123.) — D'après ce que j'ai dit quelques lignes plus haut sur l'habileté du choix fait dans la personne de Iousef-ben-'Abd-er-Rah'man, on pourrait voir une contradiction dans le motif que je lui suppose pour avoir supprimé la charge d'émir de la mer; je dois donc ici une explication. Je crois, comme je l'ai dit, que la pensée de l'assemblée qui avait élu Iousef avait été de préparer l'union de l'Espagne et de l'Afrique, en vue peut-être de consolider l'affranchissement de l'Espagne par rapport à *Damas*, et d'entrainer celui de l'Afrique. Mais Iousef ne pouvait se faire illusion sur les sentiments que son élection avait dû inspirer à Sama'ïl et à 'Âmer; il ne doutait pas que ces deux ennemis emploieraient tous les moyens de lui nuire, et qu'un des moyens qui pouvaient réussir était de se servir de sa parenté avec 'Abd-er-Rah'man,

en compensation, à 'Âmer-ben-'Amrou, le gouvernement de *Séville* [1]. Bientôt Merouân confirma l'élection de Iousef [2], et si cette confirmation eut lieu à la date que lui donne Joseph Conde (131 de l'hégire — fin de 748 de J. C.), ce fut un des derniers actes de son règne. On pouvait espérer que, moyennant les concessions faites, l'Espagne avait enfin reconquis des jours tranquilles; mais, après trois ans [3], lorsque parvint en Occident la nouvelle de la révolution qui avait renversé les *OMMIADES*, 'Âmer, profondément blessé de la suppression d'une charge de laquelle il tirait une grande autorité, et jaloux du pouvoir accordé à Sama'ïl et à son fils, résolut de profiter de ce changement de dynastie pour perdre d'un seul coup Iousef et Sama'ïl, et pour s'emparer enfin de l'émirat d'Espagne. Ses manœuvres échouèrent; une lettre perfide qu'il adressait au khalife 'abbâside tomba entre les mains de ceux-là mêmes dont il se faisait le dénonciateur, et amena une rupture bientôt suivie d'une guerre civile, qui, prolongée pendant plusieurs années, engendra toutes ses funestes conséquences. En 136 de l'hégire (753-754 de J. C.), au moment où Abou-Dja'far-el-Mans'our parvenait au khalifat, la plus affreuse anarchie régnait dans l'Espagne ensanglantée [4].

L'avénement des *'ABBÂSIDES* avait été aussi en Orient le signal de scènes sanglantes. Aussitôt maître du pouvoir, Abou-el-'Abbâs, à l'instigation du poëte Sadîf [5], avait exercé d'abominables cruautés sur tous ceux des membres de la dynastie ommiade qu'il avait pu saisir [6]; il s'était comme hâté de mériter le surnom d'*Es-Seffâh'* (le sanguinaire) qui lui est resté. Mais 'Abd-er-Rah'man, petit-fils [7] de Heschâm-ben-'Abd-el-Malek-ben-Merouân, dixième

---

pour le présenter comme disposé à replacer l'Espagne sous le vasselage de l'Afrique, où commandait son père. Il voulut sans doute, par la suppression de la charge d'émir de la mer, prévenir les effets de ces insinuations probables; car, en réalité, une pareille suppression était significative comme expression de sa pensée sur l'Afrique. Par le fait, du même coup il dépossédait 'Aâmer d'un emploi important, et il lui enlevait un puissant moyen d'intrigue.

[1] Don Iose Ant. Conde, *Hist. de la domin. de los Arabes en España*, capit. xxxvi, tom. I, p. 123; in-4°, Madrid, 1820.

« Asimismo aprobó y confirmó la eleccion « de Amir hecha en España en Iusuf el Fehri,

« ó fuese confianza, ó disimulo por no poderlo « impedir. » (Id. *ibid.* capit. xxxviii, t. I, p. 128.)

[3] J'ai dit (pages 95 et 96) que Iousef avait été proclamé en rebî-el-akher 129.

[4] Don Iose Ant. Conde, *Historia de la dominacion de los Arabes en España*, capit. xl, t. I, p. 142 et 143.

[5] Voyez la note 2 de la page 88 de ce volume.

[6] Elmacini *Hist. sarac.* lib. II, cap. ii, p. 95. — Abulfedæ *Annales muslemici*, t. I, p. 493 et 495. — Abul-Pharajii *Hist. compend. dynast.* p. 138. — Raïni-el-K'aïrouâni, *Histoire de l'Afrique*, liv. III, p. 73.

[7] Deguignes dit qu'Abd-er-Rah'man était *fils*

13

khalife ommiade, avait été assez heureux pour échapper au massacre de sa famille; il parvint à se réfugier d'abord en Égypte, puis en Afrique chez les *Zenâta* du territoire de *Bark'a,* où H'abîb-ben-'Abd-er-Rah'man [1], oubliant que, depuis l'illustre Sidi-'Ok'ba, tous les siens avaient dû leur élévation aux *OMMIADES* [2], essaya de se saisir du jeune prince. Toutefois, servi avec adresse par des amis fidèles, celui-ci échappa aux recherches dont il était l'objet, et parvint à gagner *Tâhart,* où il fut accueilli avec joie, et où il reçut la plus large hospitalité d'un des principaux cheikhs des *Zenâta.* Cet accueil s'explique facilement quand on sait que Râh'a (رَبْح), mère d'Abd-er-Rah'man, appartenait à la tribu des *Zenâta* [3]; on trouve aussi dans cette circonstance l'explication du zèle empressé que les *Zenâta* de la province de *Bark'a* avaient montré au fils de Mo'aouïa-ben-Heschâm. Cependant la guerre civile continuait à désoler l'Espagne, et une nouvelle assemblée s'était réunie secrètement à *Cordoue* pour aviser aux moyens de mettre un terme à une lutte si acharnée, qu'elle semblait devoir entraîner l'anéantissement de la domination arabe. Le plus grand nombre des cheikhs, créatures des *OMMIADES,* ne voyaient dans les *'ABBÂSIDES* que des usurpateurs; tous, sans exception, étaient jaloux de soustraire le beau pays d'Espagne au vasselage de la Syrie

---

[1] de Heschâm [a]; mais Aboulfeda [b], Ebn-Khaldoun [c], Joseph Conde [d], Raïni-el-Kaïrouâni [e], l'appellent 'Abd-er-Rah'man-ben-Mo'aouïa-ben-Heschâm-ben-'Abd-el-Malek-ben-Merouân-ben-El-H'akem (qu'on écrit aussi El-H'ekm)-ben-Abou-el-'Âs'-ben-Ommeïa-ben-'Abd-Schemsben-'Abd-Menâf; il était donc bien *petit-fils,* et non pas *fils* de Heschâm, comme le prétend Deguignes.

[1] 'Abd-er-Rah'man-ben-H'abîb-ben-Abi-'Obeïda-ben-'Ok'ba-ben-Nâfi, qui gouvernait l'Afrique depuis 127, avait confié le gouvernement de la province de *Bark'a* à son fils

H'abîb, qui s'y trouvait en 133 quand le jeune 'Abd-er-Rah'man [f], membre de la famille ommiade proscrite, vint s'y réfugier.

[2] « Era gobernador de la provincia de *Barca* « Aben Habib, que debia su autoridad y buena « suerte á los califas *BENI OMEYAS;* pero siguió « el ayre de la fortuna que soplaba, y olvidó á « sus antiguos favorecedores. » (Don Iose Ant. Conde, *Hist. de la domin. de los Arab. en España,* segunda parte, capitulo 1, t. I, p. 148; in-4°, Madrid, 1820.)

[3] Id. *ibid.* p. 147 et 150. — Voyez Ebn-el-Khet'îb dans Casiri (t. II, p. 197, col. 2).

---

[a] Deguignes, *Histoire générale des Huns,* t. I, p. 350; in-4°, Paris, 1756.

[b] Aboulfedæ *Annales muslemici,* t. II, p. 11 et 61; in-4°, Hafniæ, 1790.

[c] Ebn-Khaldoun, *Histoire des Berbères,* t. II, p. 65; in-8°, Alger, 1854.

[d] Don Iose Ant. Conde, *Hist. de la domin. de los Arab.,* seg. part. capit. 1, t. I, p. 147.

[e] Raïni-el-K'aïrouâni, *Histoire de l'Afrique,* t. III, p. 73; in-8°, de l'I. R. 1845.

[f] Il n'avait alors que vingt ans, puisqu'il était né en 113 dans la campagne de *Damas:* « Mancebo de veinte « años, pues habia nacido el año ciento y trece en el campo de *Damasco.* » (Don Iose Ant. Conde, *Hist. de la domin. de los Arab. en España,* seg. part. capit. 1, t. I, p. 147 et 148.) — Conde a emprunté ce renseignement à Aboulfeda (*Annal. muslem.* t. II, p. 61). — Voyez la note 1 de la page 100 de ce volume.

et à celui de l'Afrique [1], et il était évident que si le nom du jeune proscrit
échappé au massacre des *OMMIADES* était prononcé dans cette assemblée,
il réunirait tous les suffrages, parce qu'il réunissait toutes les conditions
que les bons musulmans appelaient de leurs vœux. Il en fut ainsi. Depuis
environ quatre ans 'Abd-er-Rah'man-ben-Mo'aouïa-ben-Heschâm menait, au
milieu des frères de sa mère, une vie douce et paisible, quand il vit arriver
à *Tâhart* deux députés partis secrètement d'Espagne pour venir lui offrir
la souveraineté au nom des musulmans de leur patrie adoptive. Après avoir
fait de touchants adieux à ses hôtes, il partit accompagné d'une troupe de
Zenâta [2], s'embarqua dans un des ports des *Mar'íla* [3], et le 3 zil-k'a'da de

[1] « España, independiente de Asia y de Africa,
« regida por un buen príncipe, sería el país mas
. « venturoso de la tierra. » (Don Ios. Conde,
parte II, capit. II, t. I, p. 152.) — Les raisons
qui avaient, selon moi [a], été d'un grand poids
dans l'élection de Iousef, avaient singulière-
ment perdu de leur valeur depuis la révolution
qui s'était accomplie en Orient, ou plutôt elles
jouaient maintenant le rôle inverse. 'Abd-er-
Rah'man, père de Iousef, avait fait sa soumission aux *'ABBÁSIDES* [b], et peut-être Iousef lui-
même avait-il suivi cet exemple; Jean de Ferreras
semble le dire implicitement [c].

[2] Les cheikhs *zenâta* mirent à sa disposition

cinq cents cavaliers, ceux des *Meknêsa* [d] deux
cents, et le cheikh de *Tâhart* cinquante chevaux et cent lances : « Los xeques *Zenetes* le
« ofrecieron quinientos caballeros, los de *Mec-
« nasa* doscientos, cincuenta caballos el xeque
« de *Tahart*, y cien lanzas. » (Don Iose Ant.
Conde, *Hist. de la domin. de los Arab. en España*,
parte II, capit. III, t. I, p. 155.)

[3] Ebn-Khaldoun, *Hist. des Berb.* t. I, p. 249.
— Le territoire des *Mar'íla* (branche des *D'a-
rísa*) s'étendait depuis l'embouchure du *Chelif*
jusqu'à *Mâzouna* [e], ville qui existait encore du
temps d'Ebn-Khaldoun. (*Hist. des Berb.* t. I,
p. 248 et 249; in-8°, Alger, 1852.)

[a] Voyez page 96 de ce volume, et la note 7 de la même page.

[b] Voyez page 93 de ce volume.

[c] « Abdala Sapho', primer chalifa de los *ABASIDAS*, murió por el mes de junio, y le sucedió en el trono
« Abulfajar Almançor (Abou-Dja'far-el-Mans'our) su hermano, *que parece confirmo á Iuceph en el govierno de
« España*. » (D. Iuan de Ferreras, *Historia de España*, t. IV, p. 73, § 1; in-4°, Madrid, 1716.)

[d] Les *Meknêsa* étaient une branche des *D'arisa*. Lors de la première invasion de l'Espagne, ils avaient
en grand nombre passé le détroit, et s'étaient fixés dans ce pays [aa]. Suivant Deguignes, ce fut chez les
Miknes (*Meknêsa*) que le jeune 'Abd-er-Rah'man trouva un asile en Afrique [aaa].

[e] Edrisi parle de *Mâzouna* (مازونة) comme d'une ville assez importante, située à six milles de la mer,
entre *Mostaghânem* et *Tenes*. (*Géographie*, III° clim. 1° sect. t. I, p. 248; in-4°, de l'I. R. 1836.) — Marmol
l'appelle *Mezuna*, et y voit l'*Oppidum novum colonia* (Ὀππιδάνϵον κολώνια), que Ptolémée place à 16° de lon-
gitude et à 32° 40' de latitude [aaaa]; seulement Marmol a écrit 23 au lieu de 32, et son traducteur ne l'a pas
rectifié. Suivant lui, on voit, dans cette ville et dans ses environs, de très-beaux restes de l'époque romaine.
(*Descripcion general de Affrica*, libro V, capit. XLIV, vol. II, folio 213 r°; in-fol. Granada, 1573. — *L'Afrique*
de Marmol, t. II, p. 395 et 396; in-4°, Paris, 1667.)

[aa] C'est le surnom de *Seffâh'* défiguré. On sait qu'Abou-el-'Abbâs-es-Seffâh' s'appelait 'Abd-Allah. (Voyez page 87 de ce volume.)

[aaa] Ebn-Khaldoun, *Histoire des Berbères*, t. I, p. 289; in-8°, Alger, 1852.

[aaaa] Deguignes, *Histoire générale des Huns*, t. I, p. 350; in-4°, Paris, 1756.

[aaaaa] Cl. Ptolemæi Alexandrini *Geographiæ libri octo*. lib. IV, cap. II, p. 96; in-fol. Amsteled. 1605.

l'an 138 [1] (7 avril 756 de J. C.) il abordait à *Almuñecâb* [2]. La dynastie des OMMIADES D'ESPAGNE était fondée [3], et l'autorité des khalifes sur l'Espagne, illusoire depuis 128 (745-746 de J. C.), se trouvait à jamais anéantie.

Ce court récit jette beaucoup de lumière sur notre Étude. Il ajoute un trait de plus aux preuves que j'ai déjà fournies (page 52) de l'existence de *Tâhart* et de son occupation par les *Zendta* [4] antérieurement à l'arrivée de 'Abd-er-Rah'man-ben-Roustem dans le *Maghreb central* [5], en même temps qu'il permet de saisir à sa naissance le lien qui unissait cette puissante tribu aux OMMIADES D'ESPAGNE. Le même récit nous révèle la faiblesse de la domination arabe : 'Abd-er-Rah'man et son fils H'abîb avaient fait leur soumission aux *ABBÂSIDES;* ils attachaient une haute importance à donner un gage de leur dévouement à la nouvelle dynastie en livrant un proscrit qui avait

[1] Ch. Romey, *Hist. d'Espagne*, t. III, p. 188, et la note 2 de la même page; in-8°, Paris, 1839. — Abou-Bekr-el-K'od'a'ï (Casiri, t. II, p. 30, col. 2) et Joseph Conde (capit. v, t. I, p. 158) se trompent[ᵉ] quand ils fixent l'un au 3, l'autre au 10 rebî-el-aouel 138 (16 et 23 août 755 de J. C.), le débarquement d'Abd-er-Rah'man-ed-Dâkhel (الداخل), l'intrus, le nouveau venu) à *Almuñecâb.* — Elmacin (lib. II, cap. III, p. 101), Aboulfeda (t. II, p. 61) et Raïni-el-K'aïrouâni (*Histoire de l'Afr.* liv. III, p. 73) placent en 139 l'arrivée d'Abd-er-Rah'man-ed-Dâkhel en Espagne. Le premier de ces trois auteurs dit qu'il avait alors vingt-huit ans, ce qui porterait sa naissance en 110 au lieu de 113, comme je l'ai indiqué (note [ᶠ], page 98) d'après Aboulfeda.

[2] Joseph Conde écrit *Hisn Almunecâb* [ᵇ] (forteresse des coteaux); c'est aujourd'hui *Almunecur* près de la *Punta de la Mona*, à quatorze lieues Sud de *Grenade*, à douze lieues Ouest de *Malaga.* — Voyez Abou-'Obeïd-Bekri, *Descr. de l'Afr.* p. 113 et la note 1 de cette page 113.

[3] En réalité, il eut d'abord à vaincre des obstacles et même à soutenir une guerre; mais la bataille de *Mcusâra* [ᶜ] qu'il gagna sur les forces combinées de Iousef et de Sama'îl, le jour de la fête des victimes[ᵈ] (10 zil-h'adja 138-14 mai 756), lui assura l'empire de l'Espagne. Ainsi fut fondée une dynastie qui dura 284 années musulmanes, jusqu'en 422 (1031 de J. C.).

[4] On n'est guère autorisé à supposer, comme l'a fait M. de Marlès dans son livre imité de Joseph Conde, qu'à cette époque « *Tâhart* était « le principal campement des tribus *zenâta*, et « ne prit que plus tard la forme et le nom d'une « ville [ᵉ], » puisque nous avons vu [ᶠ], dès 62 de l'hégire (680 de J. C.), les Romains de Byzance jeter à *Tâhart* une garnison chargée de disputer à Sidi-'Ok'ba cette même ville de *Tâhart*, la seule que le général arabe ne voulut pas laisser derrière lui quand il résolut d'envahir le *Maghreb-el-Ak's'a*, apparemment parce qu'elle avait, dès lors, une certaine importance comme ville fortifiée, ou du moins entourée de murs.

[5] Voyez page 113 de ce volume.

[ᵃ] Voyez la note 6 de la page 102 de ce volume.

[ᵇ] Don Iose Ant. Conde, *Hist. de la domin. de los Arab. en España*, parte II, capit. v, t. I, p. 158.

[ᶜ] Localité située sur le *Guadalquivir* (*Ouâd-el-Kebîr*).

[ᵈ] Don Iose Ant. Conde, *Hist. de la domin. de los Arab. en España*, part. II, capit. vi, t. I, p. 163.

[ᵉ] De Marlès, *Hist. de la domin. des Arabes et des Maures en Espagne et en Portugal*, t. I, p. 190, note 1.

[ᶠ] Page 10 de ce volume.

échappé à la rage d'Abou-el-'Abbâs, et c'est à *Táhart*, au milieu du *Maghreb central*, que ce proscrit trouve, *pendant plusieurs années*, un asile assuré, qui n'est pas même troublé par une réclamation de l'émîr d'Afrique, naguère vainqueur des Berbères aux environs de *Tlemsên*[1]! Bien plus, le jeune Ommiade, après avoir reçu les envoyés de *Cordoue*, traverse tout le *Maghreb central* depuis *Táhart* jusqu'à la mer, et s'embarque *avec environ mille cavaliers*, dans un des ports des *Mar'íla*, sur les navires qu'il fallut nécessairement réunir, appareiller et tenir prêts pour l'instant favorable à une heureuse traversée. On doit se demander, en présence de pareils faits, comment s'exerçait l'autorité des prétendus conquérants de l'Afrique, et quelle était la mesure de cette autorité dans le *Maghreb-el-Ak's'a*, quand on voit ce qu'elle était dans le *Maghreb central*.

La révolution d'Espagne s'était préparée et accomplie au moment où l'Afrique était en proie aux agitations qui suivirent le meurtre d'Abd-er-Rah'man par ses frères[2]. Aussitôt que la nouvelle de ce crime affreux s'était répandue dans *K'aïrouân*, H'abîb-ben-'Abd-er-Rah'man[3] s'était réfugié auprès de 'Amrân, celui de ses oncles qui, chargé du gouvernement de *Tunis*, était resté étranger à l'odieux complot tramé et exécuté par El-Iâs et 'Abd-el-Ouâret. Deux armées, l'une partie de *Tunis*, l'autre de *K'aïrouân*, se trouvèrent bientôt en présence à *Semindja*[4]; mais, au lieu d'en venir aux mains, des propositions furent mutuellement faites et acceptées, et un partage suivit cet accord : « 'Amrân garda le gouvernement de *Tunis*, *Sef'foura*[5] et *El-Dje-*« *zîra*[6]; H'abîb eut le commandement de *K'afs'a*, *K'ast'îlia* et *Nifzâoua*[7], pen-

EL-IÂS-
BEN-H'ABÎB.

---

[1] Voyez page 93 de ce volume.

[2] Id. *ibid.* — Ces agitations expliquent en partie la sécurité avec laquelle le jeune proscrit de la famille ommiade fit en Afrique tous les préparatifs de son départ et l'embarquement de ses troupes pour passer en Espagne.

[3] Celui-là même qui commandait la province de *Bark'a* quand 'Abd-er-Rah'man-ed-Dakhel vint s'y réfugier. (Voyez page 98 de ce volume.)

[4] A sept lieues Sud de *Tunis*. « De *K'aïrouân* « à *Tunis* on compte un peu plus de deux jour-

« nées de caravane[a]; » les deux armées se rencontrèrent donc à peu près à moitié chemin entre ces deux villes.

[5] مصطفورة, *S'et'foura* (Ebn-Khaldoun, *Hist. de l'Afr. sous la dyn. des Aghlab.* p. 17 du texte); Edrîsi écrit ce nom par un *sino*, سطفور. (Voyez la note 5 de la page 38 de ce volume.)

[6] C'est la *presqu'île* que termine le *cap Bon*. Abou-'Obeïd-Bekri[b] et Ebn-Khaldoun l'appellent l'*île de Scherîk* (جزيرة شريك); Edrîsi[a] lui donne le nom d'*île de Bâschak'* (جزيرة باشق).

[7] Sur ces trois localités, voyez la *Richesse*

---

[a] *Géographie* d'Edrîsi, III[e] clim. II[e] sect. t. I, p. 261; in-4°, de l'I. R. 1836.

[b] Abou-'Obeïd-Bekri, *Descr. de l'Afr.* p. 65. Voyez (note 2 de la même page) les explications de M. Quatremère. *Géographie* d'Edrîsi, III[e] clim. II[e] sect. t. I, p. 270.

« dant qu'El-Iâs obtint pour lui-même *le reste de l'Afrík'ia et du Maghreb* [1]. » La portion du *Maghreb* dont ce partage entraînait la possession était sans doute plutôt nominale que réelle; car aux réflexions par lesquelles j'ai terminé le paragraphe précédent je puis ajouter qu'Ebn-Khaldoun ne parle que *du reste de l'Afrík'ia* [2], c'est-à-dire de ce que comprenait l'ancienne *Afrique propre,* dont 'Amrân se trouvait avoir le Nord, H'abîb le Midi, et El-Iâs la partie centrale. On est en droit de s'étonner qu'Abd-el-Ouâret n'eut aucune part dans les dépouilles du frère qu'il avait assassiné; vraisemblablement la mort de 'Amrân était résolue à l'avance entre les deux frères déjà souillés du sang de 'Abd-er-Rah'man. En effet, Ebn-Khaldoun nous apprend que H'abîb étant parti pour le *Belâd-el-Djerîd* [3], où se trouvait son gouvernement, El-Iâs se rendit avec son frère 'Amrân à *Tunis,* où il le fit saisir et mettre à mort avec tous les chérifs qui l'accompagnaient [4]. Suivant En-Nouâïri, El-Iâs se contenta de jeter dans les fers 'Amrân et ses chérifs, « et les embarqua pour l'Espagne. » afin de les livrer à Iousef-ben-'Abd-er-Rah'man-ben-'Ok'ba [5], » ce qui montre que ces événements se passaient en 138 [6] avant le débarquement en Espagne du jeune proscrit réfugié chez les *Zenâta* de *Tâhert.* Mais on ne s'explique pas quel motif de haine Iousef pouvait nourrir contre 'Amrân, celui de ses oncles qui n'avait pas eu de part au crime commis sur la personne de son père; à moins qu'on ne suppose que, craignant de voir 'Abd-er-Rah'man-ben-H'abîb reconquérir, dans l'intérêt des *ABBÂSIDES,* l'ancienne autorité de l'Afrique sur l'Espagne, il ait fait, en quelque sorte, cause commune avec les auteurs d'un attentat qui le délivrait de cette inquiétude, devenue d'au-

minérale de l'Algérie, t. I, p. 334, 336, 399 et 400; in-4°, de l'I. N. 1849. — Tous les auteurs écrivent قفصة, ضئلية, قسطيلية, نفزاوة.

[1] En-Nouâïri, § xxiv, *Appendice à l'Hist. des Berb.* t. I, p. 369 et 370. — Suivant Ebn-Khaldoun. ce partage n'eut lieu qu'après une série de combats sans résultat décisif. (*Hist. de l'Afr. sous la dyn. des Aghlab.* p. 48.)

[2] Ebn-Khaldoun, *ib.* p. 49 et 50.

[3] La version d'En-Nouâïri (voyez ci-après, note 5), qui le fait rentrer à *K'aïrouân,* est d'une invraisemblance totale. Comment admettre que El-Iâs, avec le projet qu'il nourrissait et que nous allons lui voir exécuter, aurait laissé la capitale de l'Afrique entre les mains de son neveu, au moment où il s'en éloignait.

[4] Ebn-Khaldoun, *Hist. de l'Afr. sous la dynast. des Aghlab.* p. 50.

[5] En-Nouâïri, § xxiv, *Appendice à l'Hist. des Berb.* t. I, p. 370. — Voyez la note 4 de la page 95 de ce volume.

[6] Non-seulement Ebn-Khaldoun le dit formellement, mais En-Nouâïri, précisant plus encore, termine son récit par ces mots : « Tous « ces événements se passèrent en redjeb 138 (du « 8 décembre 755 au 7 janvier 756). » (Id. *ibid.* t. I, p. 371.) Cette date donnée par En-Nouâïri est une nouvelle preuve de l'erreur commise par Abou-Bekr-el-K'od'a'ï et par Ios. Conde dans la date qu'ils assignent au débarquement du jeune 'Abd-er-Rah'man-ed-Dakhel en Espagne. (Voy. note 1 de la page 100 de ce volume.)

tant plus vive que l'Espagne était plongée dans tous les désordres qu'engendrent la guerre civile et l'anarchie. Cette supposition est odieuse peut-être; mais la passion du pouvoir a tant de fois montré jusqu'à quel excès de dépravation elle peut entraîner, que ce n'est pas la faute de l'historien s'il arrive à de pareils soupçons en la jugeant selon ses œuvres.

Quel que soit l'acte de violence exercé par El-Iâs sur son frère 'Amrân, ce nouveau crime ouvrit enfin les yeux de H'abîb, qui vit clairement, dès lors, les conséquences nécessaires de l'accord qu'il avait eu la faiblesse ou l'imprudence de faire avec son oncle. Marchant aussitôt sur *Tunis*, dont celui-ci s'était emparé, il ne tarda pas à être joint par El-Iâs qui s'était porté à sa rencontre. Quand les deux armées furent en présence, H'abîb provoqua son rival en combat singulier, et dans ce grand duel où il avait à venger le sang de son père et d'odieuses trahisons, le fils d'Abd-er-Rah'man resta vainqueur[1]. Ceci se passait en redjeb 138[2]. Sa victoire le rendit maître de l'Afrique, car 'Abd-el-Ouâret, celui de ses oncles dont le rôle est si étrangement obscur dans cette lutte, effrayé du sort d'El-Iâs, jugea prudent de s'éloigner, et il se réfugia chez les *Ouarfadjouma* (ورفجومة)[3], fraction la plus puissante et la plus nombreuse des *Nifzâoua*, qui occupait l'*Aourês*[4]. Il obtint l'appui de leur chef, 'Âs'em-ben-Djemîl; l'exemple de celui-ci fut suivi par Iezîd-Ebn-Segoum, chef des *Oulhâsa*, autre branche des *Nifzâoua*, et l'on vit (chose singulière!) une armée berbère proclamer la souveraineté du khalife

H'ABÎB-BEN-'ABD-ER-RAH'MAN.

---

[1] En-Nouâïri, § xxiv, *Appendice à l'Hist. des Berb.* t. 1, p. 370 et 371. — Ebn-Khaldoun, *Hist. de l'Afr. sous la dynast. des Aghlab.* p. 51 et 52. « H'abîb vainqueur, dit celui-ci, entra « de nouveau dans *K'aïrouân*, dont il resta pai-« sible possesseur à la fin de 138 de l'hégire. » Si, comme l'assure En-Nouâïri, cet événement se passa en redjeb 138 (voyez la note 6 de la page précédente), El-Iâs gouverna l'Afrique pendant dix mois [a], de ramad'ân 137 [b] à redjeb 138. Ebn-Khaldoun ne s'accorde pas avec lui-même lorsqu'il dit (p. 47) que 'Abd-er-Rah'-man fut tué *à la fin de 137*, lorsqu'il ajoute (p. 52) que H'abîb resta possesseur de l'Afrique

à la fin de 138, et que (p. 53) il termine son récit par ces mots, « la puissance d'El-Iâs en « Afrique avait duré *un an et demi* [c]; » j'ai donc ici préféré les dates d'En-Nouâïri.

[2] Voyez la note 6 de la page précédente. et la note 1 ci-dessus.

[3] En-Nouâïri, § xxiv, *Appendice à l'Hist. des Berb.* t. I, p. 371.—Voyez *Richesse minérale de l'Algérie*, t. II, p. 51, note 5.

[4] Ebn-Khaldoun, *Hist. des Berb.* t. I, p. 228. — Sur les *Ouarfadjouma*, voir le même, t. 1, p. 172, et la note 1 de la page 13 de ce volume. — Abou-'Obeïd-Bekri écrit ورفجومة, *Ouark'adjouma.* (*Descr. de l'Afr.* p. 43.)

[a] Comme le dit En-Nouaïri, § xxiv, *Appendice à l'Hist. des Berb.* t. I, p. 372. — Noël Desvergers, dans la traduction du même passage, dit six mois (note 67, p. 54).

[b] Voyez la note [c] de la page 93 de ce volume.

[c] Ebn-Khaldoun, *Hist. de l'Afr. sous la dynast. des Aghlab.* p. 47, 52 et 53.

El-Mans'our [1]. Ebn-Khaldoun dit ailleurs que le chef des *Ouarfadjouma* reçut des *Arabes de K'aïrouân* la proposition de régner sur eux, à la condition de les traiter avec bonté et de reconnaître la suprématie d'El-Mans'our [2], mais qu'il refusa leur offre. Si extraordinaire que soit une pareille démarche, elle n'est pas plus extraordinaire que la retraite d'un chef arabe chez les Berbères pour aller leur demander aide et secours, et non-seulement, comme on l'a déjà remarqué [3], ce fait est le premier exemple de l'intervention des Berbères dans les querelles intestines des Arabes, mais encore il prouve qu'à cette époque la race berbère, un moment comprimée [4], avait repris un certain ascendant, et qu'après plus de soixante années [5] de combats livrés pour réprimer d'incessantes révoltes, la conquête arabe était loin d'être complète.

Que la proposition dont parle Ebn-Khaldoun soit réelle ou non, un point sur lequel cet auteur s'accorde avec lui-même et avec En-Nouâïri, c'est que 'Às'em-ben-Djemil s'empara de *K'aïrouân*, dévasta cette malheureuse ville, profana ses temples, et se livra à tous les actes de la plus grossière brutalité [7]. H'abib avait fui, et, circonstance digne de remarque, c'est dans l'*Aourés* qu'il avait cherché un refuge; il y fut poursuivi par 'Às'em, qui périt dans un combat et eut pour successeur 'Abd-el-Malek-ben-Abi-el-Dja'd, de la même tribu des *Nifzâoua* [8]. Celui-ci, plus heureux, vainquit et tua H'abib dans une bataille livrée près de *K'aïrouân* en moh'arrem 140 [9] (mai-juin 757 de J. C.), et, rentré dans la ville, il se livra, envers les habitants, aux mêmes excès qui avaient déshonoré la conquête de 'Às'em, à des excès tels, « que

(marginalia gauche:)
Zil-h'adja 139 de l'hég. (avril-mai 757 de J. C.)

'Às'em-ben-Djemil.

'ABD-EL-MALEK-BEN-ABI-EL-DJA'D.

140 de l'hég. (757 de J. C.)

---

[1] Ebn-Khaldoun. *Histoire des Berbères*, t. I, p. 219; in-8°, Alger, 1852.

[2] Ebn-Khaldoun, *Hist. de l'Afr. sous la dynast. des Aghlab.* p. 52; in-8°, Paris, 1841.

[3] *Recherches sur l'origine et les migrations des principales tribus de l'Afrique septentrionale*, par E. Carette, livre II, chap. IV, p. 175; in-8°, de l'I. I. 1853.

[4] L'instant (91 de l'hég. — 710 de J. C.) où les Arabes entreprirent la conquête de l'Espagne paraît être celui où l'Afrique jouit d'assez de calme pour qu'il fût permis de croire que les Berbères étaient enfin domptés (p. 52); mais cet instant fut de courte durée. (Voy. aussi ce que j'ai dit, pages 74-76 de ce volume.)

[5] Je ne compte ici qu'à partir de l'an 78, c'est-à-dire de l'année où les Arabes n'eurent

plus à combattre que les indigènes, commandés alors par la Kâhena. (Voyez page 40 de ce volume.)

[6] Voyez la note 2 de la page 109 de ce volume.

[7] Ebn-Khaldoun, *Hist. des Berb.* t. I, p. 219, 220 et 228. — Id. *Hist. de l'Afr. sous la dynast. des Aghlab.* p. 53. — En-Nouâïri, § XXIV. *Append. à l'Hist. des Berb.* t. I, p. 372.

[8] Id. *ibid.* même page.

[9] Id. *ibid.* même page. — Ebn-Khaldoun, *Hist. de l'Afr. sous la dynast. des Aghlab.* p. 53. — Id. *Hist. des Berb.* t. I, p. 228. — H'abib-ben-'Abd-er-Rah'man, comme le dit En-Nouâïri (p. 372), avait régné dix-huit mois, de redjeb 138 à moh'arrem 140 (à peu près du 1er janvier 756 à juin 757).

« la population de la ville, dit Ebn-Khaldoun, se dispersa dans les environs
« pour se mettre à l'abri des violences qui la menaçaient [1]. »

Au milieu de ces affreuses perturbations qui absorbaient toutes les forces
des Arabes dans l'Afrîk'ia, les parties reculées du *Maghreb* devaient jouir d'une
liberté favorable à la propagande des sectes diverses, leur permettant de s'en-
raciner et de prendre une importance qui pouvait devenir un obstacle au
développement ultérieur de la conquête arabe. En effet, dans l'année même où
K'aïrouân tomba au pouvoir d'Abd-el-Malek, on vit s'accomplir sans bruit,
dans les régions du Sud, des événements assez graves que je dois raconter
succinctement ici. Dès les premiers temps de la conquête islamique, les
Meknésa (de la famille des *D'arîsa*) avaient adopté les croyances des s'ofrites [2];
les diverses branches de cette tribu « habitaient les bords du *Mlouïa*, depuis
« sa source, du côté de *Sedjelmâsa* [3], jusqu'à son embouchure, et depuis cette
« localité jusqu'aux environs de *Téza* et de *Tesoul* [4]. » J'ai déjà dit (page 50)
ce que je pensais de l'ancienneté de *Sedjelmâsa*, et j'ai emprunté à un récit
d'Ebn-Khaldoun la preuve que cette ville existait bien antérieurement à
l'époque qu'on croit généralement être celle de sa fondation; mais l'erreur
commise tient sans doute à ce qu'à un certain instant elle reçut un accrois-
sement tel, qu'on a pu supposer qu'elle était fondée alors. Ce fut en 140 que
surgit, au delà de l'*Atlas*, un chef s'ofrite auquel est attribuée la création de
Sedjelmâsa, chef auquel on donne deux origines et deux noms : suivant les
uns, il se nommait 'Îsâ'-ben-Iezîd, était possesseur de grands troupeaux
qu'il conduisait souvent dans les pâturages qui couvraient le terrain où s'é-
leva la ville nouvelle, et là un certain nombre de s'ofrites vinrent se grouper
autour de lui pour écouter ses leçons [5]. Suivant d'autres, il se nommait

*Établissement
de la
dynastie
des
Beni-Medrâr.*

---

[1] Ebn-Khaldoun, *Hist. de l'Afr. sous la dynast. des Aghlab.* p. 54.

[2] Ebn-Khaldoun, *Hist. des Berb.* t. I, p. 260.

[3] La source du *Mlouïa* est sur le versant septentrional de l'Atlas, et *Sedjelmâsa* était par delà
cette chaîne de montagnes; le lecteur a donc
une petite rectification à faire dans ce passage
textuel d'Ebn-Khaldoun, quoiqu'il soit confirmé et amplifié par Aboul-Feda, qui affirme,
d'après Ebn-Sa'id, que le *Mlouïa* et *la rivière de
Sedjelmâsa* se réunissent pour se jeter ensemble

dans la mer. (*Géographie* d'Aboul-Feda, trad.
de l'ar. par M. Reinaud; *Prolégomènes*, t. II,
p. 58; in-4°, de l'I. N. 1848.)

[4] Ebn-Khaldoun, *Hist. des Berb.* t. I, p. 259.
— *Téza* ou *Táza* est une grande ville, située
à l'Ouest du *Mlouïa*, et à 33 lieues à l'Est de
Fès; Tesoul est une montagne couronnée par
une place forte, à 9 lieues N. O. de *Táza*.

[5] Il les fortifiait sans doute dans leur croyance,
qu'il avait étudiée et méditée. « L'aïeul de Med-
« râr, dit El-Bekri', rencontra dans la ville d'A-

---

[*] Abou-'Obeïd-Bekri, *Descr. de l'Afr.* p. 168; in-4°, de l'I. R. 1831.

Medrâr, il exerçait la profession de forgeron, fixa son habitation sur ce même terrain, et des Berbères s'établirent près de sa forge. « Ce furent, dit « El-Bekri à qui j'emprunte ces détails, les premiers commencements de Se- « djelmâsa, qui s'accrut successivement et s'éleva au rang de ville. Le premier « de ces deux récits, ajoute-t-il, est le plus authentique [1]. »

Les points sur lesquels les historiens s'accordent sont : que ce fondateur était un noir; que, quand ses adeptes se virent au nombre de quarante, ils le proclamèrent leur chef, et que les s'ofrites furent, au bout de quinze ans (en 155), mécontents de ses actes. Les griefs étaient tels, que, selon Ebn-Khaldoun, ceux-là mêmes qui l'avaient proclamé lui ôtèrent la vie en l'abandonnant, garrotté, sur le sommet d'une montagne [2]; « alors, ajoute cet « historien, les *Meknésa* se rallièrent autour de *leur chef naturel*, Abou-el- « K'âsem-Samgou-ben-Ouâsoul [3]-ben-Maslân [4]-ben-Abi-Izzoul..... Il pos- « sédait de nombreux troupeaux. Ce fut lui qui, le premier, prêta serment de « fidélité à 'Îsâ-ben-Iezid, et entraîna, par cet exemple, toute sa tribu [5]. » Il semble donc qu'après la mort du fondateur, ce petit gouvernement passa,

frîk'ta, 'Ikrima, l'affranchi d'Ebn-'Abbâs », « et je lis dans Ebn-Khaldoun : « Le père de Sam- « gou était fort savant dans la loi, ayant fait le « voyage de *Médine*, où il étudia sous 'Ikrima, « l'affranchi d'Abou-el-'Abbâs ». » Sont-ce deux faits distincts, ou est-ce un même fait qu'un des deux auteurs arabes altère? Quel était l'aïeul de Medrâr? Le paragraphe du Bekri auquel j'ai emprunté la ligne ci-dessus citée présente une certaine obscurité. Quant à la généalogie de Samgou, elle est bien connue, comme nous le verrons plus loin.

[1] Abou-'Obeïd-Bekri, *Descr. de l'Afr.* p. 168 et 169. — Ebn-Khaldoun, *Hist. des Berb.* t. I, p. 220.

[2] Ce supplice, raconté aussi par El-Bekri, comme ayant fait donner le nom de *Djebel-'Îsâ* à la montagne qui en fut le théâtre, fut appli- qué, suivant ce géographe, non à 'Îsâ, mais à

Abou-Khet'âb, par ordre d'Îsâ. Cet Abou-Khe- t'âb était un Berbère qui avait insulté, en pleine audience, le chef des s'ofrites. Du reste, El- Bekri donne aussi, au règne du fondateur de la dynastie des *Medrârites* ou *Beni-Medrâr*, une durée de quinze ans. (Abou-'Obeïd-Bekri, *Descr. de l'Afr.* p. 169.)

[3] Ouâsoul-el-Meknèsi. C'est de lui que vient le nom de *Ouâseulienne*, donné quelquefois à la dynastie des *Medrârites*. — M. Quatremère dit que le manuscrit du Bekri porte واسول بن.

[4] Peut-être Fazlân, car El-Bekri (p. 169) l'ap- pelle Abou-el-K'âsem-Samgou-ben-Fazlân, le Meknèsi. Il suffirait du point diacritique oublié au-dessus du *fa* (ف), pour que celui-ci, mal fait, ait ressemblé à un *mim* (م), surtout joint à l'*alif* (لا, لم).

[5] Ebn-Khaldoun, *Hist. des Berb.* t. I, p. 261 et 262.

[a] 'Ikrima, esclave et disciple d'Abd-Allah-ben-el-'Abbâs, cousin germain de Mahomet, était *Berbère* de na- tion; il acquit une telle connaissance de la loi, qu'il fut autorisé à remplir les fonctions de mufti à *la Mekke*; il mourut en 107 de l'hég. (725-726 de J. C.) (Ebn-Khaldoun, *Hist. des Berb.* t. I, p. 203, note 2; in-8°, Alger, 1852.)

[b] Id. *ibid.* t. I. p. 261. — Voyez aussi p. 203 du même volume.

pour n'en plus sortir, entre les mains d'un *Meknési*, et cependant Bekri parle
des fils de Medrâr comme ayant régné à *Sedjelmâsa;* mais je ne puis saisir
de lien, autre que celui de la foi, entre le fondateur de la dynastie des
Beni-Medrâr et le fervent Samgou, qui régna treize ans selon Abou-'Obeïd-
Bekri [1], douze ans selon Ebn-Khaldoun [2], par conséquent, de 155 à 167 ou
168, et eut pour successeur son fils Eliâs, surnommé *le Vizîr,* dont le règne
fut de six ou sept ans. En effet, les deux auteurs que je viens de citer s'accordent à dire qu'en 174 il fut déposé et remplacé par son frère, Abou-
Mans'our-Elîsa' (السيا), à qui *Sedjelmâsa* dut un mur d'enceinte qui fut cons-
truit en 199 selon Bekri [3], dans la trente-quatrième année de son règne,
c'est-à-dire en 208, selon Ebn-Khaldoun, qui ajoute : « Ce fut sous les aus-
« pices d'Elîsa' que l'autorité de la dynastie ouâsoulienne [4] prit de la consis-
« tance, et que la construction de *Sedjelmâsa* fut entièrement achevée. Après
« avoir fait élever dans cette ville des palais et des édifices publics, il y fixa son
« séjour vers la fin du second siècle de l'hégire [5]. » Ces derniers mots expliquent la date donnée par El-Bekri pour la construction du mur d'enceinte [6].
Un siècle et demi après, en 360 (970 de J. C.), Ebn-H'aouk'âl faisait un grand
éloge de *Sedjelmâsa* et de ses habitants [7]; toutefois, il dit que, durant les derniers
troubles [8], elle a été en grande partie ruinée [9]. Aboul-Feda, d'après Ebn-Sa'ïd,
parle de *Sedjelmâsa* comme étant la capitale d'un pays considérable [10]; mais
j'ai peut-être déjà trop anticipé sur le cours des événements, et je dois revenir à *K'aïrouân,* que j'ai laissé livré aux dévastations des *Ouarfadjouma.*

Une armée berbère qui, après avoir embrassé la cause d'un chef arabe et
proclamé la souveraineté du khalife, se trouvait maîtresse de la capitale de

---

[1] *Description de l'Afrique,* p. 169.

[2] *Histoire des Berbères,* t. I, p. 262.

[3] *Description de l'Afrique,* p. 167. — Ici El-
Bekri donne, au prince qui fit construire le
mur d'enceinte, le nom de Elîsa'-ben-Mans'our,
mais, à la page 169, il l'appelle, comme Ebn-
Khaldoun, Abou-Mans'our-Elîsa'.

[4] Voyez la note 3 de la page précédente.

[5] *Histoire des Berbères,* t. I, p. 262.

[6] Après avoir dit qu'Elîsa' construisit ce mur
en 199, El-Bekri ajoute que, *l'année suivante,*
ce prince « se transporta dans la ville, qu'il par-
« tagea entre les différentes tribus qui l'occupent
« encore aujourd'hui. » Or, on sait qu'El-Bekri a

écrit sa *Description de l'Afrique* en 460 de l'hégire. (Voyez la note 5 de la page 11 de ce volume.)

[7] Ebn-H'aouk'âl, *Description de l'Afrique,*
§ cxviii, p. 65 et 66; in-8°, de l'I. R. 1842.

[8] Il est ici question des troubles qui exis-
taient encore à l'époque du voyage d'Ebn-H'aou-
k'âl, ou plutôt à l'époque où il écrivait, et qui,
six ans après, en 366, mirent définitivement
fin à la dynastie des *Beni-Medrâr.*

[9] Cité par Edrîsi. (*Géographie,* iii⁰ climat,
1⁰ sect. t. I, p. 207; in-4°, de l'I. R. 1836.)

[10] Aboul-Feda, *Géographie,* I⁰ part. chap. iii,
t. II, p. 189; in-4°, de l'I. N. 1848.

l'Afrîk'îa; des citadins arabes qui avaient offert le gouvernement à un *Ber-bère;* les excès deux fois commis à *K'aïrouán* par les *Ouarfadjouma,* excès qu'on pouvait craindre de voir s'étendre à d'autres villes, étaient des motifs plus que suffisants pour éveiller l'inquiétude de ceux des Berbères qui étaient res-tés étrangers à ces intrigues et à ces méfaits : « Cette conduite scandaleuse « des *Ouarfadjouma* et de leurs alliés les *Nifzâoua,* dit Ebn-Khaldoun, excita, « dans la province de Tripoli, l'indignation des Berbères ibâd'ites [1] qui appar-« tenaient aux tribus des *Haouára* et des *Zenâta.* Ils coururent aux armes et

ABOU-
EL-KHET'ÂB-
'ABD-EL-ALÂ. « mirent à leur tête Abou-el-Khet'âb-'Abd-el-A'lâ-ben-es-Semah'-el-Mr'âfri [2]. » Ce chef de la tribu des *Mr'áfra* appartenait, comme eux, à la secte ibâd'ite ; il attaqua *Tripoli,* où commandait 'Omar-ben-'Otmân [3], s'en rendit maître [4], et aussitôt se mit en marche sur *K'aïrouán;* 'Abd-el-Malek vint au-devant de lui avec ses *Ouarfadjouma* [5]. Les deux armées se rencontrèrent à quatre milles de *K'aïrouán,* au lieu même, selon Moh'ammed-ben-Iousef, cité par Abou-'Obeïd-Bekri, où depuis, en 273 (886 de J. C.), fut construite la ville de *Rek'k'áda* [6] (les dormeurs), ainsi nommée parce qu'en ce lieu 'Abd-el-Malek fut défait et tué, et que les *Zenâta* ayant fait un affreux carnage des *Ouar-fadjouma,* un nombre effrayant de cadavres, restés amoncelés les uns sur les

[1] Voyez la note 4 de la page 76 de ce volume.

[2] ‏أبو الخطاب عبد الاعلى بن السمح المغافرى‏. En-Nouâîri, § xxv, *Appendice à l'Hist. des Berb.* t. I, p. 373. — Ebn-Khaldoun, *Hist. des Berb.* t. I, p. 242. Dans un autre passage (p. 220), Ebn-Khaldoun appelle ce chef Abou-el-Khet'âb-'Abd-el-A'lâ-ben-*es-scheikh*-el-Mr'âfri.

[3] Ebn-Khaldoun, *Hist. des Berb.* t. I, p. 220. — Cet auteur ajoute qu'il était de la tribu de *K'oreïsch*[b]; ailleurs il lui donne le nom d'Omar-ben-'Otmân-el-Fahri[e]. Ce même 'Omar devint plus tard l'allié d'un autre insurgé berbère, Abou-H'âtem, qu'il trahit, peu après avoir reçu

de lui l'intérim du gouvernement de *K'aïrouán.* (Voyez page 124 de ce volume.)

[4] Ebn-Khaldoun, *Hist. de l'Afr. sous la dyn. des Aghlab.* p. 54.

[5] En-Nouâîri, § xxv, *Appendice à l'Hist. des Berb.* t. I, p. 373.

[6] C'est Abou-'Obeïd-Bekri qui donne cette distance de quatre milles entre *Rek'k'áda* et *K'aïrouán*[d]. Edrisi place *Rek'k'áda* (‏رقّادة‏) à trois milles seulement de *K'aïrouán*[e]; peut-être confond-il avec le distance de la ville appelée *El-K'as'r-el-K'edîm* (‏القصر القديم‏, l'ancien château), qui était, en effet, à trois milles au Sud de *K'aïrouán*[f].

[a] C'est ainsi qu'Ebn-Khaldoun écrit ce nom. (*Hist. de l'Afr. sous la dyn. des Aghlab.* p. 19 du texte; in-8°, de l'I. R. 1841.)

[b] En-Nouâîri le dit aussi (§ xxv, *Append. à l'Hist. des Berb.* t. I, p. 373.) — La tribu de *K'oreïsch* est fameuse entre toutes, parce que c'est celle au sein de laquelle le Prophète est né.

[c] Ebn-Khaldoun, *Hist. de l'Afr. sous la dynast. des Aghlab.* p. 67. — Voir En-Nouâîri, p. 383.

[d] Abou-'Obeïd-Bekri, *Description de l'Afrique,* p. 42; in-4°, de l'I. R. 831.

[e] *Géographie* d'Edrisi, IIIᵉ clim. IIᵉ sect. t. I, p. 261; in-4°, de l'I. R. 836.

[f] Abou-'Obeïd-Bekri, *Description de l'Afrique,* p. 43 et 44.

autres, semblaient des hommes livrés au sommeil[1]. Cette bataille eut lieu dans le mois de s'afar 141 (juin-juillet 758); Abou-el-Khet'âb prit possession de K'aïrouân, dont les *Ouarfadjouma* étaient restés maîtres pendant quatorze mois[2]. Après avoir confié le gouvernement de la ville[3] à 'Abd-er-Rah'man-ben-Roustem[4], auquel il laissa les troupes nécessaires pour y maintenir son autorité, il revint à *Tripoli*[5]. Voici donc encore une fois les Berbères maîtres de l'Afrîk'ia, et nous verrons bientôt qu'ils en restèrent maîtres jusqu'en 144. Quels graves motifs pouvaient obliger le khalife à laisser dans une position si critique une conquête qui avait coûté tant d'efforts et tant de sang?

Ce fut en 140, selon Aboulfaradj[6], en 141 au dire d'Aboul-Feda[7], que les *Râouendis*[8] vinrent à *El-Hâschemîa*[9] (الهاشمية) pour offrir, à leur manière, des

---

[1] Abou-'Obeïd-Bekri, p. 43, 118 et 227.

[2] C'est évidemment par erreur qu'En-Nouâïri dit *quatre mois*[a], puisque H'abîb avait été tué plus d'un an auparavant, en moh'arrem 140, et que déjà, à cette époque, 'Âs'em et 'Abd-el-Malek avaient été successivement maîtres de K'aïrouân. C'est en vue de ce chiffre de quatorze mois, que (page 104) j'ai fixé en zil-h'adja 139 la date à laquelle 'Âs'em s'empara de K'aïrouân.

[3] Ebn-Khaldoun, t. I, p. 228 et 242.

[4] El-Bekri donne à 'Abd-er-Rah'man-ben-Roustem une origine persane, et le fait même descendre d'un roi de Perse[b]. Ebn-Khaldoun prétend qu'il assista à la conquête de l'Afrique : « 'Abd-er-Rah'man-ben-Roustem, dit-il, un des « musulmans qui assistèrent à la conquête de « l'Afrique, était fils de ce Roustem qui com-« mandait l'armée persane à la bataille de K'â-« disïa[c]. » Ce passage renferme plusieurs erreurs évidentes, et, du reste, Ebn-Khaldoun avait dit lui-même, quelques pages auparavant : « Il tirait « son origine du célèbre Roustem qui avait com-

« mandé l'armée persane à la bataille de K'âdi-« sïa[d]. » Ensuite, il est inadmissible qu'il ait assisté à la conquête de l'Afrique, puisqu'on sait qu'il mourut en 168[e] de l'hég. (784 de J. C.)

[5] Ebn-Khaldoun, *Hist. des Berb.* t. I, p. 220. — Id. *Hist. de l'Afr. sous la dynast. des Aghlab.* p. 55; in-8°, Paris, 1841.

[6] Abul-Pharajii *Hist. compend. dynast.* p. 140.

[7] Abulfedæ *Annal. muslem.* t. II, p. 13.

[8] Les *Râouendis* (الراوندية), qui tiraient leur nom de *Râouend*, localité du *Khorâsân*, formaient une secte dont le fond de la croyance était la métempsycose. Fort attachés à la dynastie des 'ABBÂSIDES, et croyant, d'ailleurs, à la transmission successive de la divinité dans la personne des imâm, Abou-Dja'far-el-Man-s'our était, pour eux, Dieu lui-même. (Silvestre de Sacy, *Exposé de la religion des Druzes*, t. I, introduction, p. LVI et LVII; in-8°, Paris, 1838. — Iacobi Reiskii *Adnotationes historicæ* ad Abulfedæ *Annalium* tomum II, p. 626 et 627.)

[9] Résidence bâtie près de *Koufa*, par Abou-

---

[a] En-Nouâïri, § XXV, *Appendice à l'Hist. des Berb.* t. I, p. 373.

[b] Abou-'Obeïd-Bekri, *Description de l'Afrique*, p. 89; in-4°, de l'I. R. 1831.

[c] Ebn-Khaldoun, *Histoire des Berbères*, t. I, p. 241. — La bataille de K'âdisïa (القادسية), qui assura aux *Arabes* la conquête de la *Perse*, en mettant fin à la dynastie des Kosroës, fut livrée l'an 15[*] de l'hég. (636 de J. C.). (Abulfedæ *Annal. muslem.* t. I, p. 231. — D'Herbelot, *Biblioth. orient.* p. 207, col. 1, au mot CADISIA.)

[d] Ebn-Khaldoun, *Histoire des Berbères*, t. I, p. 220.

[e] Voir la note de M. de Slane. (Id. *ibid.* t. I, p. 242.)

[*] Elmacin place cette bataille sous l'an 14 de l'hég. (*Historia Saracenica*, lib. I, cap. III, p. 21).

témoignages de respect au khalife. Dans leurs idées, El-Mans'our était l'incar-
nation de Dieu [1], et ils lui devaient la même adoration; en conséquence, ils
firent autour de son palais des processions semblables à celles qui se prati-
quent autour du temple de *la Mekke*, et que les musulmans nomment *At'ouâf* [2];
mais El-Mans'our, choqué de ces hommages absurdes, fit saisir les principaux d'entre les *Ráouendîs*, au nombre de deux cents, les fit jeter dans les
fers [3], et ce qui n'était d'abord qu'une manifestation ridicule dégénéra bientôt en une terrible sédition, dans laquelle le khalife courut les plus grands
dangers [4]. Ce grave tumulte paraît avoir eu des suites [5]; mais il semble que les
principaux embarras d'El-Mans'our venaient de l'Égypte; on peut, du moins,
l'inférer d'un passage d'Elmacîn. Soit que le découragement commençât à
s'emparer des généraux qu'on envoyait successivement en Afrique pour y
jouer le rôle d'émir, soit que les derniers succès des Berbères, grossis encore
par la distance, eussent jeté au loin la terreur parmi les Arabes, ce qui est
certain, c'est que, sans que l'abréviateur du T'abari en dise la cause, cinq
émirs d'Égypte furent, suivant lui, destitués en cinq ans [6], et que celui qui fut

142 de l'hég.
759-60 de J. C.)

nommé en 142, Moh'ammed-ben-el-Asch'at-el-Khoza'ï [7], commença par *envoyer*

el-'Abbâs-es-Seffâh': « *Haschemia*, ab ejus (Man-
« suri) fratre haud procul *Cufa* condita. » (Abulfedæ *Annales muslemici*, t. II, p. 15.) — Voyez
la note [b] de la page 128 de ce volume.

[1] « Pro deo dominoque, victus sui largitore
« et dispensatore, habebant ferebantque chali-
« fam Abu-Gafarum Mansurum. » (Abulfedæ
Annal. muslem. t. II, p. 13.)

[2] D'Herbelot, *Biblioth. orient.* p. 702, col. 2.
au mot *RAVENDIAH*, et p. 560, col. 2 et 561.
col. 1, au mot *MANSOR*.

« Jubet Mansur principes eorum, numero
« ducentos, comprehensos in vincula conjici. »
(Abulfedæ *Annal. muslem.* t. II, p. 13.)

[3] Son palais fut investi, et, sans le courage
que déploya un ancien partisan des *OMMIADES*,
le khalife, enveloppé par les insurgés, serait in-
failliblement tombé sous leurs coups. C'est à
cette circonstance qu'est due la fondation de

Baghdâd. (Voyez la note 6 de la page 115.)

[5] « Cette secte dégénéra en une faction sédi-
« tieuse et dangereuse, que ce même khalife
« fut obligé d'exterminer. » (D'Herbelot, *Biblioth. orient.* p. 702, col. 2, au mot *RAVEN-
DIAH*; in-fol. Maestricht, 1776.)

[6] Elmacini *Hist. sarac.* p. 101. — Le premier, qui fut destitué en 140, était l'oncle même
du khalife, ce S'âleh' que nous avons vu poursuivre et vaincre Merouân en Égypte. (Voyez la
note 5 de la page 90 de ce volume.)

[7] Je suppose que ce nom, qu'Ebn-Khaldoun [a]
écrit الأشعث بن محمد, est le même qu'Elmacîn [b] écrit محمد بن الأشعث, car Elmacin dit qu'il
fut nommé en 142, et En-Nouâiri [c] donne aussi
cette date à la première rencontre qui eut lieu
entre les Berbères commandés par Abou-el-
Khet'âb et les troupes envoyées par Moh'ammed-ben-el-Asch'at.

[a] Ebn-Khaldoun, *Hist. de l'Afr. sous la dynast. des Aghlab.* p. 20 (٢٠) du texte; in-8°, Paris, 1841.

[b] Elmacini *Hist. sarac.* lib. II, cap. III, p. 101; in-fol. Lugduni Batavorum, 1625.

[c] En-Nouâiri, § XXVI, *Appendice à l'Hist. des Berb.* t. I, p. 374; in-8°, Alger, 1852.

un général qui rencontra Abou-el-Khet'âb à *S'ort*, fut battu [1], et obligé de se
replier immédiatement sur l'Égypte. Or, pour donner une idée du terrain que
les Arabes avaient perdu, il suffit de dire qu'Edrîsi place *S'ort* à onze journées à l'Est de *Tripoli* [2]. Cet instant de l'histoire de la conquête n'a pas été
assez remarqué, parce que les historiens arabes se sont gardés de le mettre en
saillie ; et pourtant nous allons voir qu'à chaque pas leur langage les trahit et
accuse la profonde atteinte que les conquérants ont reçue, atteinte assez
profonde pour changer leur audace en prudence ; on sent, en lisant ces
historiens, que les Arabes ne sont plus ces apôtres, embrasés d'une exaltation
fiévreuse, qui s'élancent du Nil à l'Océan sans regarder les obstacles, demandant où il y a des infidèles à combattre sans jamais demander leur nombre.
On dirait que leur ardeur s'est éteinte dans les flots de sang que les Berbères
ont répandus au nom de la liberté ; mais je ne veux plus ici interpréter des
traditions lointaines ni reproduire l'empreinte que m'a laissée la lecture des
divers récits, les citations textuelles seront plus expressives :

« Lorsque Abou-Dja'far-el-Mans'our apprit cette défaite, dit Ebn-Khaldoun,
« il fit porter l'ordre à Moh'ammed-ben-el-Asch'at de se mettre *en personne*   MOH'AMMED-
« *à la tête de l'expédition, et le nomma spécialement gouverneur de l'Afrique* [3]. »   BEN-EL-ASCH'AT.
En-Nouâïri, selon sa coutume, entre dans plus de détails, et, après avoir
dit, très-brièvement du reste, que le général envoyé par Moh'ammed-ben-
el-Asch'at fut battu en 142, il ajoute : « Ebn-el-Asch'at reçut alors d'El-Man-
« s'our un corps de troupes, et *l'ordre écrit de les conduire en Afrîk'ia.* Il se
« mit donc en marche avec quarante mille cavaliers, dont trente mille Kho-
« râsânites et dix mille Syriens. El-Mans'our le fit accompagner par El-Aghlab-
« ben-Sâlem, de la tribu de *Temîm* [4], El-Moh'areb-ben-Hilâl-el-Fârsi (de la

[1] Ebn-Khaldoun, *Hist. de l'Afr. sous la dynast.
des Aghlab.* p. 55.

[2] *Géographie* d'Edrîsi, III° clim. II° sect. t. I,
p. 274. — Edrîsi écrit ce nom صرت, Ebn-Khaldoun l'écrit سرت. (Ebn-Khaldoun, *Hist. de l'Afr.
sous la dynast. des Aghlab.* p. 20 du texte ; in-8°,
Paris, 1841.) — Quant à la distance donnée
par Edrîsi, elle est confirmée par El-Bekri, qui,
après avoir dit que « les habitants de *Sort* (سرت)
« parlent entre eux un jargon qui ne ressemble
« ni à l'arabe, ni au persan, ni au berbère, ni au
« copte (nabatéen), » ajoute : « De *Sort* à Tri-
« poli (*T'arâbolos*), on compte dix journées de

« marche. » (Abou-'Obeïd-Bekri, *Description de
l'Afr.* p. 17 ; in-4°, de l'I. R. 1831.)

[3] Ebn-Khaldoun, *Hist. de l'Afr. sous la dynast.
des Aghlab.* p. 55. — On trouve, dans ce fait,
l'explication de la nécessité où se trouva le khalife d'envoyer un nouveau gouverneur en Égypte
en 142. Suivant Elmacin, le nouveau gouverneur qui remplaça Moh'ammed-ben-el-Asch'at
fut H'amîd-ben-K'ah't'aba. (*Hist. sarac.* lib. II.
cap. III, p. 101.)

[4] Voici le premier Aghlabite qui arrive en
Afrique ; nous verrons, en 148 (765 de J. C.),
ce général devenir gouverneur de ce même pays,

« province de *Fârs*), et El-Mokhârek'-ben-R'ifâr, de la tribu de *T'âï*. Il enjoignit
« aux troupes d'obéir en toutes choses à El-Asch'at; puis, si quelque malheur
« arrivait à ce chef, elles devaient reconnaître El-Aghlab pour général; si elles
« perdaient celui-ci, elles auraient à se mettre sous le commandement d'El-
« Mokhârek', et, à son défaut, elles prendraient les ordres d'El-Moh'areb [1]. »
Cette minutieuse prévoyance montre que les faits antérieurs avaient donné
aux Arabes une prudence inaccoutumée, et le général en chef reçut, il n'en
faut pas douter, des instructions qui portaient le même cachet [2]. El-Asch'at
entra en campagne, et ce fut aussi à *S'ort* [3] qu'il rencontra Abou-el-Khet'âb;
celui-ci, affaibli par la désunion que jeta son armée une querelle survenue entre les *Zenâta* et les *Haouára*, éprouva une défaite complète, et périt
les armes à la main. Ebn-Khaldoun [4] et En-Nouâïri s'accordent à fixer cette

144 de l'hég.
(761 de J. C.)
Défaite
d'Abou-
el-Khet'âb.

grande défaite en 144; le dernier de ces historiens, donnant une date précise, dit que la bataille eut lieu en rebî-el-aouel 144 (juin-juillet 761 de J. C.),
et que « quarante mille Berbères restèrent sur le champ de bataille [5]; » Abou-
'Obeïd-Bekri avait fixé au mois de s'afar de la même année (mai-juin 761)
la date de cette terrible rencontre [6]. Les deux années qui s'écoulèrent entre
la défaite (142 de l'hég.) du général envoyé par El-Asch'at et la victoire de
celui-ci (144 de l'hég.), montrent les difficultés de la position, le soin des préparatifs, et, par suite, toute l'étendue de l'échec éprouvé par les Arabes en
Afrique. Moh'ammed-ben-el-Asch'at, vainqueur à *S'ort*, s'avança alors vers
l'Ouest, reprit *Tripoli*, dont il confia le gouvernement à Mokhârek'-ben-R'ifâr,
envoya Ebn-'Ikrima-el-Khoza'ï s'emparer du territoire et de la ville de *Zouîla*; et
on doit croire que, malgré sa victoire décisive, l'émir rencontra encore quelque résistance, car En-Nouâïri place seulement au samedi 1er zil-k'a'da 144 [7]

et trente-six ans plus tard, en 184, son fils
Ibrahîm y fonder une dynastie qui joua un rôle
important dans cette conquête des Arabes, puisqu'elle domina pendant cent douze ans, jusqu'en 296, époque à laquelle elle fut renversée
par les *FÂT'IMITES*.

[1] En-Nouâïri, § xxvi, *Appendice à l'Hist. des
Berb.* t. I, p. 374.

[2] On en a la preuve dans le récit détaillé que
fait En-Nouâïri des préliminaires de la grande
bataille à la suite de laquelle les Arabes rentrè-
rent en possession de l'Afrîk'ïa.

[3] Voyez en tête de la page précédente.

[4] Ebn-Khaldoun, *Hist. des Berb.* t. I, p. 220
et 242. — Id. *Hist. de l'Afr. sous la dynast.
des Aghlab.* p. 56 et 57.

[5] En-Nouâïri, § xxvi, *Appendice à l'Hist. des
Berb.* t. I, p. 375.

[6] Abou-'Obeïd-Bekri, *Descr. de l'Afr.* p. 89;
in-4°, de l'I. F. 1831.

[7] Ce jour correspond au dimanche 30 janvier 762; si, réellement, l'entrée de Moh'ammed-ben-el-Asch'at à K'aïrouân eut lieu un samedi, ce dut être la veille du jour indiqué par
En-Nouâïri, c'est-à-dire le 30 schaouâl 144. —
Selon Ebn-Khaldoun, le général arabe ne ren-

son entrée à *K'aïrouán*, dont il commença bientôt à relever les murailles [1].

Aussitôt que la nouvelle de la sanglante défaite éprouvée par Abou-el-Khet'âb fut parvenue à *K'aïrouán*, 'Abd-er-Rah'man-ben-Roustem avait abandonné la ville [2] pour se réfugier dans le *Maghreb central*, et il s'était arrêté à *Táhart* (تاهرت). Là, « ayant rassemblé les Ibâd'ites de plusieurs tribus ber- » bères, telles que les *Lmaïa* et les *Leouáta*, ainsi qu'un nombre considérable *Fondation » de guerriers nifzâouiens [3], il se fixa dans cette localité, et y bâtit *Táhart* de Táhart. « la Neuve [4] (*Tíharet*), » à cinq ou six milles de l'ancienne *Táhart* [5] (*Ták'demt*).

Très-vraisemblablement une partie des débris de l'armée vaincue, principalement composée de *Zenâta* et de *Haouâra* [6], vint le rejoindre dans cette espèce de refuge ; mais je ne pense pas qu'il faille voir là, comme on l'a dit [7], l'origine de l'établissement des *Zenâta* dans le *Maghreb central*. J'ai montré (page 52) qu'il n'était pas nécessaire d'avoir recours à la transportation qui suivit la défaite de la Kâhena, même pour expliquer la présence des *Zenâta* dans cette région en 134 [8], quand le jeune proscrit ommiade y trouva un asile ; à plus forte raison devra-t-on admettre que les *Zenâta*, qui s'acheminèrent

---

tra dans la capitale de l'Afrîk'ïa que vers le mi-lieu de 145 (septembre 762). (*Hist. de l'Afr. sous la dynast. des Aghlab.* p. 58.)

[1] En Nouâïri, § xxvi, *Appendice à l'Hist. des Berb.* t. I, p. 376.

[2] Voyez page 109 de ce volume. — La fuite d'Abd-er-Rah'man-ben-Roustem s'explique très-bien par la position dans laquelle Abou-el-Khet'âb avait laissé ce gouverneur de *K'aïrouán*. Le chef berbère, jugeant, à la longueur des pré-paratifs faits par les Arabes, que la bataille qu'il allait livrer à *S'ort* serait décisive, « avait envoyé « chercher à *K'aïrouán*, dit En-Nouâïri, le corps « de troupes qu'Abd-er-Rah'man-ben-Roustem « avait sous ses ordres [a]. » Celui-ci se trouvait donc sans moyens de défense, et son origine [b], sa venue en Afrique avec les armées arabes [c], sa qualité de chef d'une des sectes hérétiques après avoir été néophyte des Arabes [d], le gouverne-ment qu'il venait d'exercer au nom d'Abou-el-

Khet'âb pendant trois ans, l'exposaient à tous les traits de la vengeance du vainqueur.

[3] Les *Nifzâoua* appartenaient, comme les *Leouáta*, à la branche de *Loua* ; les *Lmaïa* appartenaient à la branche de *D'ari*, deux bran-ches de la tige dont la souche était *Mádr'es*.

[4] Ebn-Khaldoun, *Hist. des Berb.* t. I, p. 220. — Voir aussi pages 242 et 243. — Id. *Hist. de l'Afr. sous la dynast. des Aghlab.* p. 58.

[5] « La *nouvelle Táhart* est à cinq milles de « *l'ancienne.* » (Abou-'Obeïd-Bekri, *Descript. de l'Afrique*, p. 88.) — Les cartes du Dépôt de la guerre donnent deux lieues ou six milles entre *Tíharet* et *Ták'demt*. (Voyez *Rich. minér. de l'Alg.* t. II, p. 234, note 3.)

[6] Voyez page 108 de ce volume.

[7] *Recherches sur l'origine et les migrations des principales tribus de l'Afrique septentrionale*, par E. Carette, p. 179.

[8] Voyez page 98 de ce volume.

---

[a] En-Nouâïri, § xxvi, *Appendice à l'Hist. des Berb.* t. I, p. 374 et 375 ; in-8°, Alger, 1852.

[b] Voyez la note 4 de la page 109 de ce volume.

[c] Ebn-Khaldoun, *Hist. des Berb.* t. I, p. 241 et 242.

[d] Id. *ibid.* t. I, p. 220.

vers la colonie de Ben-Roustem, après le désastre de *S'ort,* étaient venus rejoindre des frères, et n'avaient pas marché à l'aventure vers une contrée occupée par des tribus n'ayant peut-être aucun lien d'origine avec eux.

Un seul passage d'un géographe arabe pourrait être opposé à cette manière de voir : Abou-'Obeïd-Bekri dit, d'après Moh'ammed-ben-Iousef, si
souvent cité par lui, que « l'emplacement qu'occupe la ville de *Tâhart* appar-
« tenait à quelques pauvres familles de *Merâsa* et de *S'enh'âdja* [1]; » mais, de ce
que quelques pauvres familles, dépendant d'autres tribus, vivaient obscuré-
ment à cinq ou six milles à l'Est de *Tâhart,* il n'y a rien à conclure contre
les faits que je viens d'établir ; j'y verrais plutôt la preuve que les *Zenâta*
étaient assez puissants dans cette région pour n'avoir pas même à se préoccuper du voisinage de quelques étrangers. Du reste, comme par un pressen-
timent de la lutte qui devait, à plus de deux siècles de là, s'engager entre
les *Zenâta* et les *S'enh'âdja,* peut-être sous l'impulsion de la rivalité native
dont j'ai déjà eu (page 13) l'occasion d'observer un symptôme, ces derniers
éprouvèrent une extrême répugnance à vendre le terrain qu'Abd-er-Rah'-
man-ben-Roustem offrait de leur acheter, et il eut beaucoup de peine à les
faire revenir sur le refus formel par lequel ils avaient tout d'abord répondu
à ses propositions. Ce terrain, autant qu'on en peut juger par le récit d'El-
Bekri, était un espace dénudé entouré d'un vaste espace couvert d'arbres ;
car, après avoir dit que « le lieu qu'occupe *Tâhart* était, à cette époque, *cou-*
« *vert d'une forêt épaisse,* » il ajoute : « 'Abd-er-Rah'man s'étant établi sur un
« terrain carré et *dépourvu de bois,* les Berbères se dirent : Nous voilà fixés à
« *Tâk'demt* [2]; ce mot signifie, dans leur langue, un tambour de basque, et ils
« supposèrent que ce lieu, attendu sa forme carrée, ressemblait à cet instru-
« ment [3]. » On peut affirmer que l'étymologie ainsi déduite n'est pas exacte, car,
d'après elle, ce serait la *nouvelle Tâhart* qui s'appellerait *Tâk'demt,* et l'*ancienne
Tâhart* qui porterait le nom de *Tîharet;* or, c'est l'inverse qui a lieu. Cette
remarque donne une grande probabilité de justesse à l'étymologie proposée
par M. Reinaud, qui pense que quand la *nouvelle Tâhart* (*Tîharet*) fut bâtie
à cinq milles à l'Est de la ville du même nom qui existait depuis longtemps,
celle-ci reçut des *Arabes* le nom de *Tâhart-el-K'edîma* (*Tâhart la vieille*),
d'où les *Berbères* ont, par contraction, fait *Tâk'demt* [4]. Dix-sept ans après

---

[1] Abou-'Obeïd-Bekri, *Descr. de l'Afr.* p. 90.

[2] تاقدمت (Id. *ibid.* même page).

[3] Id. *ibid.* même page.

[4] Aboul-Feda, *Géographie* trad. de l'arabe par
M. Reinaud, t. II, p. 173, note 1 ; in-4°, de
l'I. N. 1848.

cette fondation, le réfugié donnait un nouveau lustre à l'ancienne ville : « En
« l'an 161 (777 de J. C.), dit l'auteur du *Baïán* [1], 'Abd-er-Rah'man-ben-Rous-
« tem *rebâtit et repeupla Táhart, ville très-ancienne,* qui était restée abandon-
« née; » vraisemblablement abandonnée parce que les *Zenáta,* depuis longtemps
établis sur son territoire, étaient venus se réunir aux émigrés qui cultivaient
l'espèce de champ d'asile péniblement acquis de quelques pauvres *S'enh'ádja.*
Ebn-H'aouk'âl, au xe siècle, ne donne qu'un seul nom aux deux villes : « *Tá-*
« *hart,* dit-il, se compose de deux grandes villes, l'une ancienne et l'autre
« moderne [2]; » Edrìsi, au xiie siècle, transformant ces deux villes en deux
quartiers, prétend que « *Táhart* était autrefois divisée en deux grands quar-
« tiers, l'un ancien, l'autre moderne [3]; » cependant, un siècle et demi avant
Edrìsi, l'auteur du livre connu sous le nom d'*Aztz* [4] avait exagéré en sens
contraire, lorsqu'il avait dit : « Entre la *Táhart* ancienne et la *Táhart* nou-
« velle, il y a une journée de marche [5]. »

Je suis entré dans ces détails sur *Táhart,* parce que cette ville devint rapidement comme la capitale du *Maghreb central.* 'Abd-er-Rah'man-ben-Roustem n'était pas seulement le fondateur d'une ville, il était en même temps
le fondateur d'une dynastie, celle des *Roustemites* ou *Beni-Roustem,* dont
nous allons bientôt voir les chefs porter la guerre dans l'Afrîk'îa, où se dé-
roulaient des événements que je dois esquisser rapidement.

Nous avons laissé Moh'ammed-ben-el-Asch'at relevant les murs de *K'aï-* 145 de l'hég.
rouán, qui deviendra aussi le siége d'une dynastie, pendant que le premier (762-63 de J.C.)
Roustemite édifiait *Táhart la Neuve,* et qu'El-Mans'our fondait la célèbre
Baghdâd [6]. « Ce travail, dit En-Nouâïri en parlant des murailles de *K'aïrouán,*
« commencé le samedi 10 djoumâd-el-aouel [7], fut terminé dans le mois de

---

[1] Cité par M. de Slane, dans sa traduction
d'En-Nouâïri, § xxvi, *Appendice à l'Hist. des
Berb.* t. I, p. 375, note 1.

[2] Ebn-H'aouk'âl, *Description de l'Afrique,*
§ lxviii, p. 49; in-8°, de l'I. R. 1842.

[3] Edrìsi, *Géographie,* iiie clim. 1re sect. t. I,
p. 233; in-4°, de l'I. R. 1836.

[4] Cet auteur, nommé H'asen-ben-Ah'med,
et surnommé El-Mohallebi, écrivait dans les
dernières années du xe siècle de notre ère, sous
le cinquième khalife fât'imite 'Aztz-Billah-Abou-
Mans'our-Nezâr (*Chrestomathie arabe,* par A. I.
Silvestre de Sacy, t. II, p. 520; in-8°, de l'I. I.

1806. — Voir l'Introduction de M. Reinaud à la
Géographie d'Aboul-Feda, tom. I, p. xcii.

[5] Cité par Aboul-Feda, *Géographie,* Ire part.
chap. iii, t. II, p. 172.

[6] Voyez, à la fin de ce volume, la note A
sur les résidences successives occupées par
les khalifes abbâsides.

[7] Il ne dit pas l'année. La phrase est construite de telle façon qu'il semble qu'immédiatement après son entrée à *K'aïrouán,* Moh'ammed-ben-el-Asch'at donna l'ordre d'en relever
les murailles, d'où l'on peut croire qu'il s'agit
de djoumâd-el-aouel 145. D'un autre côté, dans

« redjeb 146 [1] (du 12 septembre au 12 octobre 763). » Le nouvel émir trouva sans doute dans un état déplorable cette ville que les Berbères occupaient depuis cinq ans [2], après l'avoir saccagée deux fois ; le temps qu'il fut obligé de consacrer à la réparation des dévastations auxquelles *K'aïrouân* avait été livrée, donne la mesure de leur étendue. Ce ne fut qu'après avoir achevé les travaux nécessaires à la sûreté de la capitale qu'il se mit en campagne. En-Nouâïri nous le représente alors réduisant toute l'Afrîk'ia sous sa domination, exterminant les Berbères qui osaient encore lui résister, et recevant la soumission des autres [3] ; cependant il est facile d'apprécier jusqu'où s'étendit, vers l'Ouest, le succès de ses armes : « El-Aghlab-ben-Sâlem devint, sous « ses ordres, gouverneur de *T'obna* [4] et du *Zâb,* » dit Ebn-Khaldoun, qui ajoute que, maître de l'Afrique, Moh'ammed-ben-el-Asch'at gouverna paisiblement [5]. Mais cette paix ne fut pas de longue durée, car tout à coup, en rebi-el-aouel 148 (mai 765 de J. C.), il fut, sans qu'on en donne une raison bien plausible, déposé par la milice [6] et renvoyé en Orient [7]. Ebn-Khaldoun s'ac-

146 de l'hég.
(763 de J. C.)

148 de l'hég.
(765 de J. C.)

le membre de phrase que je cite textuellement, l'auteur, par cela seul qu'après la première date il n'indique pas l'année, paraît dire que le travail dura du 10 djoumâd-el-aouel à redjeb 146. Le seul intérêt qui s'attacherait à éclaircir ce détail consisterait à permettre d'apprécier l'importance de cette ceinture fortifiée, selon qu'il aurait fallu deux à trois mois ou quatorze mois pour la rétablir [1]. — Quant à la date précise donnée pour le commencement du travail, j'observerai que le 10 djoumâd-el-aouel 145 tombe le *jeudi* 5 août 762, et que le 10 djoumâd-el-aouel 146 tombe le *lundi* 25 juillet 763 ; qu'ainsi, quelle que soit celle des deux années que l'on adopte, pour aucune le 10 djoumâd-el-aouel ne correspond à un *samedi*.

[1] En-Nouâïri, § XXVI, *Appendice à l'Hist. des Berb.* t. I, p. 376.

[2] Cinq ans moins un mois environ. (Voyez la note 2 de la page 109 de ce volume.)

[3] En-Nouâïri, § XXVI, t. I, p 376.

[4] Voyez *Richesse minérale de l'Algérie*, t. I, p. 404, la NOTE P sur *T'obna*; in-4°, de l'I. N. 1849.

[5] Ebn-Khaldoun, *Hist. de l'Afr. sous la dynast. des Aghlab.* p. 58.

[6] Après la conquête de la Syrie par les premiers musulmans, ce pays avait été partagé en cinq arrondissements dans lesquels on avait établi plusieurs fractions des grandes tribus arabes. Ces colonies militaires étaient appelées *djond*, parce qu'elles étaient tenues de recruter les milices (*djond*) des khalifes.

[7] En-Nouâïri donne pour unique motif que *le bruit s'était répandu* qu'il avait reçu du khalife un ordre de rappel, et qu'il refusait d'y obéir ; mais ce récit même suppose une désaffection dont la cause reste inconnue. (En-Nouâïri, § XXVI, *Appendice à l'Histoire des Berbères*, t. I, p. 376.)

[*] Suivant Ebn-Khaldoun, la reconstruction de ces murailles dura *une année* [*], et *deux ans* (de 144 à 146), au dire de Raîni-el-K'aïrouâni [**], qui nous apprend que cette muraille était en terre et avait une épaisseur de dix dra' (environ cinq mètres).

[*] *Hist. de l'Afr. sous la dynast. des Aghlab.* p. 58; in-8°, Paris, 1841.
[**] *Histoire de l'Afrique*, liv. III, p. 78; in-8° de l'I. R. 1845.

corde avec En-Nouâïri sur ces faits, et, comme lui, il attribue aux *Arabes issus de Mod'ar*[1] cet acte de rébellion[2].

El-Aghlab-ben-Sâlem, gouverneur de *T'obna*, fut alors nommé émir d'A-frique, et à peine avait-il pris possession de *K'aïrouân*, où il arriva en djou-mâd-el-akher 148, qu'un chef berbère, Abou-K'orra-el-Iar'arni, souleva les populations du *Maghreb central*[3]. Un court éclaircissement est ici nécessaire. Nous avons vu, en 122 et 123, Khâled-ben-H'amîd, chef des *Zenâta*, faire éprouver aux Arabes deux défaites sanglantes près de *Tanger*[4], et le khalife Heschâm envoyer, en 124, H'and'ala-ben-S'efouân pour venger l'honneur de ses armes et conjurer le péril qui menaçait l'islamisme en Afrique. On se rappelle que H'and'ala se trouva immédiatement en présence de deux armées formidables, commandées par deux chefs des *Haouâra*, 'Okâscha et 'Abd-el-Ouâh'ed, et l'on a dû s'étonner de ne pas retrouver là Khâled-ben-H'amîd à la tête de ses *Zenâta*. Était-il survenu, entre ces deux puissantes tribus, une désunion, comme il arriva plus tard (144 de l'hég.) à *S'ort*[5]? On peut le croire, mais ce n'est qu'une conjecture; ce qui est certain, c'est qu'après la célèbre ba-taille de *Seboua* Khâled-ben-H'amîd disparaît de la scène, et on ignore combien de temps il garda le commandement; je lis seulement dans Ebn-Khaldoun : « Abou-K'orra remplaça Khâled comme chef des *Zenâta*[6]. » C'est cet Abou-K'orra qui non-seulement souleva le *Maghreb central* en 148, mais y fut pro-clamé khalife : « Les *Beni-Ífren*[7], dit Ebn-Khaldoun, s'insurgèrent *aux environs* « *de Tlemsên*, sommèrent les autres tribus de professer le khâredjisme, et,

EL-AGHLAB-
BEN-SÂLEM.

---

[1] المغربي, *les Mod'arites*, famille arabe bien connue (*Chrestomathie arabe*, par Silvestre de Sacy, t. III, p. 74, 75 et 110;) — *Specimen historiæ Arabum*, auctore Edwardo Pocockio, p. 46 et 48; in-4°, Oxonii, 1806.

[2] Ebn-Khaldoun, *Hist. de l'Afr. sous la dynast. des Aghlab.* p. 59.

[3] Ebn-Khaldoun, *Hist. des Berb.* t. I, p. 221 et t. III, p. 200.

[4] Voyez pages 78 et 79 de ce volume.

[5] En-Nouâïri, § XXVI, *Appendice à l'Hist. des Berb.* t. I, p. 375. — Voyez page 112 de ce volume.

[6] *Histoire des Berbères*, t. III, p. 199; in-8°, Alger, 1856. — « Certains historiens, dit plus

[*] Voyez la note 1 de la page 13 de ce volume.

« loin Ebn-Khaldoun, représentent Abou-K'orra « comme membre de la tribu des *Mar'îla* ; mais « il ne m'a pas été possible de constater l'exac- « titude d'une assertion dont les preuves sont « balancées par celles de l'assertion contraire. « En effet, bien que les environs de *Tlemsên* « fussent la localité qu'habitaient les *Beni-Ífren*, « il est également certain que cette même ré- « gion servait de séjour aux *Mar'îla*. Les deux « tribus demeuraient l'une à côté de l'autre : « mais celle des *Beni-Ífren* était la plus forte et « la plus nombreuse. » (Id. t. III, p. 200 et 201.) — Voyez la note 3 de la page 122 de ce volume.

[7] Voyez la note 1 de la page 13 de ce volume.

« en l'an 148, ils proclamèrent khalife leur chef Abou-K'orra [1]. » On ne dit pas jusqu'où il s'avança; mais, à en juger par le récit d'En-Nouâîri, il s'avança évidemment jusqu'aux plaines qui s'étendent entre le *Záb* et *K'aïrouân*, car, après avoir dit qu'Abou-K'orra, à la nouvelle que l'émir marchait à sa rencontre, avait pris la fuite, l'historien arabe ajoute : « El-Aghlab *pénétra alors* « *dans le Záb* [2], et voulut même pousser jusqu'à *Tlemsén* et à *Tanger*; mais ses « troupes, ne s'accommodant pas d'une telle entreprise, le quittèrent pendant « là nuit, et prirent la route de *K'aïrouân* [3]. » Suivant Ebn-Khaldoun, qui s'accorde avec En-Nouâîri sur tous les autres points, El-Aghlab *s'établit dans le* *Záb*, et « quelque temps après *il fit une tentative* contre *Tlemsén* et ensuite contre « *Tanger* [4]. » La version d'En-Nouâîri, qui ne parle de ces deux expéditions que comme de deux projets avortés, est beaucoup plus vraisemblable, et d'ailleurs Ebn-Khaldoun se réfute lui-même dans un autre ouvrage, où il affirme qu'El-Aghlab « *se préparait à poursuivre* le chef îfrénide, lorsque ses troupes lui « refusèrent tout concours et se mirent en révolte ouverte [5]. » Cette poursuite, s'il eût pu la tenter, l'aurait, en effet, entraîné jusqu'à *Tanger*, car « Abou-K'orra avait fui dans le *Maghreb-el-Ak's'a*, et rentra dans son pays aussitôt qu'El-Aghlab se fut retiré [6]. »

La révolte des troupes arabes contre l'émir avait un caractère d'autant plus inquiétant qu'elle était fomentée par H'asen-ben-H'arb-el-Kendi, gouverneur de *Tunis*. Des intrigues occultes, celui-ci en vint bientôt aux attaques ouvertes; il s'empara de *K'aïrouân* pendant qu'El-Aghlab était obligé de se réfugier à *K'ábes* avec le peu de troupes restées fidèles, et cette déplorable lutte ne se termina qu'en scha'bân 150 (septembre 767), par une de ces batailles furieuses, comme toutes celles où la guerre civile anime, de ce souffle qui lui est propre, les passions des combattants. Une flèche vint frap-

150 de l'hég.
(767 de J. C.)

[1] Ebn-Khaldoun, *Hist. des Berb.* t. III, p. 200, et t. I, p. 221.

[2] On peut croire, d'après cette expression, qu'El-Aghlab qui, avant d'être appelé à l'émirat d'Afrique, était gouverneur du *Záb* et de *T'obna*, n'avait pas été remplacé dans ce gouvernement, et même que cette partie de l'Afrîk'ia avait immédiatement échappé à la domination de *K'aïrouân*, car il est naturel d'admettre qu'Abou-K'orra se serait difficilement avancé à l'Est du *Záb*, ou qu'ayant réussi, soit à le tourner, soit à le traverser, il aurait dû se trouver

cerné entre l'armée d'El-Aghlab partie de sa capitale et celle du gouverneur du *Záb*, si les Arabes avaient été maîtres de cette province. Or, dans les récits qui nous sont transmis de ces événements, les choses se passent *comme si le Záb* n'était pas, à cet instant, une possession arabe.

[3] En-Nouâîri, § XXVII, *Appendice à l'Hist. des Berb.* t. I, p. 377.

[4] Ebn-Khaldoun, *Hist. des Berb.* t. I, p. 221.

[5] Id. *Hist. de l'Afr. sous la dyn. des Aghlab.* p. 59.

[6] Id. *Hist. des Berb.* t. III. p. 200.

per mortellement El-Aghlab [1]; aussitôt mille voix s'écrient, « L'émir est mort ! »
et dans cette funèbre exclamation qui doit mettre la victoire aux mains d'El-
H'asen, les troupes du khalife semblent puiser une énergie nouvelle. A l'instant, elles se donnent pour chef Mokhârek'-ben-R'ifâr-et-T'âï [2], qui, mettant
à profit l'enthousiasme qui l'électrise lui-même, fond avec impétuosité sur
H'asen, et taille en pièces son armée déjà affaiblie par des pertes énormes [3].
Ebn-Khaldoun nous représente El-H'asen obligé de regagner *Tunis*, et bientôt demandant un asile aux *Ketâma*, « chez lesquels El-Mokhârek' n'osa pas le
« poursuivre [4]. » Deux mois après, c'est-à-dire en schaouâl 150 (novembre 767),
El-H'asen quitta l'asile qu'il avait trouvé chez les Berbères, revint à *Tunis* et
fut mis à mort ; « Mokhârek', dit Ebn-Khaldoun, resta dès lors maître de
« l'Afrîk'ïa [5]. »

Six mois s'étaient écoulés depuis la mort d'El-Aghlab, lorsqu'en s'afar 151
(mars 768), un nouvel émir, 'Omar-ben-H'afes'-Hezârmerd [6], vint prendre

151 de l'hég.
(768 de J. C.)
'OMAR-
BEN-H'AFES'-
HEZÂRMERD.

---

[1] En-Nouâïri, § XXVII, *Appendice à l'Hist.
des Berb.* t. I, p. 377 et 378. — Ebn-Khaldoun,
Hist. de l'Afr. sous la dynast. des Aghlab. p. 60.
— Suivant ce dernier, la bataille fut livrée sous
les murs de *K'aïrouân.*

[2] Un des généraux arabes qui, en 143, en-
trèrent en Afrique avec Moh'ammed-ben-el-
Asch'at; cet émir lui avait confié le gouvernement de *Tripoli* [a]. Évidemment El-Aghlab,
quand il s'était vu abandonné de la plus grande
partie de ses troupes, l'avait appelé à son aide,
et cette circonstance explique très-bien le mouvement que l'émir fit vers *K'âbes.*

[3] Au moment où El-Aghlab tomba, « Sâlem-
« ben-Souâda [b], qui commandait l'aile droite,
« dit à Abou-el-Anbês, Je ne veux pas survivre
« à ce jour ; et aussitôt il se précipita sur l'en-
« nemi, dont il fit un affreux carnage. » (En-

Nouâïri, § XXVII, *Appendice à l'Hist. des Berb.*
t. I, p. 378.)

[4] Ebn-Khaldoun, *Hist. de l'Afr. sous la dynast. des Aghlab.* p. 60 et 61. — Suivant En-
Nouâïri, les deux rivaux périrent dans la même
bataille. (*Append.* etc. t. I, p. 378.)

[5] Ebn-Khaldoun, *Hist. de l'Afr. sous la dynast. des Aghlab.* p. 61.

[6] Cet 'Omar-ben-H'afes' était de la famille de
K'abîs'a [c], frère de Mohalleb-ben-Abi-S'ofra,
l'*Azdite* [d], qui mourut gouverneur du *Khorâsân*,
en 82 de l'hégire, sous le règne d'Abd-el-Malek-
ben-Merouân, laissant une haute réputation de
vertu et d'habileté [e]. Le surnom d'*Hezârmerd*
(هزارمرد), mot qui, en persan, signifie *mille
hommes*, lui avait été donné parce que, par son
extrême bravoure, il valait, en effet, dans un
combat, à lui seul autant que mille [f].

---

[a] Voyez pages 111 et 112 de ce volume.

[b] سالم بن سواده ; c'était à ce Sâlem-ben-Souâda qu'El-Aghlab avait confié le gouvernement de *K'aïrouân*,
lorsqu'il s'était mis en campagne pour marcher contre Abou-K'orra. (En-Nouâïri, § XXVII, *Append. à l'Hist.
des Berb.* t. I, p. 377.)

[c] Ebn-Khaldoun, *Histoire des Berbères*, t. I, p. 221 ; in-8°, Alger, 1852.

[d] Voyez la note ** de la page suivante.

[e] Abulfedæ *Annales maslemici*, t. I, p. 425 ; in-4°, Hafniæ, 1789.

[f] Raïni-el-K'aïrouâni, *Histoire de l'Afrique*, liv. III, p. 78 ; in-8°, de l'I. R. 1845. — Ses traducteurs écrivent
Hezaramard. — Voyez En-Nouaïri, § XXVIII, *Append. à l'Hist. des Berb.* t. I. p. 379.

possession de l'Afrique. Après la lutte sanglante dont nous venons d'être témoins, on est tout étonné de lire dans En-Nouâïri : « 'Omar arriva, *suivi de cinq*
« *cents cavaliers*[1] ; les principaux personnages du pays étant venus se joindre à
« lui, il leur fit des présents, et les traita avec tant d'égards, que les affaires
« se rétablirent promptement, et que la paix régna pendant trois ans et quel-

154 de l'hég.
(771 de J. C.)

« ques mois. Il reçut alors une lettre, par laquelle El-Mans'our lui ordonnait
« de passer dans le *Zâb* et de reconstruire la ville de *T'obna*[2]. » Quels étaient
ces principaux personnages qui vinrent se joindre à lui? Sans doute, des généraux arabes plus ou moins compromis dans la tentative d'El-H'asen pour
s'emparer du pouvoir, car il est peu probable que, animés de l'esprit de révolte comme l'étaient les Berbères, leurs chefs pussent se permettre une démarche de ce genre, à moins que ceux-ci n'eussent pour but d'inspirer au
nouveau gouverneur une sécurité trompeuse, puisque nous allons voir ce
qu'il faut penser de ce calme qui régna durant trois années[3].

---

[1] Ce chiffre de 500 cavaliers est confirmé par
Raïni-el-K'aïrouâni. (*Hist. de l'Afr.* l. III, p. 79.)

[2] En-Nouâïri, § xxviii, *Appendice à l'Hist.
des Berb.* t. I, p. 379. — Ebn-Khaldoun, *Hist.
de l'Afr. sous la dynast. des Aghlab.* p. 62. —
Cette ville avait-elle été détruite par Abou-K'orra
dans sa fuite vers l'Ouest, ou par les Berbères
du *Zâb*, quand ils avaient vu El-Aghlab abandonné par ses troupes et obligé de se retirer à
K'âbes? Je l'ignore; mais évidemment elle avait
été saccagée depuis qu'elle avait cessé d'être
la residence d'El-Aghlab, c'est-à-dire depuis
les premiers mois de 148. Ce fait vient à l'appui des soupçons que j'ai émis dans la note 2
de la page 118 de ce volume.

[3] Nous venons de voir (note 2 ci-dessus)
Ebn-Khaldoun s'accorder avec En-Nouâïri sur
la durée de cette période de calme[a]; ailleurs il
dit : « En l'an 154, sous l'administration d'Omar-
« ben-H'afes'-Hezârmerd....... les Berbères se
« révoltèrent à *Tripoli*, et prirent pour chef
« Abou-H'âtem-la'k'oub, fils de H'abîb et petit-
« fils de Midian-Ebn-Itououeft. Ce personnage,
« qui était des émirs de la tribu de *Mar'fla*,
« s'appelait aussi Abou-Kâd'em[b]. Sous la con-
« duite de leur nouveau chef, ils défirent les
« troupes qu'Omar-ben-H'afes' envoya contre
« eux, et, s'étant emparés de la ville de *Tripoli*[c],
« ils allèrent mettre le siége devant *K'aïroudn*[d]. »
Ici, comme on voit, Ebn-Khaldoun avance ces

---

[a] Seulement, au lieu de *trois ans et quelques mois* que donne En-Nouâïri, il dit : « Pendant *trois années*
« tout marcha avec une grande régularité. » — Voyez la note [b] de la page suivante.

[b] Selon En-Nouâïri (§ xxviii, p. 379), Abou-H'âtem-la'k'oub-ben-H'abîb était *client de la tribu de Kenda*
(كنْدة), et la dénomination de *Abou-Kâd'em* était un surnom. Ebn-Khaldoun l'intitule aussi *affranchi de
Kenda.* (*Hist. de l'Afr. sous la dynast. des Aghlab.* p. 63.)

[c] L'officier qui commandait à *Tripoli* au nom d'Omar, était Djoneïd-ben-Iessâr[*]. de la tribu d'*Azd*[**] (En-
Nouâïri, § xxviii, *Appendice à l'Hist. des Berb.* t. I, p. 379.)

[d] Ebn-Khaldoun, *Hist. des Berb.* t. I, p. 221.

[*] Ebn-Khaldoun écrit يشار بن, *Ben-Beschâr*. (*Hist. de l'Afr. sous la dynast. des Aghlab.* p. 23 du texte et p. 63 de la traduction.)

[**] Ebn-Khaldoun (*ibid.* mêmes pages) écrit ce nom de tribu الأسدى (*El-Asedi ou El-Asdâ*; Aboul-Feda (*Annali. muslem.* t. I, p. 424)
l'écrit الأزدى (*El-Azdi*, l'*Azdite*). — *Specimen historiæ Arabum*, auctore Edwardo Pocockio, p. 44; in-4°, Oxoxii, 1806. — M. Caussin
de Perceval (*Essai sur l'histoire des Arabes avant l'islamisme*, liv. III, t. I, p. 84 et 85, p. 223 et suiv.) entre dans d'intéressants détails
sur la tribu d'*Azd*, et Silvestre de Sacy nous apprend que le poëte Schanfari appartenait à cette tribu. (*Chrestomathie arabe*, t. III, p. 1.)

A peine 'Omar, obéissant à l'ordre du khalife, fut-il arrivé à *T'obna*[1], qu'un soulèvement général des Berbères éclata sur tous les points à la fois, d'un bout à l'autre de l'Afrîk'ia. Presque en même temps, *Tripoli* et *K'aïrouân* sont attaquées; leurs garnisons, battues dans plusieurs sorties, sont obligées de s'enfermer dans les murs de ces villes[2], et bientôt douze armées berbères[3], accourues de toutes les directions, investissent 'Omar dans *T'obna*. Abou-K'orra, l'agitateur du *Maghreb central*, à la tête de 40,000 hommes[4], 'Abd-er-Rah'man-ben-Roustem[5], émir de *Tâhart*, Abou-H'âtem-Ia'k'oub-ben-H'abîb-el-Ibâd'i, le puissant chef des insurgés du territoire de *Tripoli*[6], 'Abd-el-Malek-ben-Sekerdîd-es-S'enh'âdji[7], avec une troupe de 2,000 s'ofrites s'enh'âdjiens, figuraient dans cet énorme rassemblement de tous les contingents berbères. Dans les révoltes si fréquentes qui, à chaque pas, arrêtent ou font rétrograder la marche des Arabes en Afrique, nous voyons ici, pour la seconde fois seulement, paraître les *S'enh'âdja*, et encore paraissent-ils en petit nombre dans ce tumultueux essaim. Une fois déjà, en 127[8], ils avaient fourni un contingent à l'insurrection; depuis lors, nous ne les avons jamais

événements de trois ans, et dément ainsi formellement ce qu'il a dit ailleurs sur les trois années de calme[a]; j'ai opté pour celle des deux versions d'Ebn-Khaldoun qui s'accorde avec celle d'En-Nouâïri, confirmée par Raïni-el-K'aïrouâni[b], et j'ai placé en 154 le commencement de la grande lutte qui s'engagea entre 'Omar-ben-H'afes' et la redoutable coalition des Berbères de toutes les sectes.

[1] Avant de quitter *K'aïrouân*, il en avait confié le gouvernement à H'abîb-ben-H'abîb-ben-Iezîd-ben-Mohalleb[c]. (En-Nouâïri, § XXVIII, *Appendice à l'Hist. des Berb.* t. I, p. 379.)

[2] Le gouverneur de *K'aïrouân* fut tué, et celui de *Tripoli* obligé de se réfugier à *K'âbes*. (Id. *ibid.* même page.)

[3] Ebn-Khaldoun compte *treize* corps d'armée. (*Hist. des Berb.* t. I, p. 221.) Ailleurs il s'accorde avec En-Nouâïri sur le nombre douze. (*Hist. de l'Afr. sous la dyn. des Aghlab.* p. 63.)

[4] Tous s'ofrites, et appartenant presque tous à sa tribu. (*Hist. des Berb.* t. III, p. 200.)

[5] A la tête d'un corps de 15,000 hommes, selon En-Nouâïri (§ XXVIII, p. 380) et selon Ebn-Khaldoun (*Hist. de l'Afr. sous la dyn. des Aghlab.* p. 63). Mais ailleurs Ebn-Khaldoun, chez qui ces variantes sont fréquentes, ne donne à Ebn-Roustem qu'un corps de 6,000 Ibâd'ites. (*Hist. des Berb.* t. I, p. 221.)

[6] Voyez la note 3 de la p. 120. — Ebn-Khaldoun écrit ainsi le nom de ce chef : أبو حاتم يعقوب بن حبيب الاباضى (*Hist. de l'Afr. sous la dyn. des Aghlab.* p. 23 du texte et p. 63 de la traduction.)

[7] Ce chef, dont j'emprunte le nom à En-Nouâïri (§ XXVIII, p. 380) et à Ebn-Khaldoun (*Hist. des Berbères*, t. I, p. 222), paraît être le même que ce dernier nomme ailleurs *'Abd-Allah*-ben-Sekerdîd. (*Hist. des Berb.* t. II, p. 4.)

[8] Voyez page 92 de ce volume.

[a] *Hist. de l'Afr. sous la dynast. des Aghlab.* p. 62.

[b] Qui dit qu'Omar-ben-H'afes' séjourna *trois ans et un mois* à *K'aïrouân*. (*Hist. de l'Afr.* liv. III, p. 79.)

[c] Ebn-Khaldoun l'appelle ابا حازم حبيب ابن حبيب المهلبى, Abou-H'âzem-H'abîb-ben-H'abîb-el-Mohallebi. (*Hist. de l'Afr. sous la dyn. des Aghlab.* p. 23 du texte et p. 62 de la traduction.)

retrouvés associés aux *Zenâta*; on dirait que ces deux sangs[1] refusent de se mêler, même en se répandant sur le champ de bataille, où les deux races berbères disputent aux Arabes le dépôt sacré de leur commune indépendance. En face de ce danger suprême, 'Omar-ben-H'afes', qui n'avait avec lui que cinq mille cinq cents hommes[2], fut réduit à l'abaissement d'avoir recours à des moyens de séduction qui lui réussirent en partie[3]; mais toute son

[1] Voyez pages 13 et 114 de ce volume.

[2] En-Nouâïri, § xxviii, *Appendice à l'Hist. des Berb.* t. I, p. 380.

[3] Il fit offrir une somme considérable à Abou-K'orra, qui rejeta cette offre; mais le fils du chef s'ofrite l'accepta, et son armée abandonna le *Zâb* pour retourner dans le *Maghreb central.* C'est au sujet de cette tentative de corruption, qu'En-Nouâïri prête au chef des *Zenâta* la réponse suivante : « Pensez-vous que moi, *qui suis honoré du titre d'imâm depuis quarante ans,* je puisse sacrifier à un misérable intérêt matériel, dont on ne retire aucun avantage, le devoir sacré qui m'est imposé de vous faire la guerre[a] ? » Abou-K'orra était donc investi de la haute fonction d'imâm depuis l'an 114. Du reste, les quelques mots que j'ai mis en italique sont peut-être l'explication de ce qui était resté obscur dans deux passages de mon récit : 1° Nous avons vu (note 3 de la page 76) que Mîsera occupait *un rang élevé* dans la secte des s'ofrites, que Khâled-ben-H'amîd le remplaça comme chef de l'insurrection qui prit naissance dans le *Maghreb-el-Ak's'a*; mais *le chef* de cette secte n'était pas nommé, et la citation textuelle que je viens de faire montre quel était le personnage qui restait dans l'ombre : c'était Abou-K'orra, sans doute trop jeune en 122 et 124

pour conduire les *Zenâta* au combat, et peut-être la cause, si vaguement indiquée, qui détermina le meurtre de Mîsera, fut-elle qu'il s'était fait proclamer khalife, en violation des droits de l'imâm des s'ofrites[b]. 2° Là aussi, peut-être, se trouve l'explication de ce que j'ai dit (p. 117) sur la manière brusque dont Khâled-ben-H'amîd disparut de la scène, pour, à une date inconnue, faire place à Abou-K'orra. — Je n'ignore pas qu'on lit dans Ebn-Khaldoun, à propos de la révolte de Mîsera en 122 : « Il proclama la souveraineté du chef des s'ofrites, 'Abd-el-'Ala-Ebn-H'odeïdj-el-Ifrik'i, homme d'origine chrétienne, qui avait été converti à l'islamisme par les Arabes[c]; » mais, indépendamment de l'improbabilité qu'un homme ayant cette origine ait été placé à la tête de la secte qui comptait tant d'adhérents parmi les Berbères, je trouve un peu plus loin, dans le même auteur, le passage suivant : « Les Berbères cédèrent aux instigations de Mîsera, et, en l'an 122, ils tuèrent 'Omar-ben-'Abd-Allah, gouverneur de *Tanger. Le commandement de cette ville fut donné, par Mîsera, au nommé 'Abd-el-'Ala Ebn-H'odeïdj,* personnage né en Afrique, d'une famille européenne, et qui, ayant été converti à l'islamisme par les Arabes khâredjites, *professait la doctrine s'ofrite[d].* » On

[a] En-Nouâïri, § xxviii, *Appendice à l'Hist. des Berb.* t. I, p. 380.

[b] « Ayant encouru, *par sa tyrannie,* la haine des Berbères, » dit Ebn-Khaldoun. (*Hist. des Berb.* t. I, p. 217.) C'est à lui que (page 77) j'ai emprunté cette cause donnée au meurtre de Mîsera; mais à la note 1 de la même page, j'ai montré que Joseph Conde attribue à une défaite l'acte de colère dont ce chef fut victime. La cause que je viens d'indiquer puise, dans le fanatisme sauvage des Berbères du viii[e] siècle, une plus grande probabilité, et montre comment l'*acte de tyrannie,* non défini par Ebn-Khaldoun, avait pu être assez grave pour que les Berbères missent à mort le chef à la voix duquel ils s'étaient soulevés.

[c] *Hist. des Berbères,* t. I, p. 216 et 217.

[d] *Ib.* t. I, p. 237 et 238.

habileté, tous ses efforts, le grand courage dont il donna tant de preuves, n'aboutirent qu'à lui permettre de sortir de *T'obna* pour aller dégager *K'aïrouân*, assiégée depuis huit mois [1], et bientôt vendre chèrement sa vie dans un combat désespéré, qu'il livra sous les murs de cette ville le 18 zil-h'adja 154 [2] (samedi 30 novembre 771). Cependant, 350,000 Ibâd'ites entouraient la place [3], et Djemîl [4], qui prit le commandement en attendant l'arrivée du nouveau gouverneur déjà désigné [5], fut obligé de remettre *K'aïrouân* entre les mains d'Abou-H'âtem, sous des conditions, du reste, honorables [6]. Pour la cinquième fois depuis un siècle, les Berbères étaient donc encore maîtres du pays.

Telle était la situation de l'Afrique quand Iezîd-ben-H'âtem-ben-K'abis'a fut envoyé, à la tête de 90,000 hommes [7]. Abou-H'âtem s'était fièrement

155 de l'hég
(772 de J. C.)
IEZID-
BEN-H'ÂTEM.

voit, par ces détails, que, dans les deux passages que je viens d'extraire textuellement, il s'agit bien du même 'Abd-el-'Ala; mais le dernier de ces passages nous montre Mîsera agissant avec le chrétien converti comme un chef agit avec un de ses lieutenants, et nullement avec les égards dus à un imâm entouré du respect de tous; j'en conclus que les termes, même du premier de ces passages, ne détruisent pas ce qui ressort si nettement de la noble réponse d'Abou-K'orra

[1] En-Nouâïri, § xxviii, p. 381. — Ebn-Khaldoun, *Hist. de l'Afr. sous la dynast. des Aghlab.* p. 64. — 'Omar, en quittant *T'obna*, en avait confié le gouvernement à El-Mouhenna-ben-el-Mokhârek'-ben-R'ifâr-et-T'âï.

[2] En-Nouâïri, § xxviii, p. 383. — M. Noël Desvergers, qui a traduit ce passage d'En-Nouâïri [a], dit : « Un *samedi*, au milieu du mois « de zil-h'adja de l'an 154. » Or, le 18 zil-h'adja satisfait à cette double condition, puisqu'il tombe un *samedi*. M. de Slane, évidemment sur un manuscrit différent, traduit : « Un *di-« manche* 15 du mois de zil-h'adja de l'an 154; » ce qui n'est pas possible, puisque le 15 zil-

h'adja de cette année 154 tombe un *mercredi*.

[3] En-Nouâïri, § xxviii, p. 382. — Ebn-Khaldoun, *Hist. des Berb.* t. I, p. 222.

[4] Djemîl-Ebn-Sakhr était frère utérin d'Omar (En-Nouâïri, § xxviii, p. 381 et 383), et il semble résulter du récit d'En-Nouâïri (p. 381) qu'il avait remplacé H'abîb-ben-H'abîb [b] comme gouverneur de *K'aïrouân*, pendant qu'Omar était bloqué dans *T'obna*; du moins, ce fût lui qui vint faire sa jonction avec l'émîr, à *Bîr-es-Selâm*, quand Abou-H'âtem eut pris position à *Semindja* [c], où se livra une bataille qui obligea 'Omar à venir s'enfermer à *K'aïrouân*.

[5] Le khalife El-Mans'our avait fait son choix quand il avait appris la mauvaise tournure que les affaires avaient prise dans les mains d'Omar, et En-Nouâïri attribue la résolution désespérée que prit ce général, à la connaissance qu'une lettre de sa femme lui donna de son remplacement par Iezîd-ben-H'âtem [d]. Ebn-Khaldoun, sans entrer dans les mêmes détails, attribue à la même cause la résolution d'Omar [e].

[6] En-Nouâïri, § xxviii, p. 383. — Ebn-Khaldoun, *Hist. des Berb.* t. I, p. 223.

[7] « 30,000 hommes des troupes du *Khorâsân*

[a] Dans les notes qu'il a jointes à sa traduction d'Ebn-Khaldoun (*Hist. de l'Afr. etc.* note 78, p. 67.)

[b] Voyez page 121 de ce volume, et la note 1 de cette même page.

[c] Sur cette localité, voyez page 101 de ce volume, et la note 4 de cette même page.

[d] En-Nouâïri, § xxviii, *Appendice à l'Hist. des Berb.* t. I, p. 382; in-8°, Alger, 1852.

[e] Ebn-Khaldoun, *Hist. de l'Afr. sous la dynast. des Aghlab.* p. 67; in-8°, Paris, 1841.

porté à sa rencontre; mais, avant de dire quelle fut l'issue de la lutte, il convient d'entrer dans quelques détails, exigés par la puissance même de l'armée que nous venons de voir s'acheminer vers le *Maghreb*. La fréquence des révoltes, le désir de rendre enfin définitive une conquête si chèrement achetée, seraient peut-être des raisons insuffisantes pour expliquer ce formidable déploiement de forces; mais le soulèvement à la tête duquel s'était mis Abou-H'âtem était, sans aucun doute, le plus redoutable de tous ceux qui avaient menacé la domination arabe en Afrique, parce qu'il avait un caractère de gravité qui lui était particulier. Non-seulement Abou-H'âtem était maître de *K'aïrouân*, mais un certain nombre de généraux s'étaient ralliés ou soumis à lui, et si plusieurs d'entre eux avaient l'intention de le trahir, comme nous allons le voir, il s'en trouvait au moins un, 'Abd-er-Rah'man, qui était sincère dans sa trahison [1]. Suivant Ebn-Khaldoun, Abou-H'âtem, au moment où il s'était mis en marche pour aller à *Tripoli* attendre de pied ferme l'arrivée de Iezîd, avait confié le gouvernement de *K'aïrouân* [2] à 'Omar-ben-'Otmân-el-Fahri, cet ancien gouverneur de *Tripoli* qui avait été chassé de sa résidence par Abou-el-Khet'âb [3]. Aussitôt qu'Abou-H'âtem fut éloigné, 'Omar trahit son allié, et fit mettre à mort les principaux officiers de la garnison de *K'aïrouân* [4], pendant qu'un autre général arabe, El-MoLhârek'-ben-R'îfâr-et-T'âï [5], qui évidemment avait aussi fait sa soumission à Abou-H'âtem, levait, de son côté [6], l'étendard de la révolte. Ces deux mouvements,

---

et 60,000 de celles de *Bas'ra*, de *Koufa* et de la *Syrie.* » (En-Nouâïri, § XXIX, p. 384.)

[1] 'Abd-er-Rah'man-ben-H'abîb-ben-'Abd-er-Rah'man-el-Fahri s'était franchement jeté dans la révolte, espérant peut-être en tirer le même parti que son grand-père, 'Abd-er-Rah'man-el-Fahri, avait su tirer de son audacieuse révolte contre H'and'ala, en 127 de l'hégire. Il était, comme on le voit par sa généalogie, fils et petit-fils de deux gouverneurs d'Afrique. (Voyez page 92 de ce volume, ainsi que la page 95 et la note 4 de cette même page.)

[2] *Hist. de l'Afr. sous la dyn. des Aghlab.* p. 67.

[3] Voyez la page 108 de ce volume, et la note 3 de la même page. — Ce que je viens de dire montre pourquoi Ebn-Khaldoun appelle ailleurs 'Omar l'*allié* d'Abou-H'âtem. (*Hist. des Berb.* t. I. p. 223.)

[4] Par ces termes, que j'emprunte à Ebn-Khaldoun, il faut évidemment entendre les chefs des troupes berbères laissées à la garde de *K'aïrouân*.

[5] Voyez page 119 de ce volume, et la note 2 de la même page

[6] En-Nouâïri et Ebn-Khaldoun ne disent, ni l'un ni l'autre, où il commandait, ni même s'il exerçait un commandement mais l'expression de *double trahison*, dont se sert Ebn-Khaldoun en parlant de sa manifestation et de celle d'Omar-ben-'Otmân, ne laisse guère de doute à cet égard. On pourrait croire qu'Abou-H'âtem lui avait confié le gouvernement de *Tunis* aussi imprudemment qu'il avait confié à 'Omar-ben-'Otmân celui de *K'aïrouân*. Cette extrême confiance était, du reste, d'autant plus inexplicable, qu'El-Mokhârek' s'était toujours montré

sans doute combinés, mais trop précipitamment exécutés [1], montrèrent à
Abou-H'âtem toute la gravité de la faute qu'il avait commise, et il revint aussitôt sur ses pas pour venger cette double trahison. Les chefs du complot
prirent la fuite à son approche, se retirèrent à *Djîdjel,* chez les *Ketâma,*
et ce fut alors qu'Abou-H'âtem remit le gouvernement de *K'aïrouán* à 'Abd-
el-'Azîz-Ebn-es-Semah'-el-Mr'âfri [2]. En-Nouaïri transpose ces événements; il
admet qu'Abd-el-'Azîz avait été nommé gouverneur de *K'aïrouán* au moment
même du départ d'Abou-H'âtem pour *Tripoli;* que la milice arabe, s'étant
révoltée contre certains ordres envoyés par celui-ci, mit à sa tête 'Omar-
ben-'Otmân-el-Fahri, et que le chef berbère, accouru pour réprimer cette
insurrection, éprouva un échec à la suite duquel 'Omar (contre toute vraisemblance) se serait retiré vers *Tunis,* puis à *Djîdjel* chez les *Ketâma,* où, après
de nouveaux succès obtenus contre un lieutenant d'Abou-H'âtem, il serait
rentré à *Tunis,* accompagné d'El-Mokhârek'. C'est dans de telles conjonctures
qu'En-Nouâïri ajoute : « Abou-H'âtem se rendit à *Tripoli,* où il resta jusqu'à
« ce qu'on lui annonçât l'approche de Iezîd-ben-H'âtem [3]. »

Pendant qu'Abou-H'âtem prévenait, par un coup vigoureusement frappé,
les dangereuses conséquences que pouvait avoir la trahison des Arabes auxquels il s'était si imprudemment confié, deux généraux constamment fidèles,

fidèle aux représentants du khalife en Afrique.
On l'avait vu (page 119) combattre aux côtés
d'El-Aghlab, jusqu'à l'heure où cet émir tomba
mort sur le champ de bataille, et, dans cet extrême péril pour l'armée, prendre le commandement, vaincre El-H'asen, le poursuivre, et
ne s'arrêter qu'en présence des *Ketâma,* rempart vivant, derrière lequel le général rebelle
avait trouvé un abri. Quand, au milieu des
horreurs du siége de *K'aïrouán,* 'Omar-ben-
H'afes' donnait aux troupes le choix d'un commandant pour la ville ou d'un chef pour faire
une sortie, pendant que, lui-même, il prendrait celui des rôles qui n'aurait pas été rempli, c'était, soit Djemîl, soit El-Mokhârek' qu'il
proposait pour remplir l'autre rôle [2].

[1] Ce fut une faute énorme de ne pas attendre,
pour se démasquer, qu'Abou-H'âtem fût déjà
aux prises avec Iezîd, ou, tout au moins, que

celui-ci eût déjà eu le temps d'approcher de *Tripoli;* cette précipitation pouvait tout perdre.

[2] Ebn-Khaldoun, *Hist. de l'Afr. sous la dynast. des Aghlab.* p. 67 et 68. — 'Abd-el-'Azîz
était évidemment frère d'Abou-el-Khet'âb-'Abd-
el-A'là. (Voyez page 108 de ce volume.)

[3] En-Nouâïri, § XXVIII, *Appendice à l'Hist.
des Berb.* t. I, p. 383 et 384. — Ce récit d'En-
Nouâïri, beaucoup moins vraisemblable que celui d'Ebn-Khaldoun, écarte toute idée de trahison de la part des généraux arabes, puisque
ceux-ci n'auraient pas reçu les témoignages de
confiance mentionnés par Ebn-Khaldoun. —
Tout le paragraphe qu'on vient de lire permet de rectifier la note 2 de la page 161 du
tome I de la Richesse minérale de l'Algérie,
note que j'ai, à tort, rédigée dans des termes
tels, qu'on doit croire, en la lisant, qu'Abou-
H'âtem était un général arabe révolté.

[*] En-Nouâïri, § XXVIII, *Appendice à l'Hist. des Berb.* t. I, p. 382.

Djemîl [1] et Djonéïd [2], avaient opéré leur jonction avec Iezîd, à qui ils avaient conduit, à S'ort, une partie des miliciens qui s'étaient éloignés de K'aïrouân [3]. Abou-H'âtem, à la nouvelle des forces considérables qui marchaient sur Tripoli, n'attendit pas l'ennemi en rase campagne ; il se jeta dans les montagnes de Nefousa [4], où Iezîd le suivit, et le défit le 27 rebi-el-aouel 155 (vendredi 6 mars 772), dans une bataille où le chef berbère et trente mille des siens, au dire d'En-Nouâïri [5], restèrent sur la place. L'Afrique était reconquise, et, cette fois, les Berbères y avaient dominé seulement pendant trois mois. Ebn-Khaldoun nous apprend qu'alors Abou-K'orra regagna Tlemsên avec les débris de son armée, car les Beni-Ifren avaient fait des pertes énormes dans cette bataille décisive [6].

156 de l'Hég.
(773 de J. C.)

Les historiens s'accordent à dire que pendant les quinze années du gouvernement de Iezîd, ce général habile rétablit l'ordre sur tous les points ; cependant, dès l'année qui suivit la défaite d'Abou-H'âtem, un chef des Haouâra, Iah'ia-Ebn-Founâs, souleva les tribus du territoire de Tripoli ; il fut vaincu [7], mais bientôt Iezîd dut porter ses armes vers l'Ouest : « 'Abd-er-

[1] Voyez la note 4 de la page 123 de ce volume.

[2] Voyez la note c de la p. 120 de ce volume.

[3] En-Nouâïri, § xxviii, Appendice à l'Hist. des Berb. t. I, p. 383 et 384, et § xxix, p. 384.

[4] Ebn-Khaldoun, Hist. de l'Afr. sous la dyn. des Aghlab. p. 68. — La montagne de Nefousa (جبل نفوسة), suivant Edrisi, est à six jours de marche au Sud de K'âbes; elle est très-haute, et s'étend (vers l'Est) sur un espace de trois journées de longueur [a]. Abou-'Obeïd-Bekri donne à cette petite chaîne un développement de six journées de marche, de l'Ouest à l'Est; elle se termine, suivant lui, à trois journées de marche de T'ardbolos [b] (Tripoli), tandis qu'E-drisi compte, de Tripoli à Nefousa, six journées [c]; mais on voit qu'il est facile de concilier ces deux géographes en comptant neuf jour-

nées de marche de Tripoli à l'extrémité occidentale de la chaîne de Nefousa. — Voyez la note 9 de la page 316 du tome I de la Richesse minérale de l'Algérie.

[5] En-Nouâïri [d], § xxix, Appendice à l'Hist. des Berb. t. I, p. 384 et 385. — Ebn-Khaldoun, Hist. des Berb. t. I, p. 223.

[6] Hist. des Berb. t. III, p. 200. — On voit que si le fils d'Abou-K'orra avait cédé à la corruption et emmené les Beni-Ifren qui cernaient T'obna, l'imâm des s'ofrites avait réussi à les ramener au combat, et qu'ils faisaient partie du grand rassemblement qui, peu après, s'était formé sous les murs de K'aïrouân. Aussi Ebn-Khaldoun dit-il (t. III, même page) qu'Abou-H'âtem était l'allié des Beni-Ifren dans cette redoutable coalition.

[7] « 'Abd-Allah-ben-es-Samt-el-Kendi, le gé-

[a] Géographie d'Edrisi, iiie clim. iie sect. t. I, p. 254 et 255; in-4°, de l'I. R. 1836.

[b] طرابلس (Abou-'Obeïd-Bekri, Description de l'Afrique, p. 17 et 19; in-4°, de l'I. R. 1831.)

[c] Géographie d'Edrisi, iiie clim. iie sect. t. I, p. 274.

[d] Cardonne, sans doute d'après En-Nouâïri, fixe aussi en rebi-el-aouel 155 (mars 772), la date de cette bataille décisive; mais il dit, par erreur, rebi-el-aouel 157 (mars 772). (Hist. de l'Afr. et de l'Esp. sous la domin. des Arabes, liv. II, t. I, p. 175; in-12, Paris, 1765.)

« Rah'man-ben-H'abîb, dit Ebn-Khaldoun [1], qui avait suivi le parti d'Abou-
« H'âtem dans cette expédition (celle des monts *Nefousa*), se retira chez les
« *Ketâma*, » et, dans un autre ouvrage, le même auteur se sert de l'expression
suivante, qui est digne de remarque : « Après la défaite *de son collègue*, dit-il,
« il se réfugia chez les *Ketâma* [2]. » Nous avons vu tout à l'heure que ceux-ci
occupaient le territoire de *Djîdjel*. 'Abd-er-Rah'man y fut poursuivi et bloqué
pendant huit mois par Mokhârek'-ben-R'ifâr, qui parvint enfin à le forcer dans
sa retraite et à le faire périr, lui et tous les Berbères qui lui étaient restés
fidèles [3]. « Iezîd, ajoute Ebn-Khaldoun, envoya ensuite El-Mokhârek'-ben-
« R'ifâr, comme gouverneur, dans le pays de *Zâb*. Il arriva à *T'obna*, défit les
« Berbères dans plusieurs combats qu'il livra, soit aux *Ouarfadjouma*, soit à
« *d'autres tribus*, jusqu'à la mort de Iezîd, qui arriva dans l'année 170, sous
« le khalifat de Hâroun-er-Raschîd [4]. On sait, en effet, que Iezîd mourut en
ramad'ân 170 [5] (mars 786); aucun émir n'avait gouverné l'Afrique pendant

170 de l'hég.
(786 de J. C.)

« néral qui commandait à *Tripoli*, marcha contre
« le chef insurgé, en suivant le bord de la mer,
« et le força à prendre la fuite, après lui avoir
« tué la plupart de ses partisans haouârides. »
(*Hist. des Berb.* t. I, p. 276.)

[1] *Hist. de l'Afr. sous la dynast. des Aghlab.*
p. 68; in-8°, Paris, 1841.

[2] Ebn-Khaldoun, *Hist. des Berb.* t. I, p. 223.

[3] Id. *ibid.* même page. — Id. *Hist. de l'Afr.
sous la dynast. des Aghlab.* p. 68. — Au nombre
des Berbères qui combattirent avec ce général
rebelle, il faut compter un contingent plus ou
moins considérable de *Haouâra*, car je lis dans
Ebn-Khaldoun : « Modjâhed-ben-Moslem, mem-
« bre de la tribu de *Haouâra*, fut un des géné-
« raux qui combattirent pour 'Abd-er-Rah'man-

« ben-H'abîb [a]. » (*Histoire des Berbères*, tom. I,
p. 276.)

[3] *Hist. de l'Afr. sous la dynast. des Aghlab.*
p. 68. — Ailleurs, Ebn-Khaldoun dit que ce fut
en 157 que les *Ouarfadjouma* se révoltèrent et
prirent pour chef un membre de leur tribu,
nommé Zerhouna ou Zerdjouna; qu'un parent
de Iezîd, Ebn-Mihrat-el-Mohallebi, envoyé
contre eux, fut battu, et qu'alors Mohalleb,
fils de l'émir, gouverneur du *Zâb*, de *T'obna* et
du pays des *Ketâma* [b], obtint de son père la permission de marcher en personne contre les insurgés et les extermina. (*Hist. des Berb.* t. I,
p. 223 et 229.)

[5] C'est la date fixée par le manuscrit d'En-
Nouâïri d'après lequel Noël Desvergers a donné

---

[a] « *Plus tard*, ajoute immédiatement le savant traducteur, quelques-uns de leurs guerriers (des *Haouâra*)
« les plus distingués passèrent en Espagne avec T'ârek', et y établirent leur séjour. » Or, alors même que, dans
le passage textuellement cité à la note 3 ci-dessus, il s'agirait, ce que je ne pense pas, de l'Abd-er-Rah'man-
ben-H'abîb qui fut gouverneur de l'Afrique de 127 à 137 de l'hégire, le mot *plus tard* serait encore inexact,
puisque ce fut en 92 de l'hégire que T'ârek' reçut l'ordre de passer en Espagne. Il y a donc là quelque chose
à revoir, soit dans le texte d'Ebn-Khaldoun, soit dans la traduction de M. de Slane.

[b] Il paraît difficile de croire que les *Ketâma* fussent, à cette époque, soumis aux Arabes. On vient de voir
que les rebelles des divers partis trouvaient toujours dans leurs montagnes un asile assuré, et la défaite récente d'Abd-er-Rah'man-ben-H'abîb n'implique pas que les *Ketâma* aient été vaincus, car rien n'indique, et
au contraire, qu'ils aient combattu pour ce général. Ils lui avaient accordé, à lui et aux Berbères qui l'avaient
suivi (voyez la note 3 ci-dessus), l'accès de leur territoire; mais ils n'avaient pas pris les armes pour lui.

un laps de temps aussi considérable, aucun n'avait, comme lui, été maintenu par quatre khalifes successifs, car Iezîd, envoyé au commencement de 155 par El-Mans'our, avait vu El-Mohdi succéder à ce khalife en zil-h'adja 158, Mousa-El-Hâdi remplacer El-Mohdi en moh'arrem 169, et il y avait cinq ou six mois que Hâroun-er-Raschîd était en possession du khalifat (depuis le 15 rebî-el-akher 170[1]) quand Iezîd mourut.

On voit que si cet émir put consacrer quelques années de calme aux embellissements de K'aïrouân[2], il faut lire avec réserve ce passage d'En-Nouâïri : « Tant que Iezîd vécut, le pays demeura tranquille, et aucun trouble fâcheux « ne vint compliquer le cours paisible des affaires publiques[3], » ainsi que celui d'Ebn-el-Atîr, qui dit formellement que, depuis la révolte de Iah'ïa-ben-

des extraits de cet auteur[a]. M. de Slane, dans sa traduction d'En-Nouâïri, ne donne aucune date à cet événement[b], et c'est évidemment par suite d'une faute de copiste, qui lui a échappé, que ce savant traducteur fait dire à Ebn-Khaldoun : « En l'an 161 (777-778 de J. C.), *quelque temps « après la mort de Iezîd..... [c]*» Il faut évidemment lire : « En 171 (787-788 de J. C.). » Raïni-el-K'aïrouâni place très-bien la mort de Iezîd en 170, après un règne de quinze ans[d].

[1] Elmacini *Hist. sarac.* lib. II, cap. v, p. 110. — Cet auteur fixe au 14 *rebî-el-akher* 170 la mort de Mousa-el-Hâdi, auquel Hâroun-er-Raschîd succéda ; mais Aboul-Faradj[e] et Aboul-Feda[f] placent cet événement au 15 *rebî-el-aouel* de la même année. Ce qui est singulier, c'est qu'en prenant la durée (quinze mois) que ces deux auteurs assignent au règne d'El-

Hâdi, on est conduit, pour l'un au 22, pour l'autre au 23 *rebî-el-akher* ; d'une autre part, d'Herbelot[g] adopte le 16 *rebî-el-couel*, jour auquel, suivant lui, les Arabes donnent le nom de *jour des Hâschemites*[h], parce que ce jour-là Hâroun-er-Raschîd apprit, à quelques instants de distance, la mort de son frère Hâdi, qui lui livrait le trône, et la naissance de son second fils, Mâmoun, de sorte qu'ainsi le 16 rebî-el-aouel avait donné la mort à un Hâschemite et la vie à un autre Hâschemite. Deguignes place la mort de Mousa-el-Hâdi dans le mois de *rebî-el-akher*[i]. On voit, par ces détails, pourquoi, dans mon texte, j'ai dit cinq ou six mois.

[2] En-Nouâïri, § xxix, *Appendice à l'Hist. des Berb.* t. I, p. 385. — Abou-'Obeïd-Bekri, *Descr. de l'Afr.* p. 35.

[3] Aux notes de Noël Desvergers, dans sa

[a] *Hist. de l'Afr. sous la dynast. des Aghlab.* p. 70, à la fin de la note 80.

[b] En-Nouâïri, § xxix, *Appendice à l'Hist. des Berb.* t. I, p. 385 et 386.

[c] Ebn-Khaldoun, *Histoire des Berbères*, t. I, p. 224.

[d] Raïni-El-K'aïrouâni, *Histoire de l'Afrique*, liv. III, p. 80; in-8°, de l'I. F. 1845.

[e] Abul-Pharajii *Historia compendiosa dynastiarum*, p. 150; in-4°, Oxoniæ, 1663.

[f] Abulfedæ *Annales muslemici*, t. II, p. 59; in-4°, Hafniæ, 1790.

[g] *Bibliothèque orientale*, p. 400, col. 2, au mot HAROUN-AL-RASCHID; in-fo. Maestricht, 1776.

[h] Les 'ABBÂSIDES sont nommés HÂSCHEMITES, parce que leur famille était une branche de la tige de la maison de Hâschem, de laquelle Mahomet descendait comme eux. De là aussi le nom de Hâschemia qu'Abou-el-'Abbas-es-Seffah' avait donné à la résidence qu'il avait fait bâtir près de Koufa : « Et in urbem gentis Haschemi, « quæ eadem est cum Haschemia Cufense, concessit (cxxxii hegiræ). » (Abulfedæ *Annal. muslem.* t. I, p. 483.) — *Chrestomathie arabe*, t. II, p. 36, note 6. — Voyez la note 9 de la page 109 de ce volume.

[i] *Histoire générale des Huns*, t. I, p. 328; in-4°, Paris, 1756.

Founâs, « le calme se rétablit en Afrique et Iezîd gouverna tranquillement
« cette province [1], » d'où il résulterait [2] que l'Afrique aurait joui de quatorze
années de paix. Cette conclusion est malheureusement démentie par les citations textuelles que j'ai empruntées à Ebn-Khaldoun, citations qui prouvent
qu'une certaine agitation ne cessa jamais de régner dans le *Zâb*. En réalité, ce
gouvernement fut le plus long et le moins troublé de tous ceux des nombreux
émîrs qui s'étaient succédé en Afrique; on peut donc dire qu'il fut relative-
ment tranquille, mais rien n'indique que cette tranquillité ait eu le caractère d'une soumission assez complète pour permettre à Iezîd d'étendre la
conquête arabe vers l'Ouest; et quand Cardonne assure que ses succès le déter-
minèrent à s'emparer de *Fés*, qu'il fit le siége en personne, emporta la ville
et la livra au pillage [3], non-seulement il avance un fait qu'on ne retrouve dans
aucun historien, mais il oublie que Iezîd est mort en 170, et que, malgré
les variations que présentent les auteurs sur la date de la fondation de *Fés* [4],
la date la plus récente, parmi celles fautivement indiquées, est l'année 172
de l'hégire, fixée par lui-même [5] avec une erreur de vingt ans.

Quelques mois avant la mort de Iezîd, un grand événement, vraisemblablement inaperçu pour lui, s'était accompli dans le *Maghreb-el-Ak's'a* : « En
« l'an 170 (786-787 de J. C.), *sous le khalifat d'El-Hâdi*, dit Ebn-Khaldoun,
« on vit arriver en *Maghreb* Edrìs-ben-'Abd-Allah-ben-H'asen-ben-El-H'asen [6]
« (-ben-'Ali-ben-Abou-T'âleb) [7]. » Or El-Hâdi est mort le 15 rebi-el-akher,

*Origine
des Edrîsites.*

---

traduction d'Ebn-Khaldoun, *Hist. de l'Afr. sous
la dyn. des Aghlab.* p. 70, à la fin de la note 80.

[1] Id. *ibid.* même page, même note.

[2] Puisque la révolte de Iah'ïa-ben-Founâs
éclata en 156, et fut immédiatement réprimée,
comme je l'ai dit p. 126 de ce volume.

[3] Cardonne, *Hist. de l'Afr. et de l'Esp. sous
la domin. des Arabes*, liv. II, t. I, p. 176; in-12,
Paris, 1765.

[4] Voyez, dans la II° partie de cet ouvrage, le
paragraphe intitulé : *Fondation de Fés.*

[5] Cardonne, *Hist. de l'Afr. et de l'Esp. sous
la domin. des Arab.* liv. III, t. II, p. 60.

[6] *Histoire des Berbères*, t. III, p. 229; in-8°,
Alger, 1855.

[7] J'ai complété, par les deux noms placés
entre parenthèses, la généalogie d'Edrìs telle
qu'elle est donnée par les divers auteurs, particulièrement par Aboulfeda [a], Raîni-el-K'aïrouâni [b], etc. mais Ebn-Khaldoun [c] établit,
pour deux membres de la descendance d'Ali,
deux généalogies desquelles résulte le Tableau
qui forme la Note B, à la fin de ce volume;
puis il ajoute, en parlant de H'ossein tué en
169 : « Un grand nombre de ses parents péri-
« rent avec lui; mais son oncle Edrìs, *fils* d'Abd-

---

[a] « Edris, filius Abdaliæ, filii Hasani (minoris), filii Hasani (majoris), filii Alii, filii Abu-Talebi. » (*Annales
muslemici*, t. II, p. 57; in-4°, Hafniæ, 1790.)

[b] Raîni-el-K'aïrouâni, *Histoire de l'Afrique*, liv. VI, p. 170; in-8°, de l'I. R. 1845.

[c] *Histoire des Berbères*, t. I, p. 290; in-8°, Alger, 1852.

17

ou peut-être même le 1 5 rebi-el-aouel 1 70[1]; c'est donc en moh'arrem ou s'afar
de cette année 1 70 qu'il faut placer l'arrivée d'Edris l'Ancien dans le *Maghreb*[2];
mais je dois esquisser rapidement les événements à la suite desquels il avait
quitté l'Arabie. — Si le plus solennel exemple de persévérance dans la néga-
tion d'un fait accompli et dans la foi à un événement attendu est offert par la
nation juive, les Arabes, représentés par les sectateurs d'Ali, ont droit au
second rang. Depuis la mort de Moh'ammed, en l'an xi de l'hégire, les *schíites*
n'ont pas cessé de protester contre tous les khalifes qui n'appartenaient pas
directement à la descendance d'Ali; suivant eux, les trois premiers khalifes,
les *OMMIADES,* les *'ABBÁSIDES,* étaient des usurpateurs d'une autorité qui n'appartenait qu'à l'époux de *l'impeccable* Fât'ima et à son sang; de la cette série,
presque divine, d'*imáms*[3] dont le premier fut 'Ali, les deux suivants H'asen et
H'osein, puis toute la postérité de ce dernier jusqu'à l'instant où le douzième
imâm disparut, en 266 de l'hégire, à l'âge de douze ans, mais disparut
pour reparaître un jour, rayonnant de gloire, soumettant l'univers à ses lois,
et résumant, dans une sublime unité, Moïse, Jésus et M'ohammed[4], « pour

« Allah, parvint à gagner le *Maghreb*[a]. » Or,
d'après les termes posés par Ebn-Khaldoun,
Edrîs ne saurait être à la fois *fils* d'Abd-Allah
et *oncle* de H'osein; il est pourtant si vrai que
l'historien des Berbères entend cette généalogie telle qu'elle est reproduite dans le Tableau
de la Note B, que, quelques lignes plus haut,
il parle de H'osein comme étant *cousin* de Mo-
h'ammed tué à *Médine* en 145, et qu'il la reproduit ailleurs[b] dans les mêmes termes. M. de
Slane observe, dans une note, que la plupart
des historiens arabes ne font aucune mention de
H'asen III; il semble, en effet, qu'Abd-Allah et
H'asen III doivent être confondus en un même
personnage, ce qui donne le Tableau de la
Note C (Voyez à la fin de ce volume.) Mais alors
Moh'ammed serait, comme Edrîs et Iah'ia, *oncle*
de H'osein, et non son *cousin*, ainsi que le dit
Ebn-Khaldoun (*Hist. des Berb.* t. I, p. 290); il
serait *frère* d'Edrîs, ce que dit ailleurs Ebn-
Khaldoun lui-même. (*Id.* t. III, p. 196.)

[a] *Histoire des Berbères*, t. I, p. 290.
[b] *Ib.* t. II, p. 559.
[c] *Ib.* t. I, p. 290, et t. II, p. 559.

[1] Voyez la note 1 de la page 128.

[2] Je sais qu'Ebn-Khaldoun, dans deux autres
passages[c], fixe à l'an 172 de l'hégire (788-789
de J. C.) l'arrivée d'Edrîs dans le *Maghreb*;
mais il va ressortir de l'exposé des faits, que
la date de 170 doit être préférée. (Voyez la
note 6 de la page 133 de ce volume.)

[3] « Ils les joignent effectivement ensemble
« dans une même classe avec Fât'ima, fille de Mo-
« h'ammed, et femme d'Ali, qu'ils croient avoir
« été revêtue d'*impeccabilité* comme eux.....»
(Chardin, *Voyage en Perse*, t. VI, p.305; in-8°,
Paris, 1811.) — Voyez Note F, à la fin de ce
volume, le Tableau des douze *imáms*, presque
tous nés à *Médine*, et qui, redoutés des khalifes,
périrent en si grand nombre de mort violente.
En dehors de la disparition du douzième imâm,
trois à peine moururent de mort naturelle.

[4] Chardin, *Voyage en Perse*, t. V, p. 208. —
D'Ohsson, *Tableau de l'Empire ottoman*, t. I.
p. 424; in-8°, Paris, 1788.

établir un khalifat universel sur toute la surface de la terre [1], » selon l'expression de Mouradja d'Ohsson. Tel est le personnage d'*El-Mohdi* qu'une
des grandes sectes de l'islamisme attend comme le judaïsme attend *le Messie;*
mais, tant que les imâms se succédèrent, l'objet de tous les vœux des sectateurs d'Ali était de leur ouvrir les voies du khalifat, en vue de rétablir la
seule autorité qu'ils reconnussent comme légitime. Sous toutes les dynasties,
sous tous les règnes, leur incessante protestation s'est manifestée, tantôt par
de sourdes menées, tantôt par des soulèvements qu'excitaient des membres de
la famille d'Ali, jaloux de reconquérir une autorité qui, suivant eux, leur
était injustement ravie. En 145, sous le règne d'El-Mans'our, deux membres
de cette famille, Moh'ammed et Ibrahîm, tous deux fils d'Abd-Allah, se révoltèrent contre les *'ABBÂSIDES*, l'un dans *le H'edjâz*, l'autre à *Bas'ra*, et périrent
les armes à la main, le premier à *H'adjâr-ez-Zeït*, près de *Médine*, le second à
Bâkhamri, non loin de *Koufa* [2]. Vingt-quatre ans après, en zil-k'a'da 169 [3], sous
le règne d'El-Hâdi, H'osein-ben-'Ali-ben-'Abd-Allah [4] leva de nouveau l'étendard de la révolte dans le *H'edjâz* et fut tué à *Fakh*, à trois milles de *la Mekke* [5],
peut-être à *Ouadj*, nom qu'Aboulfeda donne à ce lieu [6]. La bataille où H'osein
succomba avait été sanglante; un grand nombre de ses proches y avait trouvé
la mort, et ce désastre avait jeté l'épouvante au sein de la famille des *'ALIDES :*
Iah'ïa chercha un refuge dans le *Deïlem* [7], en Perse, où, plus tard, il suscita
un terrible soulèvement, qui fut cependant apaisé sans effusion de sang [8],

[1] D'Ohsson, *Tabl. de l'emp. Ott.* t. I, p. 267.

[2] Elmacini *Hist. sarac.* lib. II, cap. III, p. 102.
— Fakhr-ed-Dîn-Râzi, traduit par Silvestre de
Sacy. (*Chrestomathie arabe*, t. II, p. 60 et 61.)

[3] Depuis l'an 148, Mousa-el-Kâd'em était
imâm à *Médine*, et l'on sait qu'en 183, après
avoir rempli cette fonction sacrée durant trente-
cinq ans, il mourut empoisonné à *Baghdâd*, où
Hâroun-er-Raschîd l'avait fait transporter pour
le faire périr secrètement. (D'Herbelot, *Biblioth.
orient.* p. 649, col. 1, au mot *MOUSSA BEN GIAFAR
SADIK. — Chrestomathie arabe*, t. II, p. 7 et 8.
— Reinaud, *Monuments arabes, persans et turcs*,
t. I, p. 372.)

[4] Aboulfeda se trompe quand il dit : « Ho-
« sain, filius Alii, filii Hasani (minoris), filii

« Hasani (majoris), filii Alii, filii Abu-Talebi. »
(Abulfedæ *Annal. muslem.* t. II, p. 53.) H'osein
était petit-fils d'Abd-Allah, et non petit-fils de
H'asen II; celui-ci était son arrière-grand-père.
(Voyez le Tableau C, à la fin de ce volume.)

[5] Ebn-Khaldoun, *Hist. des Berb.* t. I, p. 290
et t. II, p. 559.

[6] Abulfedæ *Annal. muslem.* t. II, p. 55.

[7] Ebn-Khaldoun, t. II, p. 559. — Là, il
l'intitule, par erreur, *fils* au lieu de *frère* d'E-
drîs. (Voyez la note 8 ci-dessous.)

[8] Cette révolte eut lieu sous le règne de Hâroun-er-Raschîd, en 176 de l'hégire* (792-793
de J. C.); on en trouve les détails dans Fakhr-
ed-Dîn-Râzi, qui commence son récit en ces
termes : « Iah'ïa-ben-'Abd-Allah avait conçu de

* Elmacini *Hist. sarac.* lib. II, cap. VI, p. 113. — Abulfedæ *Annal. muslem.* t. II, p. 63; in-4°, Hafniæ, 1790.

et un autre oncle de H'osein, Edrîs-ben-'Abd-Allah, qui parvint aussi à s'é-
chapper, réussit à atteindre l'Égypte, où un fonctionnaire, partisan secret de
la famille d'Ali, se montra assez dévoué pour faciliter son évasion, et lui
fournir les moyens de gagner le *Maghreb-el-Ak's'a*[1].

Au commencement de 170, comme je l'ai dit[2], Edrîs arrivait à *Oulîli*[3],

« vives alarmes de la fin tragique de ses deux
« frères En-Nafs-ez-Zekîa[a] et Ibrahîm, dont le
« dernier avait été tué à *Bâkhamri*, et il s'était
« retiré dans le *Deilem*[b], » ou *Dîlem*[c] (الديلم).
Je crois que Fakhr-ed-Dîn hâte trop la retraite
de Iah'ia dans les montagnes du *Deilem*, et je
préfère le récit d'Ebn-Khaldoun, qui ne place
cette retraite qu'après la défaite de H'osein,
en 169; Iah'ia aurait eu ainsi sept années pour
préparer le soulèvement à la tête duquel il se
mit en 176, et, d'après la version de Fakhr-
ed-Dîn, il serait resté dans l'inaction pendant
trente et un ans, ce qui est bien invraisemblable. Suivant Aboulfeda, Iah'ia ne se rendit
dans le *Deilem* qu'en 174[d]. Quoi qu'il en soit,
il résulte du passage que je viens de citer textuellement que Iah'ia était *frère* de Moh'ammed et, comme lui, *fils* d'Abd-Allah, ce qui

confirme les explications dans lesquelles je suis
entré à la note 7 de la page 129 de ce volume.

[1] Abulfedæ *Annales muslemici*[e], t. II, p. 57.
— Ebn-Khaldoun, *Hist. des Berb.* t. II, p. 559.

[2] Voyez page 129 de ce volume, et la note 2
de la page 130.

[3] L'ancienne *Volubilis*, nommée par Pomponius Mela[f] comme ville située dans l'intérieur
des terres (procul a mari), et que Pline place
fautivement à 35 milles de *Banasa* et à égale
distance des deux mers[g]. C'est la Οὐολοϐιλίς de
Ptolémée[h], et la première station que nomme
l'Itinéraire d'Antonin, quand il trace la route
de *Tocolosida* à *Tingi*[i]. D'Anville[j] a très-bien
rapproché *Volub lis* des ruines romaines indiquées par Jean Léon à *Gualil*[k] (*Oualîli*, *Oulîli*), et, d'après lui, par Marmol, qui donne
à cette ville le nom de *Tiulit*[l] (*Tioulîlit*).

[a] On sait que c'est Moh'ammed. (Voyez le Tableau B, à la fin de ce volume.)

[b] Traduction de Silvestre de Sacy. (*Chrestomathie arabe*, t. II, p. 3 et suiv. in-8°, de l'I. I. 1806.)

[c] Pays montagneux de la Perse, au Sud de la *mer Caspienne*. (*Géographie* d'Edrisi, t. II, p. 178.)

[d] « Anno CLXXIV evadebat Iahia, filius Abdallæ, filii Hasani (minoris), filii Hasani (majoris), filii Alii,
filii Abu-Talebi, in *Dailomitidem*, ibique turbas concitabat. » (*Annal. muslem.* t. II, p. 61.)

[e] Quoique Aboulfeda paraisse placer sous l'année 168 la bataille après laquelle Edris se réfugia en Égypte,
il explique plus loin qu'il a entendu la rapporter à l'année 169. (Voyez la note [b] de la page suivante, et la
note 1 de la page 151 de ce volume.)

[f] Pomponii Melæ *De situ orbis*, lib. II, cap. x, p. 319, curante Abrah. Gronovio, edit. tert. in-8°, Lugd.
Batav. 1782.

[g] « Ab ea (*Banasa* cognominata *Valentia*) XXXV. M. pass. *Volubile* oppidum, tantumdem a mari utroque di-
« stans. » (C. Plinii *Hist. natur.* lib. V, cap. 1, § 1, t. I, p. 241, l. 9 et 10; in-fol. Parisiis, 1723.)

[h] Cf. Ptolemæi Alexandrini *Geographiæ libri octo*, lib. IV, cap. 1, p. 94; in-fol. Amstelodami, 1605.

[i] Antonini Augusti *Itinerarium*, § II, p. 5 du *Recueil des itinér. anc.* par le marquis de Fortia d'Urban.

[j] D'Anville, *Géogr. anc. abrég.* t. II, p. 676 des OEuvres publiées par de Manne; in-4°, de l'I. R. 1834.

[k] *Descrittione dell' Africa*, per Giovan Lioni Africano, lib. III, folio 48 v° ¡Giov. Bat. Ramusio, *Navigationi
et viaggi*, t. I, sec. edit. in-fol. in Venetia, 1554); — p. 185 de la trad. franç. de Jean Temporal; in-fol.
Lyon, 1556.

[l] « La civdad de *Tiûlit*, segun los escriptores affricanos dizen, es poblacion muy antigua, edificada por los
« Romanos en el lugar donde a ora esta puesta en lo mas alto de la sierra de *Zarhon*. » (*Descripcion general de
Affrica*, por el veedor Lvys del Marmol Caravaial, libro IV, capit. XXIX, folio 105 v°, col. 2; in-fol. Gra-
nada, 1573. — *L'Afrique* de Marmol, t. II, p. 198 et 199; in-4°, Paris, 1667.)

ville située sur le versant du *Djebel-Zerhoun*[1], entre *Meknésa* (*Mequinez*) et le point où plus tard devait s'élever *Fés*[2], et, se plaçant sous la protection du puissant chef des *Aureba*, Abou-Leila-Ish'âk'-Ebn-Moh'ammed-'Abd-el-H'amîd, il commença immédiatement à agir sur l'esprit des Berbères. Les *Aureba*, les *Sadîna* et les *Mar'îla* furent les tribus qui secondèrent avec le plus d'ardeur la révolution dont Edrîs venait semer les germes[3]; bientôt le simple réfugié annonçait ouvertement ses prétentions au khalifat, ralliait à sa cause les *Zouár'a*, les *Leouáta*, les *S'edrâta*, les *R'aïâta*, les *Nefza*[4], les *Meknésa*, les *R'omára*[5], et le 1ᵉʳ ramad'ân 171[6] (mardi 12 février 788) toutes ces

[1] Il y avait plus d'un siècle que cette montagne était occupée par les *Aureba*. (Voyez la page 27 de ce volume.)

[2] Ebn-Khaldoun, *Hist. des Berb.* t. II, p. 559. — Voyez aussi t. I, p. 290.

[3] Id. *ibid.* t. I, p. 249 et t. III, p. 229.

[4] Les *Nefza*, au dire d'Abou-Omer-ben-'Abd-el-Berr cité par Ebn-Khaldoun, originairement établis près de *Tripoli*, s'étaient successivement avancés vers l'Ouest, d'abord dans le voisinage de *K'aïrouân*, puis, plus tard, à *Táhart*, *Tanger*, *Sedjelmâsa*, et jusqu'à *Sous-el-Ak's'a*. (Id. *ibid.* t. I, p. 182.)

[5] Id. *ibid.* t. II, p. 559.

[6] Je dois de suite justifier cette date ; Ebn-Khaldoun, qui fait mourir Edrîs en 175[a], se contredit quelques lignes plus bas, lorsqu'il dit en parlant d'Edrîs-ben-Edrîs : « Ils (les Ber-

« bères) l'élevèrent avec le plus grand soin, et, « en l'an 188 (804 de J. C.), ils lui jurèrent « fidélité dans la mosquée d'*Oulîli*. Ce prince, « que l'on appela Edrîs-*es-S'er'îr* (Edrîs le « *Jeune*), avait alors *onze* ans. » Ebn-Khaldoun admet donc qu'il était né en 177[b]; or, on sait qu'Edrîs, en mourant, avait laissé sa concubine Kenza[c] enceinte de sept mois[d]; cette mort survint donc aussi en 177. En effet, l'auteur du *K'art'ás* place la mort d'Edrîs l'Ancien au 1ᵉʳ rebî-el-akher 177 (lundi 15 juillet 793) *après cinq ans et sept mois de règne en Mauritanie*[e]; donc il avait été proclamé le 1ᵉʳ ramad'ân 171, après un séjour de dix-neuf à vingt mois à *Oulîli*[f]. On voit en même temps que, selon toutes les apparences, le jeune Edrîs est né vers le 1ᵉʳ djoumâd-el-akher 177, puisque deux mois auparavant sa mère était enceinte de sept mois.

[a] Ebn-Khaldoun, *Histoire des Berbères*, t. II, p. 561.

[b] Aboulféda place cette naissance en rebî-el-akher 174 : « Eodem anno (174), inquit, natus est, idque « mense quarto, alter aliquis Alides, Edris, filius Edrisi (majoris), filii Abdallæ, filii Hasani (minoris), etc. « cujus patrem jam ad annum CLXIX, diximus e prælio, quod in agro Meccano commissum fuit, salvum fuga « in Africam evasisse. » (*Annal. muslem.* t. II, p. 63.)

[c] Ketoua (ﻛﺘﻮﺓ), Ketira (ﻛﺘﻴﺮﺓ), Kenîza (ﻛﻨﻴﺰﺓ), trois variantes du nom de Kenza (ﻛﻨﺰﺓ).

[d] « . . . . . El-Bekri, El-Bernûsi et alii qui historiam tractarunt *IDRISIDARUM*, rem sic referunt. Idris-ben-« 'Abd-Allah Imamus, quum moreretur, nullum filium natum reliquit, sed servam domesticam generis Ber-« berici, nomine Kenzam, jam tum septimum mensem a se gravidam. » (C. J. Tornberg, *Annales regum Mauritaniæ*, p. 14; in-4°, Upsaliæ, 1845.)

[e] « Ad vesperam usque hujus diei, qui *primus erat mensis rebi posterioris anno 177 in eodem deliquii statu* « mansit Idris et mortuus est, *postquam quinque annos et septem menses in Mauritania regnaverat.*» (Id. *ibid.* p. 13.) — Joseph Conde place aussi en 177 la mort d'Edrîs. (*Hist. de la domin. de los Arab. en España*, part. II, capit. XXVIII, t. I, p. 227.)

[f] Raïni-el-K'aïrouâni dit qu'Edrîs fut proclamé un vendredi du mois de ramad'ân 172. (*Hist. de l'Afr.* liv. III, p. 81.)

tribus ensemble le proclamaient khalife. Après avoir ainsi établi sa domination dans le *Maghreb-el-Ak's'a*, son premier soin fut de combattre les populations encore rebelles à l'islamisme : « Il fit disparaître de ce pays, dit Ebn-
« Khaldoun, jusqu'aux dernières traces des religions païenne (le magisme),
« juive et chrétienne, et mit un terme à l'indépendance de ces tribus [1]. » Dès
l'an 173 [2] (789-790 de J. C.), il sentit son autorité assez affermie pour envahir le *Maghreb central*, et marcha sur *Tlemsén*, dont la population se compo-
sait de *Beni-Ífren* et de *Maghráoua* [3] : « Moh'ammed-ben-Khazer-ben-Soulat
« leur chef [4], dit Ebn-Khaldoun, vint au-devant d'Edris et obtint, par une
« prompte soumission, la sécurité pour lui-même et pour les *Zenáta*. » Devenu
maître de *Tlemsén*, Edris y posa les fondations de la grande mosquée et fit
construire une chaire sur laquelle on écrivit son nom, inscription qu'on y
voyait encore du temps d'Ebn-Khaldoun [5] (au xive siècle de notre ère).

Le bruit de si éclatants succès retentit jusqu'en Orient; Hâroun-er-Raschîd
se sentit troublé au sein même de sa toute-puissance [6], et il faut croire qu'il
avait le sentiment de la faiblesse de son action sur les régions reculées du
Maghreb, puisqu'il ne tenta pas même d'opposer une armée aux Berbères, qui
s'avançaient vers l'Est et menaçaient l'Afrik'ia; il ne vit, dans ce grand mouvement, que le nom du chef, et c'est au poison qu'il eut recours pour abattre
le membre de l'odieuse famille d'Ali qui osait fonder un empire. Je n'ai pas
à raconter ici les détails de cet acte de perfidie, dont un certain Es-Schemâkh [7]
fut le lâche exécuteur. Edrîs succomba, comme je l'ai dit [8], le 1er rebî-el-

---

[1] Ebn-Khaldoun, *Hist. des Berb.* t. I, p. 209
et t. II, p. 560. —Les tribus désignées dans le
dernier membre de la phrase que je viens de
citer textuellement sont, il faut croire, celles
qui ne professaient pas l'islamisme.

[2] Id. *ibid.* t. II, p. 560; ailleurs Ebn-Khaldoun dit en 174. (Id. *ibid.* t. III, p. 229.)

[3] Deux tribus de la grande famille des *Zenáta.* (Voyez la note 1 de la page 13 de ce volume.)

[4] Moh'ammed-ben-Khazer-ben-H'afes'-ben-
Soulat-ben-Ouezmar-ben-Saklab, de la puissante famille des Khazer, qui commandait déjà
aux *Maghráoua* à l'époque de l'invasion arabe.
Kkazer, père de Moh'ammed, était mort peu
après la révolution qui avait mis le khalifat aux
mains des 'A BBÁSIDES, c'est-à-dire peu après

l'an 132. (Ebn-Khaldoun, *Hist. des Berb.* t. III,
p. 227-229.)

[5] Id. *ibid.* t. II, p. 560.

[6] « Le règne de Raschîd, dit Fakhr-ed-Dîn-
« Râzi, est assurément un des plus beaux et
« des plus féconds en événements; jamais l'État
« ne jouit de plus de splendeur et de prospérité,
« et les bornes de l'empire des khalifes ne furent
« jamais plus reculées. La plus grande partie de
« l'univers était soumise à ses lois... » (*Chrestomathie arabe*, t. II, p. 6; in-8°, de l'I. I. 1806.)

[7] « Donec a Raschido ipsi summissus Scha-
« machus Namita, veneficus, incantum malefida
« potione tolleret. » (Abulfedæ *Annales maslemici*, t. II, p. 57; in-4°, Hafniæ, 1790.)

[8] Voyez la note 6 de la page 133 de ce volume.

akher 177, et telle était la confiance qu'il avait inspirée aux Berbères, telles étaient les espérances que ceux-ci fondaient sur l'établissement de sa race, qu'on les vit reconnaître, pour souverain, l'enfant qui devait bientôt naître de Kenza, la concubine d'Edrîs [1]. Peut-être l'origine de la mère, qui était Berbère [2], joua-t-elle un rôle dans l'entraînement auquel cédèrent les tribus du *Maghreb* en adoptant Edrîs-ben-Edrîs, et dans la remarquable douceur avec laquelle ils se soumirent, pendant onze années, jusqu'en 188, à la domination du tuteur de ce souverain à la mamelle; mais je ne dois pas anticiper davantage sur le cours des années, et, après avoir exposé les faits qui s'accomplissaient dans le *Maghreb-el-Ak's'a,* l'instant est venu de reprendre le fil des événements dont l'*Afrîk'îa* était le théâtre.

En ramad'ân 170, sentant sa fin approcher, Iezîd avait confié (peut-être dans une autre pensée que celle d'un intérim) à son fils Dâoud le pouvoir que la mort allait lui enlever. Cet intérim ne dura que dix mois environ [3], et cependant il fut troublé par plusieurs révoltes : l'une qui éclata aux environs de *Bédja,* l'autre qui eut à sa tête un chef des *Nifzdoua.* La répression fut prompte, selon Ebn-Khaldoun [4], mais on doit croire que ces révoltes eurent de la gravité, puisque, dans un des combats livrés, les Berbères, au rapport d'En-Nouâïri, perdirent dix mille hommes [5]. Cependant le khalife ne confirma

---

[1] Ebn-Khaldoun, *Histoire des Berbères,* t. II. p. 561; in-8°, Alger, 1854.

[2] On vient de voir à la note [d] de la page 133, que l'auteur du *K'art'âs* l'appelle « servam domesticam *generis Berberici,* nomine « Kenzam; » j'ai adopté cette version parce qu'elle me paraît expliquer en partie la confiance des Berbères; mais je dois ajouter que plusieurs opinions ont été émises sur l'origine de Kenza. Suivant les auteurs consultés par Joseph Conde, elle se nommait Ketira et était de sang *arabe:* « Pero dejó preñada una hermosa *Alárabe* llamada Kethira, hija de Telid, estaba ya de « siete meses [a]..... » Au dire de Jean Léon, la femme qu'Edrîs laissait enceinte était une esclave de nation *gothique* [b], et on peut être sûr de retrouver la même assertion dans Marmol, mais on l'y retrouve ornée de détails plus qu'invraisemblables; il présente Kenza comme une chrétienne appartenant à une noble famille des Goths : « Vna noble christiana del linage de los « Godos que tenia captiua [c]. »

[3] En-Nouâïri, § xxx, *Appendice à l'Hist. des Berb.* t. I, p. 387. — Voir aussi aux notes d'Ebn-Khaldoun, *Hist. de l'Afr. sous la dynast. des Aglab.* p. 70 et 71 à la fin de la note (81).

[4] Id. *ibid.* p. 69 et 70. — *Hist. des Berb.* t. I. p. 224.

[5] En-Nouâïri, § xxx, *Appendice à l'Hist. des Berb.* t. I, p. 387.

---

[a] *Hist. de la domin. de los Arab. en España,* part. II, capit. xxviii, t. I, p. 228; in-4°, Madrid, 1820.

[b] *Descritione dell' Africa,* per Giovan Lioni Africano, lib. III, folio 34 v°. (Giov. Bat. Ramusio, *Navigationi et viaggi,* t. I, sec. edit. in-fol. in Venetia, 1554.) — p. 127 de la trad. de Jean Temporal.

[c] *Descripcion general de Affrica,* libro II, capit. xix, vol. I, folio 104 r°, col. 2; in-fol. Granada, 1573. — *L'Afrique* de Marmol, t. I, p. 209; in-4°, Paris, 1667.

pas le choix de son émîr; Iezîd-ben-H'âtem eut pour successeur en Afrique
son frère aîné, Rouh'-ben-H'âtem, homme recommandable par de grands
services rendus en Orient, mais trop avancé en âge pour porter un si lourd

171 de l'hég.
(788 de J. C.)
ROUH'-
BEN-H'ÂTEM.
174 de l'hég.
(791 de J. C.)
fardeau; il arriva à K'aïrouân en redjeb 171 (vers le 1ᵉʳ janvier 788), et y
mourut le 19 ramad'ân 174 (29 janvier 791). Sous ce gouvernement, dont
la durée fut, comme on voit, d'un peu plus de trois ans [1], l'Afrique fut toutefois tranquille, mais je remarque, en empruntant les termes mêmes d'En-
Nouâïri, que Rouh'-ben-H'âtem « parvint à faire la paix avec 'Abd-el-Ouahâb-
« ben-'Abd-er-Rah'man-ben-Roustem, seigneur de Tâhart [2]; » Ebn-Khaldoun
prétend que ce fut 'Abd-el-Ouahâb qui demanda la paix [3]. De quelque côté
que soit venue l'initiative des propositions, il y avait, dans le Maghreb central,
une dynastie dont les chefs traitaient de puissance à puissance avec le repré-
sentant du khalife; c'est là un fait qui, à lui seul, mérite d'être remarqué;
et, en outre, soit qu'Abd-el-Ouahâb ait demandé la paix, soit qu'il l'ait accordée, on n'en doit pas moins croire que les deux parties contractantes
cherchaient à unir leur faiblesse contre la marche envahissante d'Edrîs. Il
résulte en effet, des paragraphes précédents, que, sous le règne tranquille
du vieillard que Hâroun-er-Raschîd avait envoyé en Afrique, un 'Alide, fondateur d'une dynastie, avait été proclamé khalife dans le Maghreb-el-Ak's'a,
que non-seulement il y avait établi son autorité, mais qu'il s'était emparé
d'une partie du Maghreb central, voisine de celle qui obéissait aux BENI-ROUS-
TEM, et que le petit royaume de Tâhart était ainsi devenu, par rapport à la
nouvelle puissance, comme le rempart de l'Afrîk'îa.

La tentative que Iezid avait faite en désignant Dâoud pour son successeur
fut renouvelée par le vieux Rouh'-ben-H'âtem; du moins, à peine eut-il fermé
les yeux, que « la grande mosquée fut tendue de tapisseries pour l'inaugu-
« ration de son fils K'abîs'a, qui devait y tenir une séance et recevoir, du peuple
« assemblé, le serment de fidélité [4]. » Mais Er-Raschîd avait déjoué d'avance
cette tendance à l'hérédité : prévenu à temps de l'état de faiblesse où était
tombé Rouh'-ben-H'âtem, qui cédait au sommeil pendant toutes les audiences
publiques qu'il présidait, il avait, dans une lettre déposée en mains sûres,

---

[1] Baïni-el-K'aïrouâni dit quatre ans, de 171
à 175. (Hist. de l'Afr. liv. III, p. 81.) — J'ai
préféré les dates précises d'En-Nouâïri.

[2] En-Nouâïri, § XXXI, t. I, p. 387 et 388. —
'Abd-er-Rah'man-ben-Roustem était mort en

168. (Histoire des Berb. t. I, p. 242, note 1.)
[3] Ebn-Khaldoun, Histoire des Berbères, t. I,
p. 224.
[4] En-Nouâïri, § XXXII, Appendice à l'Hist. des
Berb. t. I, p. 388.

désigné secrètement un successeur, et K'abîs'a haranguait l'assemblée réunie dans la grande mosquée, quand ce successeur y parut à la tête d'une imposante escorte : c'était Nâs'er-ben-H'abîb, que sa sagesse et sa capacité ne préservèrent pas d'une disgrâce après deux ans et trois mois d'une administration que l'on cite pour sa justice et pour le bonheur du pays qui en jouissait[1]. Ebn-Khaldoun ne considère ce gouvernement que comme un intérim, ou plutôt il le mentionne à peine, quoiqu'il dise que Nâs'er avait reçu d'Er-Raschîd le titre de gouverneur[2]. Le fait est peu important; quel qu'il soit, El-Fad'el, un des fils de Rouh'-ben-H'âtem[3], qui était gouverneur de la province de *Zâb* au moment de la mort de son père en 174, se hâta, aussitôt qu'il apprit le désappointement de son frère dans la grande mosquée et l'avénement de Nâs'er, de se rendre en Orient pour y solliciter l'émirat d'Afrique[4]. A force d'instances et de protestations de dévouement, il finit par vaincre la résolution du khalife, et en moh'arrem 177 il entrait à *K'aïrouân*, revêtu du titre qu'il avait si ardemment ambitionné[5].

(margin) NÂS'ER-BEN-H'ABÎB. Zil-h'adja 176 (mars-avril 793).

(margin) Moh'arrem 177 (avril-mai 793).

En quelles mains fut remis le gouvernement du *Zâb* quand l'ambitieux El-Fad'el le quitta en 174 pour se rendre auprès de Hâroun-er-Raschîd? Les historiens arabes se taisent sur ce point; mais quelques lignes d'Ebn-Khaldoun semblent jeter du jour sur cette question et montrer en même temps à quel degré les discours d'El-Fad'el avaient ébranlé la confiance que le khalife avait d'abord placée en Nâs'er-ben-H'abîb. Rappelons qu'Edrîs mourut empoisonné le 1er rebi-el-akher 177[6] par un certain Es-Schemâkh qu'Er-Raschîd avait jugé digne d'une pareille mission : cet homme s'était présenté à la cour d'*Oulîli* comme déserteur de la cause des *ABBÂSIDES* et comme pratiquant la médecine; il avait dû y séjourner assez longtemps, puisqu'il lui fallait, avant tout, capter la confiance de sa victime, ensuite attendre une occasion favorable, et, comme il y avait moins de trois mois qu'El-Fad'el était

---

[1] En-Nouâïri, § xxxii, *Append. à l'Histoire des Berbères*, t. I, p. 389. — En zil-h'adja 176, Nâs'er fut déposé, et obligé de remettre le gouvernement à El-Mohalleb-ben-Iezîd, en attendant l'arrivée d'El-Fad'el-ben-Rouh', qui eut lieu au bout d'un mois, en moh'arrem 177.

[2] *Hist. de l'Afr. sous la dyn. des Aghlab.* p. 72.

[3] Indépendamment de K'abîs'a, que nous venons de voir bien près de succéder à son père, Rouh'-ben-H'âtem laissait deux autres fils : El-

Fad'el, que nous allons voir jouer un rôle, et Beschr, dont le fils, El-Mor'eira, reçut de son oncle, El-Fad'el, le commandement de *Tunis*. J'ai, du reste, pour plus de clarté, dressé le Tableau généalogique d'une partie de cette famille (voyez la Note D, à la fin de ce volume).

[4] En-Nouâïri, § xxxii, t. I, p. 389.

[5] Voyez la note 1 ci-dessus.

[6] Voyez page 134 et 135 de ce volume, et la note 6 de la page 133.

à *K'aïrouán* quand Edris fut frappé, on doit admettre que ce fut sous le
gouvernement de Nâs'er-ben-H'abîb que l'infâme assassin traversa l'Afrik'ia
pour se rendre dans le *Maghreb-el-Ak's'a* : « Il arriva, dit Ebn-Khaldoun, por-
« teur d'une lettre adressée par le khalife à *Ebn-el-Aghlab;* ayant obtenu *de*
« *ce gouverneur* les moyens de continuer sa route, il alla voir Edris, etc. [1] »
Ainsi, ce n'est pas à son émîr d'Afrique que le khalife adresse un émissaire
chargé de pareils ordres; c'est au simple gouverneur d'une des provinces, et,
bien que celle-ci ne soit pas nommée par Ebn-Khaldoun, les faits qui vont
bientôt suivre nous montreront que, selon toutes les apparences, Ebn-el-Aghlab
était dès lors gouverneur du *Zâb* [2].

EL-FAD'EL-
BEN-ROUH'.

Le premier acte du gouvernement d'El-Fad'el fut de remettre le commandement de *Tunis* à un de ses neveux, El-Mor'eira-ben-Beschr [3], et il ne tarda
pas à s'en repentir. La conduite légère de ce jeune homme [4], son manque
d'égards pour la milice, le silence que, de son côté, l'émir crut devoir gar-
der sur les justes réclamations qui lui étaient adressées, amenèrent bientôt

Révolte
d'El-Djâroud.
Djoumâd-
el-akher 178
(septemb. 794).

un soulèvement, à la tête duquel les Tunisiens placèrent un certain 'Abd-
Allah-ben-el-Djâroud, connu sous le nom de 'Abdouïa-el-Anbâri. Toute résistance fut inutile; en djoumâd-el-akher 178 (septembre 794) El-Fad'el était
mis à mort et Ebn-el-Djâroud était maître de *K'aïrouán* [5]. Aussitôt Schemdoun,
gouverneur de *Laribus* [6], et Ebn-Mondzir-el-Kelbi, gouverneur de *Mîla* [7], réu-
nissant leurs troupes et appelant à eux tous les partisans de l'autorité du khalife, marchèrent contre le général rebelle; mais ils furent battus, obligés de
se retirer en désordre, et même Ebn-Mondzir fut tué dans une des rencontres
qui eurent lieu. Ce fut alors que Schemdoun écrivit à El-'Alâ-ben-Sa'îd [8], qui

[1] Ebn-Khaldoun, *Histoire des Berbères*, t. II,
p. 560.

[2] Il est très-vraisemblable que Nâs'er-ben-
H'abîb lui avait remis ce gouvernement quand
El-Fad'el l'avait quitté, en 174.

[3] Voyez la note 3 de la page précédente.

[4] Ebn-Khaldoun, *Hist. de l'Afr. sous la dynast.
des Aghlab.* p. 73.

[5] En-Nouâïri, § xxxiii, *Appendice à l'Hist.
des Berb.* t. I, p. 391, et la note 1 à la même
page. — Ebn-Khaldoun, *Hist. de l'Afr. sous la
dynast. des Aghlab.* p. 76.

[6] Abou-'Obeïd-Bekri, *Descr. de l'Afr.* p. 68,
note 1 : in-4°. de l'I. R. 1831.

[7] Sur *Mîla* voyez *Richesse minérale de l'Algérie*, t. I, p. 223-232.

[8] Cet El-'Alâ-ben-Sa'îd avait été envoyé dans
le *Zâb*, en 157, par Iezîd-ben-H'âtem, pour y
seconder son fils Mohalleb dans l'expédition
qu'il allait entreprendre alors contre les *Ouarfadjouma* [a]. Il est présenté ici, par En-Nouâïri,
comme commandant un corps de Berbères [b], ce
que n'explique suffisamment aucun des récits
antérieurs.

[a] Ebn-Khaldoun, *Histoire des Berbères*, t. I, p. 223.

[b] En-Nouâïri, § xxxiv, *Appendice à l'Hist. des Berb.* t. I, p. 392.

se trouvait dans la province du *Zâb,* de venir se joindre à lui, et El-'Alâ se rendit à cette invitation; mais il paraît étrange que le gouverneur du *Zâb* n'intervienne en rien dans ces graves circonstances, ni pour se réunir aux chefs arabes qui voulaient réprimer Ebn-el-Djâroud, ni pour approuver ou blâmer l'ordre donné à un chef de corps qui avait un commandement dans sa province. On dirait que, spectateur de ce conflit, Ebn-el-Aghlab épie de quel côté tournera la fortune pour se prononcer ensuite; et ce qui semble prouver qu'il était resté dans une hésitation fâcheuse, c'est que, quand au commencement de rebi-el-akher 179[1], un nouvel émir, Hartemat-ben-el-'Aïan, envoyé par le khalife, arriva à *K'aïrouân*[2], « Ibrahîm-ben-el-Aghlab, dit Ebn-Khaldoun, qui était « alors *maître du Zâb et de T'obna,* lui envoya des présents, chercha à capter sa « bienveillance, *et réussit à se faire confirmer dans son gouvernement*[3]. »

Mais le khalife avait complétement manqué d'habileté en fixant son choix sur un émir qui, malgré de grandes qualités, n'était nullement l'homme de la situation où se trouvait l'Afrique. Hartemat prenait possession de son gouvernement dans des circonstances difficiles, et on ne peut nier qu'il agit sagement en proclamant une amnistie générale; il fit plus, il traita le peuple avec une extrême douceur et se livra à des travaux utiles : c'est ainsi qu'en 180 il bâtit le *grand château de Monestîr*[4], et qu'il éleva la muraille de *Tripoli* du côté de la mer[5]. Cependant, malgré ces formes et ces moyens si propres à concilier et à calmer les esprits, il ne réussit pas à détruire les germes de mécontentement que nourrissait l'ambition des chefs arabes; une révolte ne tarda pas à éclater[6]. Elle fut réprimée; mais cet état de lutte était une cause incessante de trouble pour le paisible Hartemat. Il répugnait à cette nature

---

[1] En-Nouâïri, § xxxv, t. I, p. 394. — Raïni-el-K'aïrouâni fixe au 4 rebi-el-akher 179 (vendredi 26 juin 795) l'arrivée de Hartemat-ben-'Aïan-el-Hâschemi en Afrique. (*Hist. de l'Afr.* liv. III, p. 81.)

[2] On doit s'étonner de voir le nouvel émir arriver sans coup férir à *K'aïrouân,* mais j'ai passé sous silence des négociations qui avaient déterminé Ebn-el-Djâroud à quitter *K'aïrouân* en s'afar 179, après y avoir commandé pendant sept mois. (En-Nouâïri, § xxxiv, *Append. à l'Hist. des Berb.* t. I, p. 393.)

[3] Ebn-Khaldoun, *Hist. de l'Afr. sous la dynast. des Aghlab.* p. 81.

[4] القصر الكبير المنستير, *El-K's'ar-el-Kebîr-El-Monestîr.* (Abou-'Obeïd-Bekri, *Descript. de l'Afr.* p. 54; in-4°, de l'I. R. 1831.) — Suivant Edrîsi, il y avait trois châteaux à *Monestîr.* (*Géographie,* iii° clim. ii° sect. t. I, p. 258.)

[5] En-Nouâïri, § xxxv, *Appendice à l'Hist. des Berb.* t. I, p. 394. — Ebn-Khaldoun, *Hist. de l'Afr. sous la dynast. des Aghlab.* p. 81.

[6] Id. *ibid.* p. 82. — En-Nouâïri ne mentionne pas cette révolte, il se contente de dire : « Comme la province continuait toujours à être « travaillée par l'esprit de faction et d'insubor- « dination, il écrivit à Er-Raschîd pour lui de- « mander un successeur. (§ xxxv, t. I, p. 394.)

18.

douce de ne gouverner qu'à la condition de comprimer les populations dont il voulait sincèrement le bonheur, et, cédant à un de ces mouvements de bonté que l'on méconnaît souvent en les flétrissant du nom de faiblesse, il écrivit au khalife pour lui demander un successeur[1]. En ramad'ân 181 (novembre 797) Moh'ammed-ben-Mok'âtel-ben-H'akem-el-'Akki[2], ce successeur, arrivait en Afrique, et, deux ans après, non-seulement les milices syriennes et khorâsânites s'étaient soulevées à la voix de deux de leurs généraux[3]; mais la défaite de ceux-ci fut loin de mettre un terme à l'insurrection, car aussitôt Temâm-ben-Temîm, lieutenant de l'émîr à *Tunis*, marchait sur *K'aïrouân* à la tête de la garnison révoltée, et, après un combat acharné, s'emparait de la ville, et de Moh'ammed lui-même, auquel il accordait la vie sous la condition de quitter le pays[4]. Cette fois Ibrahîm-ben-el-Aghlab n'hésita pas : saisissant l'occasion qui s'offrait de faire acte d'autorité, il accourut du *Zâb* à la tête de ses troupes, et rétablit à *K'aïrouân* Moh'ammed-ben-Mok'âtel, qui avait eu la lâcheté d'exécuter consciencieusement la condition qui sauvegardait sa vie, et s'était déjà rendu à *Tripoli*. Cependant la lutte continua; mais la vigueur déployée par Ibrahîm-ben-el-Aghlab surmonta tous les obstacles, la rébellion fut vaincue, et le 8 moh'arrem 184 (vendredi 7 février 800) le gouverneur du *Zâb* entrait triomphalement à *K'aïrouân*, traînant à sa suite Temâm prisonnier[5]. De la part d'Ebn-el-Aghlab, la restauration de Moh'ammed-ben-Mok'âtel n'était pas un de ces actes d'autorité dans lesquels le sentiment du devoir ou le besoin de manifester la supériorité qu'on sent en soi trouvent leur satisfaction; c'était, avant tout, un acte d'habileté qui le mettait en évidence, le posait, aux yeux des populations, comme le véritable émir de l'Afrique, et, vis-à-vis de l'émir restauré, comme un protecteur, et non plus comme un lieu-

Ramad'ân 181 (novembr. 797). MOH'AMMED-BEN-MOK'ÂTEL.

Ramad'ân 183 (octobre 799).

Moh'arrem 184 (février 800).

---

[1] Le gouvernement de Hartemat avait eu, comme on voit, une durée de deux ans et cinq mois (rebi-el-akher 179 — ramad'ân 181).

[2] La tribu d'*Akk* appartenait à la grande famille des Arabes Iémenites.

[3] En-Nouâïri (§ xxxvi, p. 395) nomme les généraux Felah et Morra-ben-Mokhled-ez-Azdi; Ebn-Khaldoun ne nomme que le second de ces généraux, et retourne son nom, il l'appelle Mokhled-ben-Morra-el-Azdi (محلد بن مرة الازدی); suivant lui, et son récit est confirmé par Ebn-el-Atîr, ce général fut vaincu et tué. (Ebn-Khaldoun, *Histoire de l'Afrique sous la dynastie des Aghlabites*, p. 31 du texte, p. 82 de la trad. et note 91 de cette même page.)

[4] Ceci se passait le 25 ramad'ân 183 (mardi 29 octobre 799). (En-Nouâïri, § xxxvi, *Append. à l'Hist. des Berb.* t. I, p. 395.)

[5] Id. *ibid.* t. I, p. 397. En-Nouâïri ajoute : « Lorsqu'il eut le pouvoir en main : c'est-à-dire, « comme on va le voir bientôt, cinq mois après), « il envoya Temâm à *Baghdâd*, avec d'autres « chefs de la milice qui s'étaient fait un métier « de la révolte. Arrivés là, ils furent tous jetés « dans la prison d'état. » — Voir aussi Ebn-Khaldoun, *Hist. de l'Afr. sous la dyn. des Aghl.* p. 83.

tenant gouvernant en son nom la province du *Zâb*. Dans la confiance que lui inspirait la haute position qu'il venait de conquérir, Ibrahîm avait porté ses vues plus haut encore; il avait écrit à Hâroun-er-Raschîd pour lui proposer, s'il consentait à lui abandonner l'Afrique, non-seulement de renoncer à la subvention de cent mille dinârs [1] annuellement faite par l'Égypte [2], mais encore de lui en envoyer quarante mille chaque année [3].

Cette proposition dut être, pour le puissant khalife [4], le sujet de profondes et douloureuses méditations. Il était trop clairvoyant pour ne pas apercevoir tout ce qu'elle renfermait d'ambitieux projets; il ne pouvait non plus se faire illusion sur le désir d'indépendance qu'Ibrahîm devait secrètement nourrir en son cœur, et, d'une autre part, en jetant un regard d'historien sur les phases diverses de cette conquête, qui commençait au khalife 'Otmân, il dut reconnaître l'effrayante étendue des obstacles qui s'étaient opposés à l'établissement sérieux de la puissance arabe dans le *Maghreb*. Les révoltes des généraux étaient graves, sans doute; cependant des mesures sévères pouvaient faire rentrer les ambitieux dans le devoir, et leur ôter jusqu'à la pensée d'en sortir de nouveau; elles n'avaient donc qu'une importance secondaire. Mais quels affreux désastres ne vinrent pas retracer à son esprit les péripéties nombreuses de la lutte à outrance depuis si longtemps engagée : l'état permanent d'insurrection des Berbères; leur opiniâtre résistance que rien n'avait pu vaincre; cinq fois, en moins d'un siècle [5], la conquête compromise au point qu'on dut la croire à jamais perdue ! Koseïla, Kâhena, 'Abd-el-Malek, Abou-el-Khet'âb, Abou-H'âtem, tous ces noms restés grands dans

---

[1] Le *dinâr* a, comme toutes choses, varié, quant à sa valeur, selon les temps et les lieux; M. de Slane estime qu'à l'époque dont il est ici question, le *dinâr d'or* pouvait valoir $16\frac{1}{2}$ *dirhem*, et celui-ci or 60°, ce qui donne au *dinâr* une valeur de dix francs. (Ebn-Khaldoun, *Hist. des Berb.* t. I, p. 222, note 1, et p. 302, note 1. — D'Herbelot, *Biblioth. orient.* p. 279, col. 2, au mot DINAR. — Don Iose Ant. Conde, *Hist. de la domin. de los Arab. en España*, t. I, p. 23, note 1.) — Voyez surtout l'*Historia monetæ arabicæ*, par Makrizi. (Mich. Casiri *Bibliotheca arabico-hispana Escurialensis*, t. II, p. 173-175.)

[2] Depuis plus d'un siècle (depuis 81 de l'hégire), l'émirat d'Afrique relevait directement du khalife, et était indépendant de l'Égypte; on ne voit donc pas bien clairement la raison pour laquelle cette province était restée chargée d'une subvention qui avait été tout naturellement supportée par elle, quand l'Afrique était une de ses dépendances.

[3] Ebn Khaldoun, *Hist. de l'Afr. sous la dyn. des Aghlab.* p. 84. — D'après ce qui vient d'être dit à la note 1 ci-dessus, ce tribut offert avait une valeur de 400,000 francs.

[4] Voyez, sur la puissance d'Er-Raschid, la note 6 de la page 134 de ce volume.

[5] Depuis Koseïla, en 64, jusqu'à Abou-H'âtem, en 154. (Voyez pages 25, 29, 39-43, 107-111 et 123 de ce volume.)

la mémoire des Berbères, et que les Arabes n'avaient pu oublier, parce qu'ils étaient inscrits en lettres de sang dans leurs annales, durent lui apparaître, non-seulement terribles, comme ils avaient été sur le champ de bataille, mais redoutables aussi par les résultats que le retentissement de leurs exploits avait amenés. Depuis quarante-quatre ans, les *Beni-Medrâr* avaient fait de *Sedjelmâsa,* la capitale d'un petit royaume; depuis quarante ans, les *Beni-Roustem* commandaient à *Tâhart,* et si les puissants *Maghrâoua*[1] s'étaient vu enlever *Tlemsén,* c'était de l'Occident qu'étaient venus leurs dominateurs, car il y avait treize ans que les *Edrîsites* étaient maîtres d'une partie du *Maghreb-el-Ak's'a,* et leur attitude menaçante faisait présager qu'ils l'envahiraient bientôt tout entier. Sans doute, deux de ces trois dynasties avaient des Arabes pour chefs; mais toutes trois s'appuyaient sur la force berbère, et leur première raison d'être était leur indépendance des khalifes d'Orient. Dans ses perplexités, Hâroun-er-Raschîd consulta le sage Hartemat, qui avait vu de près les hommes et les choses[2], connaissait la disposition des esprits, et qui, si l'on n'en pouvait attendre un conseil énergique, se trouvait du moins dans les conditions voulues pour émettre un avis désintéressé. Hartemat pencha pour l'abandon[3], mot que se gardent bien de prononcer les historiens arabes, mais que l'histoire doit accepter résolument, parce qu'il est l'expression vraie du parti auquel le khalife s'arrêta. « Le 12 djoumâd-« el-akher 184 (mercredi 8 juillet 800), dit En-Nouâïri, Ibrahîm-ben-El-« Aghlab se trouva investi de l'autorité, qu'il transmit à ses descendants[4]. » La dynastie des *Aghlabites* était fondée.

Djoumâd-el-akher 184 (juillet 800).

[1] « La révolte de Mîsera-el-Hakîr[a] (en 122) « et de la tribu de *Met'r'ara,* dit Ebn-Khaldoun, « ayant affaibli l'influence du khalifat dans le « *Maghreb-el-Ak's'a,* Khazer et ses *Maghrâoua* « profitèrent de cet état de choses pour se faire « redouter des émîrs arabes-mod'arites[b] qui com-« mandaient à *K'aïrouân.* Devenus une puissante « nation, ils étendirent leur domination sur les « *Zenâta* nomades du *Maghreb central.* Quand la « chute des *Ommiades de l'Orient* eut suspendu « l'influence des Arabes en *Maghreb,* la domi-« nation et les prétentions des *Maghrâoua* prirent « un grand essor. » (*Hist. des Berb.* t. III, p. 228.)

[2] « Quelle est ton opinion, dit le khalife à « Hartemat, toi qui connais ce pays? Il n'y a « pas longtemps que tu en viens. » (En-Nouâïri, § xxxviii, *App. à l'Hist. des Berb.* t. I, p. 398.)

[3] « Il prit conseil de ceux qui l'entouraient, « et l'avis de Hartemat fut de faire à El-Aghlab « une réponse favorable. En conséquence, le « khalife lui écrivit, *vers le milieu de 184,* pour « lui accorder l'*investiture du gouvernement de* « *l'Afrique.* » (Ebn-Khaldoun, *Hist. de l'Afr. sous la dynast. des Aghlab.* p. 85 et 86.)

[4] En-Nouâïri, § xxxviii, *Appendice à l'Hist. des Berb.* t. I, p. 399. — Ebn-Khaldoun, dans

[a] Ebn-Khaldoun l'appelle ailleurs Mîsera-*el-Hafîr.* (Voyez la note 3 de la page 76 de ce volume.)
[b] Voyez la page 117 de ce volume, et la note 1 de la même page.

Ainsi, ces mêmes Arabes qui, dans la première ferveur de leur apostolat, avaient, en moins de vingt ans, conquis l'Arabie entière, la Syrie, la Phénicie, la Palestine, l'Égypte, renversé la monarchie des Perses, et fait briller le croissant jusque dans l'Inde [1], ces mêmes Arabes n'avaient lutté en Afrique, durant cent cinquante-sept années musulmanes, que pour s'assurer la possession précaire *de la partie orientale du Maghreb,* possession si précaire, qu'à la première occasion qui se présente de déposer honorablement ce lourd fardeau qui les épuise, ils s'empressent, moyennant un faible tribut[2], seule expression d'un vasselage équivoque, d'abandonner une prétendue conquête qui avait dévoré tant de trésors et tant d'armées. L'Afrique leur avait servi de marchepied pour envahir l'Espagne [3], et, après moins d'un demi-siècle, cette autre conquête avait échappé aux khalifes d'Orient. Les idées de l'islamisme avaient été semées, et non-seulement c'était l'hérésie qui avait germé, mais en faisant, des Berbères, des musulmans hérétiques, on avait ajouté chez eux l'ardeur du fanatisme à la passion d'indépendance qui enflammait cette vaillante population. Quand on contemple ce grand mouvement qui en-

un de ses ouvrages (voyez la note précédente), confirme la date donnée ici par En-Nouâïri; dans un autre ouvrage, il place, à tort, cette investiture en 185 [a]. L'abréviateur du T'abari et Aboulfaradj se taisent sur ce grand événement du règne d'Er-Raschîd; Aboulfeda ne le mentionne qu'en le comprenant dans un partage que fit ce khalife, en 184, des différentes parties de son vaste empire, entre un certain nombre de *gouverneurs* [b], et, plus loin, pour que l'illusion soit complète, il dit : « Eodem anno « (197 heg.) obiit Ibrahim filius Aghlabi, *gu-* « *bernator Africæ* [c]. »

[1] Le savant d'Herbelot, dans l'article qu'il consacre au khalife 'Omar, successeur d'Abou-Bekr, dit : « Il y a même quelques historiens, « comme Ben-Schohnah, qui veulent que les « Indes aient été entamées dès ce même temps « par les musulmans. » (*Biblioth. orient.* p. 682, col. 1; in-fol. Maestricht, 1776.)

[2] Voyez la note 3 de la page 141.

[3] Malgré toutes les précautions d'un langage étudié, l'Afrique est un embarras manifeste pour les historiens arabes; cet embarras se trahit, chez l'un d'eux, par les termes suivants : « Je « ne suis entré dans tous ces détails, dit Raïni-« el-K'aïrouâni, que *pour prouver de plus en plus* « que l'Afrique a procuré beaucoup d'avantages « aux musulmans, *puisque l'Espagne fut conquise* « *par les généraux qui y commandaient.....* Que « le lecteur soit donc bien pénétré de cette vé-« rité, qu'à l'Afrique revient tout honneur, elle « dont les chefs subjuguèrent l'Espagne et *don-* « *nèrent si longtemps des lois en Sakalia* [d]. » Déjà, à sa page 70, il avait exprimé la même idée, à peu près dans les mêmes termes; il est impossible de dire plus clairement que ces avantages furent *indirects,* et d'avouer moins naïvement que, s'ils profitèrent aux *musulmans,* on est obligé de se taire sur les *khalifes.*

[a] Ebn-Khaldoun, *Histoire des Berbères,* t. I, p. 224.
[b] Abulfedæ *Annales muslemici,* t. II, p. 79; in-4°, Hafniæ, 1790.
[c] Id. *ibid.* p. 103.
[d] Raïni-el-K'aïrouâni, *Histoire de l'Afrique,* liv. III, p. 75 et 76; in-8°, de l'I.R. 1845.

traînait l'Orient vers l'Occident, on arrive à se demander ce qu'il faut le plus admirer, ou de l'ardente persévérance des Arabes, sans cesse reparaissant avec de nouvelles armées, qui viennent, comme les précédentes, s'anéantir au sein même de leurs victoires, ou de l'énergique résistance des Berbères, qui, si souvent abattus, se relèvent toujours pour protester contre l'envahissement de leur sol, et semblent ne se faire musulmans hérétiques que pour transformer tout leur être, corps et âme, en une barrière immuable contre laquelle leurs infatigables ennemis devront éternellement se briser. De cette vigoureuse défense, jointe aux dissensions intestines qu'engendra l'ambition des chefs arabes, il est résulté que, durant un siècle et demi, la malheureuse Afrique ne fut qu'un vaste champ de bataille, où régnait l'anarchie quand les combats avaient cessé, et je viens d'offrir la preuve que cette conquête, si facile à faire, si facilement faite, à en croire les historiens inattentifs[1], doit être considérée, au contraire, comme une des plus laborieuses et des plus incomplètes. Il nous reste à mesurer sa durée, non plus dans les mains des khalifes, mais dans les mains des Arabes eux-mêmes.

---

[1] M. de Chénier, *Recherches historiques sur les Maures,* liv. I, chap. III, t. I, p. 145 et 146, et liv. III, chap. III, t. I, p. 217; in-8°, Paris, 1787. — L'auteur donne de nombreuses raisons pour faire comprendre combien cette conquête dut être facile; les pages qu'on vient de lire permettent d'apprécier la valeur de ces raisons, et me dispensent de les discuter.

NOTE A.

Abou-el-'Abbâs-es-Seffâh' avait d'abord (en 132 de l'hégire) fixé sa résidence à *El-H'îra*[1], qu'il quitta en zil-h'adja 134 pour aller s'établir à *Anbâr* (الانبار)[2], qui devint

[1] *H'îra*, ville située à une faible journée au N. O. de *Koufa*[a] et au S. S. O. de l'antique *Babylone* (aujourd'hui *H'illah*). Cette ville était très-ancienne, puisqu'elle s'appelait d'abord *Alexandria*, et qu'on la fait remonter aux temps voisins d'Alexandre le Grand. D'Herbelot attribue sa fondation à Malek, fils de Fahan, de la tribu d'*Azd*[b], et, suivant d'Anville, c'est aujourd'hui *Meschehed-Ali* (مشهد علي), nom qui signifie *lieu du martyre d'Ali*[c]. (Voyez la Note E, à la page 152, et la note 7 de la page 156.)

[2] « Anni CXXXIV mense ultimo transferebat « Saffah lares ex urbe *Hira*, ubi hactenus egerat, *Anbaram*. (Abulfedæ *Annal. muslem.* t. II, p. 5.) — Suivant d'Herbelot, *Anbâr*[d] fut rebâtie par Abou-el-'Abbâs, qui lui donna alors le nom de *El-Hâschemïa*[e]; il est certain qu'Aboulfeda parle indistinctement d'*Anbâr* et d'*El-Hâ-*

[a] *Géographie d'Edrîsi*, clim. III, sect. VI, t. I, p. 366; in-4°, de l'I. R. 1836. - Voyez plus loin la NOTE E.
[b] *Bibliothèque orientale*, p. 418, col. 2, au mot HIRAH.
[c] D'Anville, *Géogr. anc. abrég.* t. II, p. 481 des OEuvres publiées par le Manne; in-4°, de l'I. R. 1834.
[d] Qu'il ne faut pas confondre avec une ville du nom d'*Anbâr* qu'Edrîsi mentionne, sur la route de *Baghdâd* à *Rak'k'a* (sur l'*Euphrate*, dans le *Diárbekr*, à la limite de l'*El-Djezîra*), et que le savant Hammer (qui l'écrit *Enbar*) place sur la rive gauche de l'*Euphrate*, à un degré à l'Ouest de *Baghdâd*[*]. A ce sujet, je remarquerai qu'Edrîsi commet nécessairement une grosse erreur quand, dans l'itinéraire qu'il donne de *Baghdâd* à *Rak'k'a*, il compte 36 journées de marche entre *Baghdâd* et *Anbâr*[**]; la preuve, c'est qu'après avoir ajouté 7 stations, qui font ensemble 171 milles, et 3 stations de 2 journées chacune, le géographe arabe se résumant, dit (p. 145) : « la distance de *Baghdâd* à *Rak'k'a* est donc de 15 journées. » Si l'on suppose que 21 milles correspondent à 1 journée, les 171 milles donnent, à bien peu près, 8 journées; ajoutant les 6 journées des trois dernières stations nommées, on a 14 journées d'*Anbâr* à *Rak'k'a*, et, pour compléter le nombre de journées donné par Edrîsi, il ne reste qu'une journée pour le trajet de *Baghdâd* à *Anbâr*. Or, si cette ville est bien placée sur la carte de Hammer, il en faudrait compter 3, savoir : 1 de *Baghdâd* à *Soldjîn*[***] (سلجين), et 2 de *Soldjîn* à *Anbâr*; en effet, j'ai dit que Hammer plaçait *Anbâr* à 1 degré à l'Ouest de *Baghdâd*, degré qu'on peut, sans erreur sensible, mesurer sur le 33° cercle de latitude. A cette latitude, la distance de deux méridiens consécutifs est exprimée par 50.32 milles nautiques, correspondant à 93182^m,576, qui, divisés par 4444^m,44 (longueur de la lieue commune), donnent 21 (rigoureusement 20.96) lieues communes, c'est-à-dire 3 journées de caravane. Ces 3 journées, ajoutées aux 14 que compte Edrîsi d'*Anbâr* à *Rak'k'a*, donnent 17 journées pour la distance de *Baghdâd* à *Rak'k'a*. Le nombre ainsi obtenu ne s'éloigne pas beaucoup de celui auquel arrive le géographe arabe en se résumant.
[e] *Bibliothèque orientale*, p. 106, col. 1, au mot ANBAR; in-fol. Maestricht, 1776. — Voy. la note [b], p. 128.

[*] *Histoire de l'Empire Ottoman*, pl. ; de l'Atlas; in-fol. Paris, 1843.
[**] *Géographie*, t. II, p. 144; in-4°, de l'I. R. 1840.
[***] Station indiquée par Edrîsi comme placée à 12 journées de *Baghdâd*, et il donne ensuite de *Soldjîn* à *Anbâr* 24 journées (*ibid.* même page). Ces nombres ne peuvent correspondre ni à des milles ni à des parasanges; il ne reste d'exact que le rapport de 1 à 2 entre les longueurs des deux étapes.

le siége du khalifat des 'ABBÁSIDES, et où il mourut en 136[1]. Il est vraisemblable que ce fut pendant son séjour à H'îra qu'il fit construire le château d'El-Háschemia[2], qu'Abou-Dja'far-el-Mans'our occupa après lui. Mais le danger que ce khalife y courut en 140, lors de l'attaque des Ráouendis[3], le dégoûta de cette résidence, et, en 145 (762-763 de J. C.), il jeta les premiers fondements de Baghdâd[4] en vue d'en faire le siége du gouvernement. Il paraît même qu'il avait quitté promptement El-Háschemïa pour aller s'établir à K'as'r-Ebn-Hobeira[5], d'où il partit dès 146, afin de hâter lui-même, sur place, la construction de la ville nouvelle[6]. Suivant Reiske, l'emplacement qu'il avait choisi pour y élever Baghdâd était celui d'un ancien palais des rois perses qui portait ce même nom de Baghdâd. Le savant professeur de Leipsig appuie cette conjecture sur un passage de Théophane où deux palais de Kosroës, un des der-

schemïa, proche Koufa, comme de la résidence du premier khalife 'abbáside. Un canal dérivé de la rive droite de l'Euphrate unissait Anbâr à H'îra, puisque l'on allait par eau de l'une à l'autre de ces deux villes [a], et, suivant Fakhr-ed-Dîn-Râzi, il n'y avait, de H'îra à Meddâïn[b], sur le Tigre, que quelques parasanges [c].

[1] « Obiit Saffahus Anbaræ e variolis mense « ultimo hujus anni (136 hegiræ). » (Abulfedæ Annal. muslem. t. II, p. 7.)

[2] Voyez la note 9 de la page 109 de ce volume, et la note 4 ci-dessous.

[3] Voyez pages 109 et 110 de ce volume, et la note 4 de cette page 110.

[4] « Idem annus (145 hegiræ) nascentem vi- « dit Bagdadum, Mansuri auspiciis; cui Hasche- « mïa, ab ejus fratre haud procul Cufa condita, « displicere incipiebat ideo quod et in isto pa- « latio vitæ discrimen a tumultu Ravanditarum « adierat, et a levitate perfidiaque vicinorum Cu-

a fensium malesibi metuebat. » (Abulfedæ Annal. muslem. t. II, p. 15 et 17.) — Abul-Pharagii Hist. compend. dynast. p. 141. — Edrisi, Géo-graphie, iv° clim. vi° sect. t. II, p. 153. — D'Her-belot, Biblioth. orien°. p. 154, col. 2, au mot BAGDAD.

[5] Edrisi, après avoir dit à plusieurs reprises que Baghdâd est à cinq journées (au Nord) de Koufa[d], place K'as'r-Ebn-Hobeira (قصر ابن هبيرة) à un jet de flèche de l'Euphrate, et à trois faibles journées de Baghdâd[e]. Il en résulterait que cette ville, qu'il signale comme importante, était à peu près à moitié chemin de Koufa à Bagh-dâd, mais un peu plus rapprochée de Koufa.

[6] « Anno CXLVI transferebat Mansur lares « ex urbe Ibn-Hobaïra[f] Bagdadum, quo præsens « ipse urbi recenti colophonem imponeret. » (Abulfedæ Annal. muslem. t. II, p. 21.) — Abul-Pharagii Hist. compend. dynast. p. 141; in-4°, Oxoniæ, 1663.

[a] Chrestomathie arabe, par Silvestre de Sacy, t. II, p. 32; in-8°, de l'I. I. 1806.

[b] Medâïn (المَدَايِن), siége royal de Kosroës, était, suivant Edrisi (Géogr. t. II, p. 160), à quinze milles (au S. E.) de Baghdâd, et ses beaux matériaux ont servi à construire cette dernière ville; on en tirait encore de son temps (au xii° siècle). Le nom d'El-Medâïn, qui veut dire les villes, lui avait été donné parce qu'elle avait été construite sur l'emplacement des villes de Séleucie et de Ctésiphon, dont elle n'était que la réunion avec embellissements. (Pietro della Valle, Voyages, t. II, p. 262 et 263; in-12, Paris, 1745. — D'Anville, Géogr. anc. abrég. t. II, p. 478 des OEuvres publiées par de Manne; in-4°, de l'I. R. 1834.)

[c] Chrestomathie arabe, par Silvestre de Sacy, t. II, p. 57; in-8°, de l'I. I. 1806.

[d] Géographie d'Edrisi, t. I, p. 367 et t. II, p. 156. — Cinq journées pour Edrisi représentent 100 milles, ou 33 lieues 1/3 de 25 au degré; c'est 6 lieues 2/3 par journée de marche.

[e] Id. ibid. t. II, p. 158; in-4°, de l'I. R. 1840.

[f] Voyez la note 5 ci-dessus.

niers rois de la dynastie sâssânide, sont successivement nommés, l'un Βεγλαλί, l'autre Βεxαλ [1], qu'il faudrait, suivant lui, lire Βεγδαδ et Βεxδαδ [2]; mais, d'une part, Cedrenus donne le nom de Βεxλάμ au premier de ces palais [3], d'une autre part, à ne considérer que le texte de Théophane, il semble que, précisément parce qu'il s'agit de deux localités différentes, on ne peut guère appliquer à toutes deux la correction qui en ferait un même nom. Quoi qu'il en soit, El-Mans'our donna à sa capitale le nom de مدينة السلام (*Medînat-es-Selâm*), *la ville de la paix* [4], « soit, dit d'Herbelot, par allu-
« sion à celle de *Hiérusalem*, soit parce qu'il avait, dans ce temps, pacifié son empire,
« et qu'il n'y avait presque point de nation, *dans l'Asie*, qui ne lui fût soumise ou
« tributaire [5]. » C'est en songeant à l'Afrique que j'ai mis en italique les mots « dans l'Asie. »

Baghdâd fut réellement la résidence des khalifes 'abbâsides; leur palais se trouvait dans la partie orientale de la ville [6], partie qui s'appelait aussi *ville d'Er-Rus'âfa* (الرصافة), et d'*El-Mohdi*, parce que Mans'our l'avait fondée en 151 pour son fils Mohdi [8], tandis que la partie occidentale s'appelait *ville de Mans'our* [7]. Il y eut cependant des exceptions : ainsi Hâroun-er-Raschîd, pendant son long règne (de 170 à 193) resta fort peu à *Baghdâd*; il préférait de beaucoup le séjour de *Rak'k'a* [9], dans le *Diârbekr* [10]. En 220, son troisième fils, Mo'tas'em-Abou-Ish'âk'-Moh'ammed, quitta aussi *Baghdâd*, pour aller occuper *El-K'ât'oul* (القاطول), localité voisine du point

[1] Theophanis *Chronographia*, p. 267; in-fol. Parisiis, 1665.

[2] Io. Iacobi Reiskii *Adnotationes historicæ* ad Abulfedæ *Annalium* tomum II, p. 628.

[3] Georgii Cedreni *Compendium historiarum*, t. I, p. 417; in-fol. Parisiis, 1647. — On reconnaît que Cedrenus désigne la même ville, à cette circonstance que, comme Théophane, il y indique un cirque.

[4] Elmacini *Hist. sarac.* lib. II, cap. III, p. 102; in-fol. 1625. — Chez les historiens byzantins, ce nom de *Ville de la paix* se reproduit sous la forme *Irenopolis* (Εἰρηνόπολις), de εἰρήνη, paix. (D'Anville, *Géogr. anc. abrég.* t. II, p. 478; in-4°, de l'I. R. 1834.)

[5] D'Herbelot, *Bibliothèque orientale*, p. 155, col. 1, au mot BAGDAD. — Aux raisons que donne d'Herbelot, il aurait pu, semble-t-il, ajouter

qu'El-Mans'our espérait trouver à *Baghdâd* la paix dont il n'avait pu jouir à *El-Hâschemïa*.

[6] Je lis dans les annotations de Reiske : « Hac-
« tenus enim hæserat in urbe Mahdii seu orien-
« tale, vel *Rusafa*, ubi ordinaria khalifarum
« sedes erat. » (I. Reiskii *Adnot. hist.* ad Abulfedæ *Annal. muslem.* t. II, page 661, note 109.)

[7] « Eodem anno (CLI) condebat Mansur, in
« usum Mahdii, filii sui, *Rusafam* ex oriente
« Bagdadi. » (Id. *ibid.* t. II, p. 29.)

[8] Id. *ibid.* t. II, p. 103.

[9] « Bagdadi autem non tantum non manebat
« Raschid, sed ne descendebat quidem, verum
« incontinente pergebat Raccam. » (Id. *ibid.* t. II, p. 89.)

[10] Voyez la note [4] de la page 145. Edrisi, que nous avons vu placer *Rak'k'a* à 15 journées de *Baghdâd*, dit que « la distance de

' Comme on dirait ἡ λιθόστρωτος. Ce nom, qui vient de ses voies pavées en pierres, s'appliquait à un certain nombre de villes du Levant et s'est étendu à l'Espagne. (*Annal. muslem.* t. I, p. 449, note '; t. II, p. 631, nota 29; page 661, nota 109.)

19.

nommé *Sâmarra* [1] (سامرّا), où il fondait une ville [2] que lui et ses successeurs occupèrent [3] jusqu'en s'afar 244, époque à laquelle Dja'far-el-Motaonakkel-Billâh, le dixième khalife 'abbâside, imagina de transporter à *Damas* la résidence royale et le trésor [4]. Mais, après un mois et quelques jours, craignant l'insalubrité du climat de cette ville et l'insuffisance de ses eaux pour son usage, il quitta l'ancienne résidence des OMMIADES [5] et sans doute revint à *Sâmarra* [6], car, en 246, on le représente transportant sa demeure de *Sâmarra* dans le *palais de Dja'far* qui était auprès, et qu'il avait commencé à bâtir *l'année précédente* avec un luxe et des dépenses incroyables [7]. Non seulement El-Ouâtek'-Billâh [8], et plus tard son fils Mohtadi, mais Motaouakkel, ses trois fils et son frère El-Mosta'in, habitèrent aussi *Sâmarra*, où le dernier de ces princes

« *Rak'k'a* à *Damas* (دمشق, *Damschek'*) est d'en-« viron 18 journées °. » Les cartes modernes indiquent une distance beaucoup plus grande de *Baghdâd* à *Rak'k'a* que de *Rak'k'a* à *Damas*.

[1] Ibn-Batoutah, au XIV° siècle, a trouvé cette ville en ruines et explique que son vrai nom est *Sorramanrad* (سُرَّ مَنْ رَأى) [b]. Niebuhr place *Sâmarra* sur la rive gauche du *Tigre*, à un degré (15 milles allemands, 20 lieues marines, 25 lieues communes) au Nord de *Baghdâd*. *Sâmarra* fut la résidence du dernier des douze imâms; on y montre son tombeau ainsi que ceux de ses deux prédécesseurs [c]. — Voyez la note 8 de la page 156 de ce volume.

[2] « Anno ccxx exibat Motasem Bagdado ad « Catulum, quo propius adesset urbi, quam « condebat, *Samirræ*. » (Abulfedæ *Annal. musl.* t. II, p. 169.)

[3] « *Samarah* (*Sâmarra*), dit d'Herbelot, qui « est la même que *Sermenrâï* [d], où les khalifes « faisaient leur résidence ordinaire, depuis le « règne du khalife Môtassem (Mo'tas'em-Abou-« Ish'âk'-Moh'ammed) °. »

[4] « Anno ccxLiv accedebat Motavakkel, id-« que secundo mense, ad *Damascum*, ea mente, « ut regiam sedem et ærarium..... eo transfer-« ret. » (Abulfedæ *Annal. muslem.* t. II, p. 201.)

— Il avait fait ses préparatifs dès le mois de zil-k'a'da 243. (Id. *ibid.* même page.)

[5] « Verum paulo post deprehendens Mota-« vakkel *Damasci* cœlum insalubre, et ejus aquas « usibus suis non sufficientes [f], deserebat et hanc « urbem, in qua plus unum mensem et aliquot « dies non egit. » (Id. *ibid.* t. II, p. 203.)

[6] Elmacin le dit positivement, et fixe à *deux mois* et quelques jours la durée du séjour d'El-Motaouakkel à *Damas* : « Deinde aversus est ani-« mus Mutevakkeli a *Damasco*, et rediit *Samar-« ram* cum substitisset *Damasci* menses duos et « aliquot dies. » (*Hist. sarac.* lib. II, c. XI, p. 150.)

[7] « Anno ccxLvi transferebat Motavakkel se-« des e Samirra in adjectum ei palatium Gafa-« ricum, quod jam superiore anno condere « cœperat, impendio incredibili et censum pœne « omnem excellente. (Abulf. t. II, p. 205.) » Malgré ces termes formels, il semblerait qu'il s'agit là d'un palais existant déjà, et que Dja'far-el-Motaouakkel n'aurait fait qu'embellir, puisque Aboulfeda lui-même dit quel nom ce palais portait antérieurement : « Solum, inquit, quod pa-« latium illud occupavit, antea vocabatur *Ma-« huza.* » Le texte dit الماحورة, *El-Mâh'oura*.

[8] Il était fils aîné de M'otas'em, et fut son successeur immédiat.

[a] *Géographie* d'Edrisi, t. I, p. 360; in-4°, de l'I. R. 1836.

[b] Ibn-Batoutah, *Voyages*, t. II, p. 132; in-8° de l'I. I. 1854.

[c] Niebuhr, *Voyages en Arabie*, t. II, p. 222; in-4°, Amsterdam, 1780.

[d] Voyez la note 1 ci-dessus. — Elmacin écrit سرّ مِر رَاى, *Saramarraï*. (Lib. II, cap. IX, p. 143.)

[e] *Bibliothèque orientale*, p. 632, col. 1; in-fol. Maestricht, 1776.

[f] Il avait l'habitude de faire de fréquentes promenades dans des barques sur le *Tigre* et sur l'*Euphrate*.

fut assiégé en 251 et d'où il parvint à s'échapper dans une barque[1], pour se réfugier à *Baghdâd* et y vivre, mais privé du pouvoir[2]. Mo'tazz et Mohtadi sont morts et ont été enterrés à *Sâmarra*, l'un en 255, l'autre en 256[3], et le dernier de ces deux khalifes fut remplacé par Mo'tamed, auquel succéda Mo'tad'ed, qui devint la souche de tout le reste de la dynastie 'abbâside, pendant les trois cent soixante et dix-sept années d'existence qu'elle eut encore.

Elmacîn dit que ce fut Mo'tad'ed qui rétablit à *Baghdâd* le siége de l'empire[4]; on peut croire cependant que ce fut à la fin du long règne[5] de Mo'tamed que *Baghdâd* fut rendue à sa destination première. Il y avait déjà treize ans que ce prince subissait le joug sous lequel il s'était volontairement courbé pour qu'aucune préoccupation sérieuse ne vînt troubler les plaisirs auxquels il donnait sa vie avec passion, lorsqu'en 269, sans doute à l'instigation de compagnons de débauche chez lesquels l'ambition s'était réveillée, il quitta sa résidence dans l'intention de passer en Égypte[6], et là de se mettre en mesure de briser sa chaîne. Mais son frère, ou plutôt son maître, El-Mouaffek', occupé alors à combattre le terrible Khabît, chef des *Zenedj* (ou *Zengis*)[7], ayant eu connaissance de cette insolite hardiesse du khalife, envoya

[1] Ce mode d'évasion confirme bien ce qu'Ibn-Batoutah et Niebuhr nous ont appris sur la position de *Sâmarra* sur les bords du *Tigre*. (Voyez la note 1 de la page précédente.)

[2] « Evadebant tamen hi tres Bagdadum liburnica per Tigridem subvecti, ubi deinceps hæsit Mostain, at potestate privatus. » (Abulfedæ *Annal. muslem.* t. II, p. 213.)

[3] Id. *ibid.* t. II, p. 225 et 235. — Ibn-Batoutah nomme cependant ces deux khalifes au nombre de ceux dont on voit les tombeaux à *Baghdâd* dans l'une des trois grandes mosquées de la partie orientale de la ville, dans la *Djâmi'-er-Ros'âfa.* (*Voyages*, t. II, p. 111 et 112; in-8°, de l'I. I. 1854.)

[4] « Fuitque *Samarra* habitaculum chalifarum donec imperium adeptus fuit Mutadidus. « Hic enim sedem suam *Bagdadi* fixit, uti et qui « sequuti eum sunt chalifæ. » (*Hist. sarac.* lib. II, cap. IX, p. 143.)

[5] Si on peut dire que Mo'tamed régna, lui qui, dès 258, remit tous ses pouvoirs à son frère El-Mouaffek'[a], oublia pour ses plaisirs tous les devoirs d'un souverain, et sembla ne s'être réservé que le droit d'obéir à son coadjuteur.

[6] C'était Ah'med-ben-T'ouloun qui alors, et depuis l'an 254[b], gouvernait l'*Égypte*, et même la *Syrie*, où il s'était affranchi du khalife, et où il fonda la dynastie des *T'oulounides*, qui ne fut détruite qu'en 292 (904-905 de J. C.), sous le règne de Moktafi. — Voir d'Herbelot, *Biblioth. orient.* p. 638, col. 1, et p. 870, col. 2.

[7] Erpenius, dans sa traduction d'Elmacîn (p. 172), a écrit H'abîb (الحبيب) au lieu de Khabît (الخبيث), et Rîh' (ريح) au lieu de Zenedj (الزنج); ces fautes de copiste ou d'impression ont été relevées par Reiske[c], dans son édition d'Aboulfeda. (*Annal. muslem.* t. II, p. 229 et 251.)

[a] Abou-Ah'med-T'alh'a-el-Mouaffek'-Billâh-ben-Dja'far-el-Motaouakkel. (Abulfedæ *Annal. musl.* t. II, p. 267.)

[b] Id. *ibid.* t. II, p. 223. — Abulpharajii *Hist. compend. dynast.* p. 175. — C'était, comme on voit, sous le règne de Mo'tazz que Ah'med avait été nommé gouverneur d'*Égypte*: ce fut en 264 qu'il s'empara de la *Syrie*. (Abulfedæ *Annal. muslem.* t. II, p. 251.)

[c] Sans doute d'après Aboulforadj, qui écrit ريح. (*Hist. compend. dynast.* p. 272 du texte.)

des émissaires chargés de le faire rentrer dans son palais; or ce fut à *Sâmarra* que Mo'tamed fut reconduit malgré lui [1]. L'année suivante (270 de l'hég., quand El-Mouaffek' eut enfin vaincu Khabît, et que les parents de ce chef furent tombés en son pouvoir, il envoya toute cette famille à *Sâmarra* [2]; on est donc autorisé à croire qu'à cette époque *Sâmarra* était encore le siége de l'Empire. D'une autre part, on sait que Mo'tamed mourut à *Baghdâd* le 19 redjeb 279 [3], et que son corps fut transporté à *Sâmarra* [4]; c'est donc entre 270 et 279 qu'il faut placer l'instant où le siége du khalifat fut rétabli à *Baghdâd* pour n'en plus sortir [5]. Peut-être Mouaffek', de retour à *Baghdâd* après avoir terminé la guerre des *Zenedj* (*Zengis*), voulut-il avoir le khalife sous sa main pour prévenir un nouveau projet d'évasion et d'entente avec Ah'med-ben-T'ouloun ou avec son fils Khamârouïa, qui lu. succéda en 270 [6] sur le trône d'Égypte et de Syrie; peut-être encore Mo'tamed fut-l transféré à *Baghdâd* au moment où Mo'tad'ed succéda à son père comme coadjuteur tout-puissant, c'est-à-dire en 277 [7]. Cette dernière supposition s'accorderait d'autant mieux avec le récit d'Elmacîn qu'on sait qu'au commencement de 279 Mo'tamed eut l'insigne faiblesse d'exclure de la succession au trône, au profit de Mo'tad'ed, son propre fils Dja'far [8], que, dès 261, il avait, par testament, nommé son successeur [9]. Un acte de cette importance, qu'il s'agissait de faire accomplir à Mo'tamed avec l'assistance des principaux personnages de la cour, avait dû être précédé du séjour du khalife à *Baghdâd* pendant un certain temps. Quoi qu'il en soit de la date précise dont je viens de tracer les limites, on voit qu'on peut rapporter à la fin du règne de Mo'tamed le rétablissement de la résidence des khalifes à *Baghdâd*, et fixer à environ un demi-siècle la période dans laquelle *Sâmarra* fut, de fait, la capitale de l'Empire musulman.

[1] Elmacini *Histor. sarac.* lib. II, cap. XVI, p. 172.—Abulfedæ *Annal. muslem.* t. II, p. 259.

[2] Elmacini *Histor. sarac.* p. 172.—Il dit que Khabît fut tué le samedi 2 s'afar 270 (samedi 10 août 883).

[3] Id. *ibid.* p. 175.—Abulfedæ *Annal. muslem.* t. II, p. 271.

[4] Id. *ibid.* t. II, p. 271 et 273.

[5] L'abbé de Marigny dit que ce fut en 260'; les faits que je viens de citer ne s'accordent pas avec cette date, dont j'ignore la source.

[6] Abulfedæ *Annal. muslem.* t. I, p. 261; in-4', Hafniæ, 1790.

[7] Id. *ibid.* t. II, p. 267. — Elmacîn place en 278 la mort d'El-Mouaffek'. (*Hist. sarac.* lib. II, cap. XVI, p. 173.)

[8] Abulfedæ *Annales muslemici*, t. II, p. 271 et 275.

[9] Abulpharajii *Hist. compend. dynast.* p. 177. Il lui avait, en même temps, donné le surnom d'El-Mofaoued' (المفوّض). — D'Herbelot, *Biblioth. orient.* p. 637, col. 2.

[*] *Histoire des Arabes sous le gouvernement des califes*, t. III, p. 364; in-12, Paris, 1750.

NOTE B.

GÉNÉALOGIE DONNÉE PAR EBN-KHALDOUN.

(Renvoi de la note 7 de la page 129 du texte.)

'Ali, époux de Fât'ima,
|
El-H'asen-*es-Sibt*,
|
H'asen II,

H'asen III,   'Abd-Allah,

'Ali,   Edrîs,   Iah'ia,   Moh'ammed-*en-Nafs-ez-Zekia*,
| qui périt à *Médine* en 145.
H'osein,
qui périt à *Fakh* en 169 [1].

NOTE C.

RECTIFICATION DU TABLEAU PRÉCÉDENT.

(Renvoi de la note 7 de la page 129 du texte.)

'Ali, époux de Fât'ima,
|
El-H'asen-*es-Sibt*,
|
H'asen II,
|
'Abd-Allah (H'asen III),

Ibrahîm,   Moh'ammed,   'Ali,   Edrîs (major),   Iah'ia [4].   Soleimân [5].
tué à *Bâkhamri* [2].   tué à *Médine* en 145 [3]. |
                                          H'osein,
                                     tué à *Fakh* en 169.

[1] Aboulfeda (*Annal. muslem.* t. II, p. 53) place cet événement à la fin de 168; mais il faut lire 169, puisque le premier événement qu'il inscrit sous cette année est la mort d'El-Mohdi, que l'on sait être survenue le 22 ou le 23 moh'arrem 169. (Voyez la note [b] de la page 133, où Aboulfeda rectifie lui-même cette date de 168.)

[2] Voyez page 131 de ce volume. — Deguignes prétend, à tort, qu'Ibrahîm fut tué à *Bas'ra*. (*Hist. gén. des Huns*, t. I, p. 359.)

[3] Deguignes donne 172 pour la date de la mort de ce Moh'ammed. (*Id.* même page.)

[4] Aboulfeda donne la généalogie complète de Iah'ia. (*Annal. muslem.* t. II, p. 62.)

[5] Nous verrons plus tard que Soleimân alla rejoindre son frère Edrîs dans le *Maghreb*, et joua un rôle à *T'lemsén*.

NOTE D.

SUR LA FAMILLE D'EL-MOHALLEB ($Hist.\ des\ Berb.$ t. I, p. 2ᴄ3, 384 et 391).

(Renvoi de la note 3 de la page 137 du texte.)

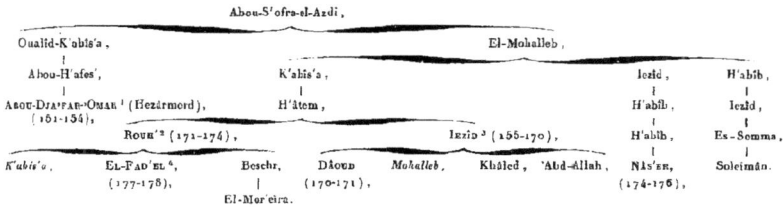

			Abou-S'ofra-el-Azdi,					
Oualid-K'abis'a,						El-Mohalleb,		
Abou-H'afes',		K'abis'a,				Iezîd,		H'abîb,
ABOU-DJA'FAB-'OMAR[1] (Hezármerd), (161-154),		H'àtem,				H'abîb,		Iezîd,
	Rouh'[2] (171-174),			Iezîd[3] (155-170),		H'abîb,		Es-Semma,
K'abis'a,	El-FAD'EL[4], (177-178),	Beschr, El-Mor'eira.	Dâoud (170-171),	Mohalleb,	Khâled,	'Abd-Allah,	Nâs'er, (174-176),	Soleimân.

NOTE E.

SUR LE *MESCHEHED-'ALI* ET LE *MESCHEHED-H'CSEIN*.

(Renvoi de la note 1 de la page 145.)

Meschehed-'Ali.

Non-seulement il y a incertitude sur le lieu où ont été vé·itablement déposés les restes d'Ali[5], mais les cartes diverses que l'on consulte varient le point où elles placent, par rapport à *Koufa*, le tombeau sur lequel les musulmans s'accordent à aller porter les hommages qu'ils veulent rendre à cet illustre fils d'Abou-T'âleb. Suivant Edrìsi, le *Meschehed-'Ali* est à six milles de *Koufa*[6]; plus bas il ajoute : « *K'âdisïa* et *El-H'ìra* « sont sur la lisière du désert, du côté du couchant (évidemment par rapport à *Koufa*

[1] Voyez la note 6 de la page 119 de ce volume. — J'ai écrit en petites capitales, dans ce Tableau D, les noms de ceux qui ont gouverné l'Afrique, et en italique les noms de ceux qui n'ont fait qu'y remplir un intérim.

[2] Rouh' était le frère aîné de Iezîd, à qui il succéda en Afrique.

[3] Entre 'Omar-Hezármerd et Iezîd-ben-H'àtem un intérim de trois mois avait été rempli par Djemîl. (Voyez page 123.)

[4] L'intervalle de ramad'àn 174 à zil-h'adja 176 est rempli par l'émirat de Nâs'er-ben-H'abîb, qui appartenait aussi à cette famille, à la branche d'El-Mohalleb. Après avoir été déposé, Nâs'er fut remplacé par Mohalleb-ben-Iezîd, jusqu'à l'arrivée d'El-Fad'el, et quand ce der-

nier, en 178, fut renversé par Ebn-el-Djàroud, Nâs'er, qui était resté en Afrique, fut au nombre de ceux que le vainqueur en chassa. (En-Nouâîri, § xxxiv, t. I, p. 389 et 391.)

[5] Abulfedæ *Annales muslemici*, t. I, p. 339.

[6] « A six milles de *Koufa* est un grand dôme... « qu'on dit être le tombeau d'Ali. » (*Géographie* d'Edrìsi, t. I, p. 366; in-4°, de l'I. R. 1836.) — Je ne parle ici que du plus célèbre de ces tombeaux d'Ali, dont il existe un grand nombre dans les pays musulmans. A une journée à l'Ouest d'*Anna*, sur l'*Euphrate*, Pietro della Valle dressa sa tente, le 5 octobre 1616, près d'un bourg nommé *Meschehed-'Ali*. (*Voyages*, t. II, p. 193; in-12, Paris, 1745.) — Il serait facile de multiplier ces exemples.

« dont il vient de parler); . . . . . *ces deux villes, ainsi que Koufa, sont entre elles à un*
« *peu moins d'une journée de distance.* » On pourrait conclure de là que le *Meschehed-*
'Ali est entre *El-H'îra* et *Koufa;* mais, d'une part, suivant d'Anville, ce tombeau
est sur l'emplacement même de l'ancienne *H'îra* [1]; d'une autre part, lorsque Ibn-
Batoutah décrit l'itinéraire qu'il a suivi pour, de *Médine,* atteindre l'*Irâk'-'Arab,* une
de ses dernières stations est *Ouâk'is'a* [2] (واقصة), d'où il gagne la célèbre *K'âdisïa* [3],
théâtre de la bataille qui mit fin à l'empire des Perses, puis il ajoute : « Nous quit-
« tâmes *K'âdisïa* et descendîmes à la ville de *Meschehed-'Ali,* située dans la contrée
« dite *An-nedjef* [4] (النجف). » Ce récit, rapproché de ce que dit Edrisi de la position
de *K'âdisïa* sur les limites du Désert, à deux journées de *Koufa* [5], place le *Meschehed-*
'Ali à une journée de *Koufa; car* je suppose qu'Ibn-Batoutah, quoiqu'il ne le dise
pas, vint en un jour de *K'âdisïa* à *Meschehed-'Ali,* et, en effet, Aboulfeda place ce
tombeau à une grande distance de *Koufa.* C'est une opinion très-assurée, dit-il, que
celle d'après laquelle Ebn-el-Atîr place le tombeau d'Ali sur un certain territoire d'*En-*
Nedjef (النجف), *loin de Koufa,* où encore aujourd'hui il est si célèbre par la renom-
mée et par le nombre de ceux qui le visitent avec dévotion [6]. D'ailleurs, il est difficile
de croire que si ce tombeau n'avait été qu'à six milles de *Koufa,* comme le prétend
Edrisi, Ibn-Batoutah ne se fût pas rendu de *Meschehed-'Ali* à cette ville importante ;
or, « lorsque nous eûmes accompli la visite du *Meschehed-'Ali,* dit ce voyageur, la
« caravane partit pour *Baghdâd,* et moi je me dirigeai vers *Bas'ra* [7]. » Ce ne fut qu'à
son retour de *Bas'ra* qu'il visita *Koufa,* où il arriva après cinq jours de marche dans
le Désert à partir de *H'ouaïza* [8] (حويزا). D'après ces données, il semblerait donc que,
si l'on avait à rapporter sur une carte les différents points que je viens de nommer,
on devrait placer, d'après Ibn-Batoutah, *Koufa* à un demi-parasange (une demi-lieue)
à l'Ouest de l'*Euphrate* [9], ou plutôt de celui des canaux de dérivation de l'*Euphrate*
qui est le plus au Sud; puis, à une journée de marche (7 lieues) au Nord-Ouest de
Koufa, placer le *Meschehed-'Ali,* et encore à une journée de marche au Nord-Ouest

[1] Suivant d'Anville, *H'îra* est l'ancienne
Alexandria, et il la place à quelques milles de
Koufa. (*Géographie ancienne abrégée,* tome II,
page 481 des OEuvres complètes éditées par de
Manne; in-4°, de l'I. R. 1834.)

[2] Ibn-Batoutah, *Voyages,* t. I, p. 412 et 413;
in-8°, de l'I. I. 1853. *Ouâk'is'a* est encore loin
dans le Désert. La station qui précède immédiatement *K'âdisïa* se nomme *'Odhaïb* (عذيب).

[3] Id. *ibid.* t. I, p. 413.

[4] Id. *ibid.* t. I, p. 414. — Niebuhr indique
à l'Ouest de *Meschehed-'Ali* « une grande con-
« trée basse, couverte de sel, à laquelle les

« Arabes donnent le nom de *Bah'ar-Nedjef.* »
(*Voy. en Arabie,* t. II, p. 209 et pl. xlii.)

[5] *Géographie,* t. I, p. 365.

[6] « Certissima ea est sententia, juxta quam
« filius Atiri sepulchrum ejus (Ali) collocat in
« *Nagaf* tractu aliquo *procul Cufa* ubi illud hodie
« adhuc fama numeroque religiose frequentan-
« tium celebratur. » (Abulfedæ *Annal. muslem.*
t. I, p. 339.)

[7] Ibn-Batoutah, *Voyages,* t. II, p. 1; in-8°,
de l'I. I. 1854.

[8] Id. *ibid.* t. II, p. 93.

[9] Id. *ibid.* t. II, p. 96.

de ce dernier point, *K'âdisïa* [1]. Je dois dire cependant que la distance de six milles (près de 9,000 mètres), donnée par Edrîsi pour la distance entre *Meschehed-'Ali* et *Koufa*, est très-bien confirmée par Niebuhr, qui place ces deux points à cinq quarts de mille allemand [2] (9,260 mètres) l'un de l'autre.

Ibn-Batoutah va en une petite journée de *Koufa* à *H'illah* [3], après avoir fait la halte du matin à *Bîr-Mellâh'a* [4]; évidemment *H'illah* est au Nord un peu Ouest de *Koufa*. De *H'illah* ce voyageur se rend à *Kerbela* (كربلا); il ne dit pas dans quel délai [5], mais il résulte de son récit que c'est en une petite journée, et il a dû marcher dans la direction du Nord-Ouest puisqu'en partant de *H'illah* il n'a pas dû s'éloigner beaucoup de l'*Euphrate*. Suivant lui, *Kerbela* est arrosée par les eaux de l'*Euphrate* [6]; on doit croire que ces eaux y arrivent par un canal de dérivation, car on sait qu'en 61 de l'hégire, sur l'ordre de 'Obeid-Allah-ben-Ziâd, qui commandait à *Koufa* au nom du khalife Iezîd-ben-Mo'âouïa, El-H'orr conduisit H'osein et sa petite troupe dans un lieu privé d'eau : «Quum Zeiadidæ mandatum ad Horrum perveniebat, ut Hosai-
«num ejusque comites in arida loca duceret [7].» Ibn-Batoutah se rendit directement du *Meschehed-H'osein* à *Baghdâd*, et il ne dit pas non plus en combien de temps, mais Niebuhr donne seize lieues marines et, par conséquent, vingt lieues communes pour la distance qui sépare ces deux points [8], ce qui répond à trois journées de caravane. En effet, Edrîsi compte cinq journées de *Koufa* à *Baghdâd* [9]. Ce géographe dit que *Kerbela* est à l'Occident de l'*Euphrate*, vis-à-vis de *K'as'r-Ebn-Hobeïra*, ville importante, située à un jet de flèche de l'Euphrate et à trois *faibles* journées de

---

[1] Évidemment Edrîsi n'est pas exact quand il dit : « *K'âdisïa* est située à l'Occident de *Baghdâd*. » (*Géographie*, t. I, p. 365.) — *K'âdisïa* doit être au S. O. de *Baghdâd*.

[2] *Voyage en Arabie*, t. II, p. 213.

[3] *El-H'illah* (الحلّة) est sur la rive droite (la rive occidentale) de l'*Euphrate*, en face des ruines de *Babylone*, qui sont au Nord de *H'illah*, sur la rive gauche du fleuve. (Ibn-Batoutah, *Voyages*, t. II, p. 96.) Pietro della Valle dit expressément que l'*Euphrate* sépare *H'illah* en deux parties égales. (*Voyages*, t. II, p. 247.)

[4] Il parle de *Bîr-Mellâh'a* (بير ملّحة, le puits de la saline) comme d'une belle ville, située au milieu de vergers de palmiers. (Ibn-Batoutah, *Voyages* t. II, p. 96; in-8°, de l'I. I. 1854.)

[5] Id. ibid. t. II, p. 97.

[6] Id. ibid. t. II, p. 99.

[7] Abulfedæ *Annal. muslem.* t. I, p. 389.

[8] *Voyage en Arabie*, t. II, p. 234. — Langlès compte 22 lieues. (Chardin, *Voyage en Perse*, t. VI, p. 441, note [*]; in-8°, Paris, 1811.)

[9] *Géographie*, t. I, p. 367. — Cela n'est pas vrai, du reste, pour la route directe de *Koufa* à *Baghdâd*. En effet, nous venons de voir Ibn-Batoutah se rendre facilement en un jour de *Koufa* à *H'illah*; Pietro della Valle se rendit en un jour de *H'illah* à *Biserchan*, le lendemain à *Birennos* [a] (probablement *Bîr-en-Nous*, le puits du milieu), et le surlendemain à *Baghdâd* [b]; il y a donc quatre journées de marche de *Koufa* à *Baghdâd*, c'est-à-dire environ 30 lieues.

---

[a] *Voyages*, t. II, p. 250; in-12, Paris, 1745. — A la page 239 il avait écrit *Birser-chan*, probablement pour *Bir-ser-chan*. — Le *Birennos* de Pietro della Valle est écrit *Bir Unus* par Niebuhr (t. II, pl. XLI).

[b] Pietro della Valle, *Voyages*, t. II, p. 251 et 252.

Baghdâd [1]; il est donc très-vraisemblable que, pour se rendre à *Baghdâd*, où il put arriver en trois jours à partir de *Kerbela*, Ibn-Batoutah traversa l'*Euphrate* au point que Niebuhr nomme *Museib*, « où l'on trouve, dit-il, un pont de bateaux [2], » point où Pietro della Valle arriva le 22 novembre 1616, et qu'il nomme *Muscijeb* [3].

NOTE F.

SÉRIE DES DOUZE IMÂMS.

(Renvoi de la page 130 du texte.)

1. 'Ali, fils d'Abou-T'âleb, oncle de Moh'ammed, mort à 63 ans, le 19 ou le 21 ramad'ân 40.

2. H'asen,   3. H'osein, né en l'an 4 ou 5, mort à *Kerbela* en 61.
né en l'an 3, mort en 50.

4. 'Ali-Zeïn-*El-'Abdin* (l'honneur des hommes religieux), né en..48[4], mort en......94.

5. Moh'ammed-*El-Bâk'r* (l'érudit), né en.............58 ou 59, mort en.....116.

6. Dja'far-*es-S'âdik'* (le sincère), né en....................83, mort en.....148.

Isma'il,   7. Mousa-*el-Kâd'em* [5] (qui contient sa colère), né en.... ..128, mort en.....183.
souche
prétendue
des   8. 'Ali-*er-Rid'a* [6] (l'agréé), né en...................148, mort en.....203 [7].
FÂT'IMITES.
9. Moh'ammed-*ed-Djaonâd* (le généreux), né en.............195, mort en.....220.

10. 'Ali-*ez-Zaki* [8] (le pur), né en.....................212, mort en.....254.

11. H'asen-*el-'Askari* (il habitait *'Askar*), né en.............232, mort en.....260.

12. Moh'ammed-*el-Mohdi* [9] (le directeur), né en.............254, disparaît en ..266,
à l'âge de 12 ans.

[1] Edrisi, t. II, p. 158. — Sur *K'as'r-Ebn-Hobeira*, voyez la note 5 de la page 146.

[2] *Voy. en Arabie*, t. II, p. 234; in-4°, 1780.

[3] *Voyages*, t. II, p. 236 et 239; in-12, 1745. — Il place *Muscijeb* à une forte journée de *Biserchan*, où il s'arrêta en se rendant de *Muscijeb* aux ruines de *Babylone*.

[4] J'ai emprunté à M. Reinaud [a] cette date de la naissance d'Ali-Zeïn-el-'Abdin. Aboulfeda fixe cette date à l'an 36, en disant qu'Ali-Zeïn mou-

rut en 94, âgé de cinquante-huit ans [b]. D'Herbelot [c] donne 38 et 75 pour les dates de la naissance et de la mort d'Ali, ce qui suppose que cet imâm mourut à trente-sept ans, au lieu de quarante-six ou cinquante-huit, et que son successeur fut en possession de l'imâmat pendant 39 ans, au lieu de 22, puisque d'Herbelot fait mourir en 114 [d] ce successeur, dont Aboulfeda place la mort en 116 [e].

[5] Dont le tombeau se voyait encore à *Bagh-*

[a] *Monuments arabes, persans et turcs*, t. I, p. 367 et 368; in-8°, Paris, 1828.

[b] Abulfedæ *Annal. muslem*. t. I, p. 431; in-4°, Hafniæ, 1789.

[c] *Bibliothèque orientale*, p. 90, col. 1, au mot *ALI BEN HUSSEIN*, in-fol. Maestricht, 1776.

[d] *Id.* p. 607, col. 1, au mot *MOHAMMED BEN ZINALABEDIN*.

[e] Abulfedæ *Annal. muslem*. t. I, p. 451. — Reinaud, *Monuments arabes, persans et turcs*, t. I, p. 368.

dâd, à côté de celui d'El-Djaouâd, le neuvième imâm, à l'époque du voyage d'Ibn-Batoutah. (T. II, p. 108; in-8ᵉ, de l'I. I. 1854.)

[6] C'est à cet 'Ali-er-Rid'a que le khalife El-Mâmoun, à l'instigation de son vizîr Fad'el-ben-Sahl (الفضل بن سهل), songea, en 201, à remettre le pouvoir, en l'instituant héritier du trône, et même donna à ce projet un commencement d'exécution, en arborant les couleurs des *Alides*. (Ehnacini *Histor. sarac.* lib. II, cap. viii, p. 133. — Abulfedæ *Annal. muslem.* t. II, p. 113 et p. 662 et seq.)

[7] Langlès dit, comme Aboulfeda (tome II, page 119), en 203 [a] : « La mort d'Ali-er-Rid'a « eut lieu dans les environs de *T'ous* (طوس), « ville du *Khorâsân*. Les schïtes ne tardèrent « pas à y venir en pèlerinage, et le concours fut « si grand, qu'il se forma en ce lieu une noŭ-« velle ville, qu'on appelle *Meschehed-'Ali*, c'est-« à-dire *le lieu du martyre d'Ali.* » (Reinaud, *Monuments arabes, persans et turcs*, t. I, p. 373.) —Voyez la Note E pour le *meschehed* d'Ali-ben-Abou-T'âleb.

[8] Surnommé aussi *El-Hâdi* (le dirigeant dans la bonne voie), *Et-Tak'i* (le vénérant Dieu) et *El-'Askari* [b], parce qu'il habitait *Sâmarra* (سامرا), qui empruntait son autre nom d'*Askar* (camp, campement) à ce fait que, d'ordinaire, l'armée campait sous ses murs. (Abulfedæ *Annal muslemici*, t. II, p. 217 et 221.)

[9] Surnommé aussi *El-Montad'ar* (l'attendu), *El-K'âiem* (le demeurant [c]), *El-H'odjdja* (الحجة, démonstration, argument). (Id. *ibid.* tom. II, pag. 221 et 225.)

[a] Dans les notes dont il a enrichi le Voyage en Perse de Chardin (t. III, p. 133; in-8°, Paris, 18▪.).

[b] Surnom qui fut aussi, et plus particulièrement, celui de son fils H'asen.

[c] Sans doute, demeurant ferme dans la cause de Dieu.

TABLE.

' J'ai indiqué en gros chiffres surmontés d'un filet les périodes dans lesquelles les Arabes étaient complétement ou partiellement expulsés de l'*Afrik'ia*, et pendant lesquelles les Berbères restaient, de fait, maîtres du pays.

21.

www.ingramcontent.com/pod-product-compliance
Lightning Source LLC
Chambersburg PA
CBHW052056090426
42739CB00010B/2206